未来のコミューン

家、家族、共存のかたち

Norihito, Nakatani

中谷礼仁

インスクリプト

INSCRIPT Inc.

目次

未来のコミューン——家、家族、共存のかたち

プロローグ——家の口

石油箱の上の下駄

今和次郎さんの「日本の民家」を読んで居ると、暫らく出て居た故郷の村へ、還つて行く時のやうな気持がする。歴史はいつでもさういふもので無ければならぬのだが、此頃の学者は多くは望遠鏡を持つて小山に登り、もしくは堤に立つて空しく水の流れの迅きをながめ、却つて旅人の袖を引留めて、旅行の術などを説かうとする者さへある。その間に我々の子供の日の、柿や棗の樹は老いて枝淋しくなつて居るかも知れぬ。生まれ在所の音信は、たゞ斯うして路を急ぐ人のみに楽しいのである。

だから好い道連のある時に、少しでも近くへ踏出して見ようと思ふ。今さんの話は画である故に、最も鮮明に故郷の路を案内する。その代りにはあの藁家の中に居て、笑つたり叱つたりする声は聞えない。折角尋ねて見ても留守では無いかといふ様な気遣ひがある。

――「民間些事」昭和二年（一九二七）『定本柳田國男集』十四巻、四八〇頁

柳田国男の弟子でもあった今和次郎が『日本の民家』を世に問うたのは一九二二（大正十一）年であった。同書は当時から消えつつあった日本全国の何の変哲もない無名の庶民の家々をスケッチと言葉で描いていた。いわゆる文化財に後に指定されるような豪壮な民家を、意図的に排したと思われる不思議な本である。ここには建築史としての民家研究ではなく、柳田ゆずりの常民の住まい、その根源を探ろうとする志向があらわれている。

後年、今は柳田から「破門」されたと述べている。しかしこれまでの研究からは柳田側にその意識はなかったことがうかがわれる。むしろ今和次郎が、昭和初期に考現学の創設という、現在の有様を考古学のように見ようとする学問を考えるにいたった時、意識的に柳田民俗学の強烈な磁場から離脱しようとしたのではないかと思われる。

そのような事情の中で、柳田が今和次郎の「日本の民家」を公的に評したのはこの一文のみなので、まずは素直にその評を読むことで、柳田国男と今和次郎との、特に民家の見方の違いを考えてみたい。ひいては無形の文化を検討の主な対象としていた柳田にとっての、有形としての民家の位置づけを検討してみたいと思う。

柳田によれば、今和次郎は「最も鮮明に故郷の路を案内する」。ところが一方で今の民家の描き方には「あの藁家の中に居て、笑つたり叱つたりする声は聞えない。折角尋ねて見ても留守では無いかといふ様な気遣ひがある」という。

留守中を訪ねる今和次郎というイメージ。これは実は正鵠を射た指摘である。というのも今自身がそんな経験を書き留めているのである。それは私が今和次郎の『日本の民家』の中で最も美しいと感じた文章であった。

それは大正当時、開拓のために入植者の家族が作った粗末な小屋を、今和次郎がふと訪問した時のことであった。

> 私はある野原で彼らの家の一軒を訪問したときに、胸が透き通るような光景をその家の中に見たことがあった。石油箱は壁の隅に置かれて、女の子の綺麗な下駄がその上にきちんと載せられ、その後に生々しい位牌が置かれてあった。田舎の家をしらべて歩いていると、一等の劇場でも得られない感銘を与えられることがしばしばある。
>
> ――「構造について」『日本の民家』五三頁

彼は粗末な開拓小屋の中で、幼くして死んだ少女の形見に出会ったのであった。そして今和次郎はこの出会いを、主人不在の小屋で経験してしまったのだった。それがわかるのは、その直後にこんな一節が置かれているからである。

彼らは夜とそして雨のときだけこの家に居ればいいんだ。私はその中で方々見まわしているとき、もしもその家の主人が帰って来ると、極く粗野な土地ではぼうとした表情で彼らが私の姿を凝視する。また多くのみやこびた土地では、恥かしそうに、また言い訳するような表情で私から逃げるようにする。

——同書、五三頁

この後半から推測できるのは、石油箱の上の少女の下駄と位牌というセットは、その家族にとってみれば、見られるには相応しくなかった死者に対する貧相なまつり方であったということである。普段はより堅固に、奥に隠されるべきその家族の経験が、間取りもない粗末な小屋の中ゆえに露出してしまった光景に今は遭遇したのだった。その露出は、人間と家の関係を考える上で実は最も純粋な組み合わせでもあった。

「民間些事」でみたように、おそらく柳田もその一文に美しさを感じ、今和次郎による家の描き方としてそれを認め、と同時に柳田自身の民家、ひいては常民の書き方を反照させているのではないかと思えるのである。

この例がしめすように、今和次郎による家の描き方には、「笑つたり、叱つたり」するよう

1

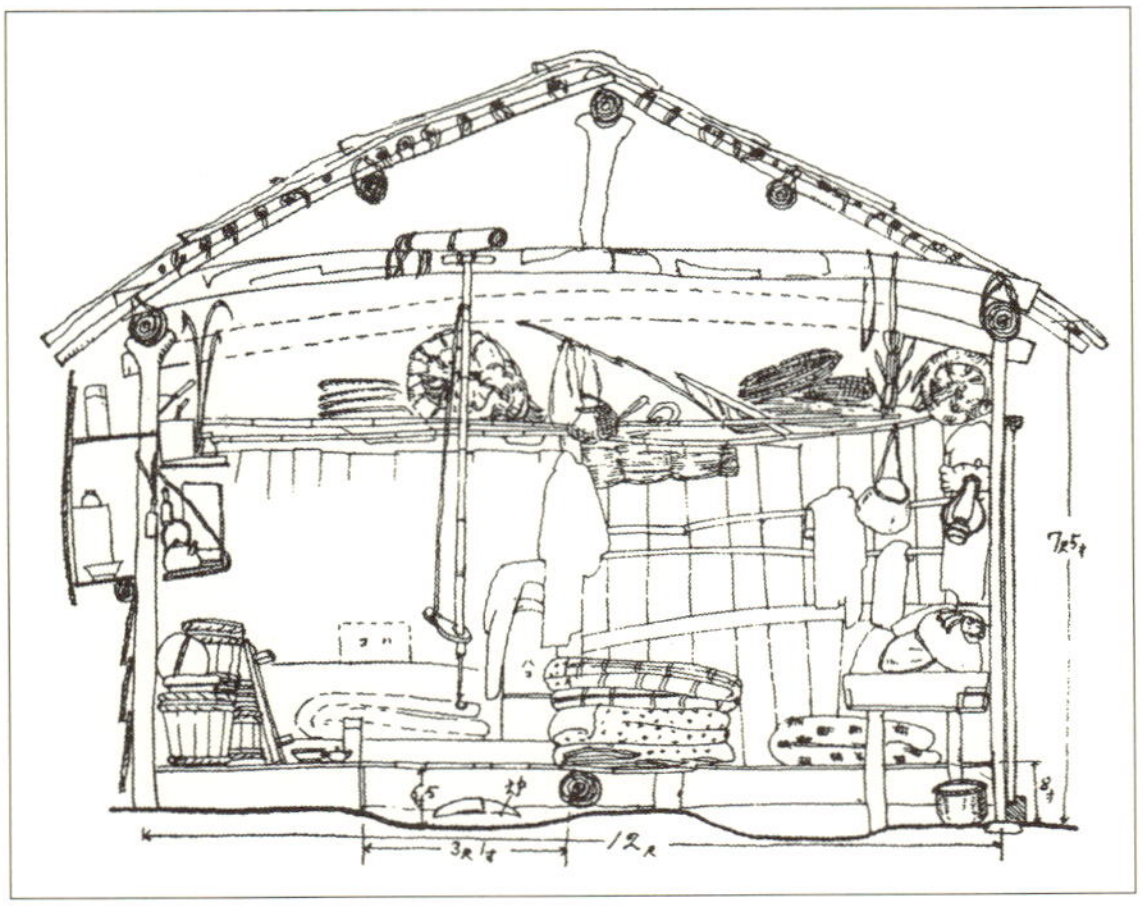

2

1　今和次郎による開拓小屋のスケッチ。家や人間のみを描くのではなく、彼らを取り巻く環境や道具の連関が強調されている

2　今和次郎『日本の民家』第二版以降に所収の「Bの家」（秩父冠岩）断面図。人間は不在であるが、家内部の器具道具とその位置関係をすべて描くことによって、むしろどのような状況で人間が住んでいるかが推察される

な人の声は直接には聴こえてこない。しかしながら人が不在であっても石油箱の上の下駄と位牌という切りつめられた取り合わせは、そこに住む家族のことを想起させるに十分すぎるぐらいの豊富なイメージを私たちにもたらす。このように人そのものではなく、人をとりまくモノによって、家、そしてそこに住む家族像を浮かび上がらせるのが今和次郎の描き方であった。これは柳田の常民の紡ぐ物語が時には果ての曖昧な幻を見せることとは対照的である。生涯工作人であった今にとって、この柳田の幻想性には、伴走しかねる違和感があったように感じるのである。

閾《しきい》の上の首

家がうみだす家族の切なさを考える時、柳田に馴染んだ読者は、柳田が紹介して有名になってしまった実際の子殺し事件（明治三十七年）を思い出すかもしれない。その話は柳田の物語における家の存在の意味を探る上で最も明晰な構造をもつ話の一つである。

その事件の実際と柳田による物語化の経緯についてはすでに内田隆三の労作（『柳田国男と事件の記録』）にくわしい。それらをふまえた上で、柳田の語りを再度検討してみたい。

今では記憶して居る者が、私の外には一人もあるまい。三十年あまり前、世間のひどく不景気であつた年に、西美濃の山の中で炭を焼く五十ばかりの男が、子供を二人まで、鉞《まさかり》で斫り殺したことがあつた。

女房はとくに死んで、あとには十三になる男の子が一人あつた。そこへどうした事情であつたか、同じ歳くらゐの小娘を貰つて来て、山の炭焼小屋で一緒に育てゝ居た。其子たちの名前はもう私も忘れてしまつた。何としても炭は売れず、何度里へ降りても、いつも一合の米も手に入らなかつた。最後の日にも空手で戻つて来て、飢ゑきつて居る小さい者の顔を見るのがつらさに、すつと小屋の奥へ入つて昼寝をしてしまつた。

眼がさめて見ると、小屋の口一ぱいに夕日がさして居た。秋の末のことであつたと謂う。二人の子供がその日当りの處にしやがんで、頻りに何かして居るので、傍へ行つて見たら一生懸命に仕事に使ふ大きな斧を磨いて居た。阿爺《おとう》、此でわしたちを殺して呉れと謂つたさうである。さうして入口の材木を枕にして、二人ながら仰向けに寝たさうである。それを見るとくら〳〵として、前後の考も無く二人の首を打落してしまつた。それで自分は死ぬことが出来なくて、やがて捕へられて牢に入れられた。

——「一　山に埋もれたる人生ある事」「山の人生」大正十五年（一九二六）『定本柳田國男集』四巻、五九頁

この話には、内田によって指摘されているように、柳田による脚色が加えられている。当時の新聞記事や子供の戸籍謄本における記録とは、細部が異なっているのである。まず事件が起

きた季節が春から秋へと変わった。そしてその時刻も早朝の五時から夕刻へと変わった。そして子供が首を据えた場所も異なっているのである。この変化が、特に柳田の中で物語になるにつれて結晶化した核だとも言えるだろう。特に子供が首を据えた場所は当初不明であったが、それが「入口の材木」へ、そして柳田の後の述懐『故郷七十年』（昭和三十四年、一九五九）では「小屋の入口の敷居《しきい》」（「山の人生」）と、徐々に象徴化されている。事件は家と外との閾《しきい》で起きたと同定されたのだ。これによってこの話の構造は完成した。これらの結晶化によって、はじめて家が姿をともなって物語の中に登場した。試しにその光景を物語ってみよう。

秋の夕刻である。陽もささない部屋に身を横たえていた空腹の父親が目を覚ますと、家の口から、紅葉がたゆたい輝く外の光景がみえる。

その光景をいっそう鮮やかにしているのは、家の内と外とを切り分ける入口の枠である。その枠が家の中の漆黒と外の自然の煌めきとをさらに強めるのである。そのフレームを通してみた紅葉はもはやこの世のものではないかのような美しさであろう。家の口とは人間の些事と人間が幻想の中へと消えていく自然とのあいだにもうけられた門なのであった。

そして家の中で子供たちが自分を殺してもらうための斧を研いでいる。子供たちの姿は外からの秋の光を受けて逆光の中でその輪郭が光り輝いている。斧の刃に反射した光がちらちらと室内を照らす。もはや彼らはすでに人の及ばない自然の方へ半身をかたむけている。父はその状態の尋常ならざるさまを感知した。

子供たちは、彼らを光り輝かせた有形としての「家の口」の敷居に自らの首を据えた。

その時子供たちはすでに人間の引力圏を離れた存在になっている。

家の口から突き出た頭、自然へと人間を解放する斬首台としての敷居。これが、父があらがうことなく彼の子供二人の首を落としたことの理由であると私は思う。このような有形としての家の部分が、柳田の物語の鮮やかさを保証したのだ。

この光景に比べれば、著名な『遠野物語』の親殺しにおける家内部の惨劇はあくまでも人間関係の劇のみに終始していた。そこに自然はない。感覚鋭い少年の柳田を神隠し寸前にまで至らしめた[01]、あの解《ほど》けるような自然は、家の口という、有形によってはじめて景色として捕獲されたのであった。

本書は、家とは人間をささえる器であるという最も凡庸かつ保守的な訴えの数々で構成されている。しかしいまだ、「家」について、「人間」について、そして「器」について私はきちんとした定義をしていない。だからこれから、いくつかの説話めいた事例を引き合いに出しながら、それらについての定義と未来とを丁寧に確実に刻みつけていこうとしているのである。

第一部　家の構成

1 化モノの家

黒い戸

見飽きない写真がある。

故篠原一男（一九二五－二〇〇六）設計による「白の家」（一九六六）のモノクロームの内観写真である［図1］。写真にはその家の台所わきの裏口側から眺めた居間の様子が記録されている。村井修撮影によるこの写真は強い緊張感を湛えている。その緊張感は、立ちつくす面皮柱、精妙に消え入る天井、開口のプロポーションをはじめとして、白い空間に置かれた家具や小物を含む、写し込まれたものすべてが緊密に構成されていることに由来するものだと思っていた。

しかし、ある日再びその写真を眺めていて、この「白の家」の緊張感が実はむしろ別の理由

1

1
篠原一男設計「白の家」一九六六
広間からの内観
撮影：村井修　©Osamu Murai

によってこそ現れていたことに気がついたのだった。

冷静に眺めれば、この白い空間の張りつめた空気は、実は写真のほとんど中央に写っている黒い引き戸によってこそ成立していた。「白の家」という名が、その黒い戸の存在を消去していたのだ。この戸が壁と同じ仕上げであったらどうなるか。白いノートをちぎって、試しにその黒い戸をかくしてみた。空間はすでに別のものになっていた。

つまりこの写真の中の緊張した空気は「白」のみで現しうるものではなかったのだった。むしろその白い空間の背後に何か得体のしれない「黒さ」が至近に迫ってきていること、そしてそれがいまにも戸を引いてその白い空間の純粋を混濁させようとしていること。そんな黒い圧力に対する戸一枚を隔てた白からの抵抗が、この空間を緊張で満たしていたのだ。黒い戸を引く手、押し返す手、それらに込められた拮抗する力がこの写真には隠れていた。


国内の山村にして遠野より更に物深き所には又無数の山神山人の伝説あるべし。願はくは之を語りて平地人を戦慄せしめよ。


柳田国男は『遠野物語』の冒頭にこんな言葉を書きつけた。私の目的も同じである。家の根源をもって現在を戦慄せしめよ。

家の作り手、あるいは住み手の意志に関係なく、避けがたく現われてきてしまう家の根源的構成があるはずだ。つまりそれこそ家が永遠の存在たりうる必要条件なのだ。しかし、はたしてそんなものがあるのだろうか。

カフェ、ホテル、結婚式場、葬祭場……、現在の都市にはゆりかごから墓場まで、私たちの活動を保障する機能が散在している。家が担ってきたはずの社会的役割の多くはすでに散逸している。今にはじまったことではない。町がはじまったときからそうなのだ。そしてあげくのはてに家というまとまりはすでに不要だという指摘さえある。しかしなお私は、家が必要とされる根拠が決して消えないことを書きつけてみたいと思う。

民家のウラ

仕事がら、伝統的な民家を調査することが多い。それもさほど特別に有名ではない、各地の現役の木造の家である。

ある地方の民家を訪れた際のことである。その家の「奥さん」である婦人が、私たちが押したチャイムに反応して玄関の上がりはなまで出てきた。しかし彼女は私たち調査者の依頼を聴いて、身を固くしてしまった。こわばった彼女の顔には恐怖すら浮かび上がっていた。そのとき、私たちが事前に許可を得ていた主人が不在で、そのうえ彼女には私たちの来訪自体が知らされていなかったらしいことを知った。こういう時は仕方がない。主人が帰って来るのを外で待つまでである。

この例のように、性差、異なった役割を含む複数の人間が共存する家において、私たちに応対してくれるのはまず主人役をになう男性である。一方、「奥さん」はひどい時はずっと隠れていて、私たちが間取り調査をしているときに偶然彼女を家の中で発見して、お互いに挨拶するような案配だ。家族を切り盛りする夫婦の役割の違いは未だに根強く、それぞれにオモテとウラとを担当している節がある。

それに応じてか、家、特に伝統的な日本の民家には明確にオモテとウラがある。一般的な長方形平面の民家で考えてみた場合、日当たりの良い南面した側の空間がオモテである。そして北側の空間がウラである。この区別にもう一つ別の軸が重なる。先の南北によるオモテとウラの区別をちょうどグラフのY軸とすると、それは東西のX軸である。その軸では土間などの最も社会に開かれた入り口から東西方向に則して、プライバシーが増す空間に移行していく。オモテとウラに対比させる便宜上、マエからオクへの移行といえば分かりやすいだろうか。民家の基本的な間取りは次頁の図のようなマトリックスを持っている[図2]。つまり南側のドマ（土間）がオモテ側のマエであるので、いちばん社会性、公共性が高い。そして、そのドマと対角線をなす北側の位置にある最深部の空間が、ウラ側のオクだから、原理として最も私的なものと考えてよい[01]。

さて、ようやく帰ってきた主人は私たちを玄関から招き入れ、そのまま陽光の射すオモテの

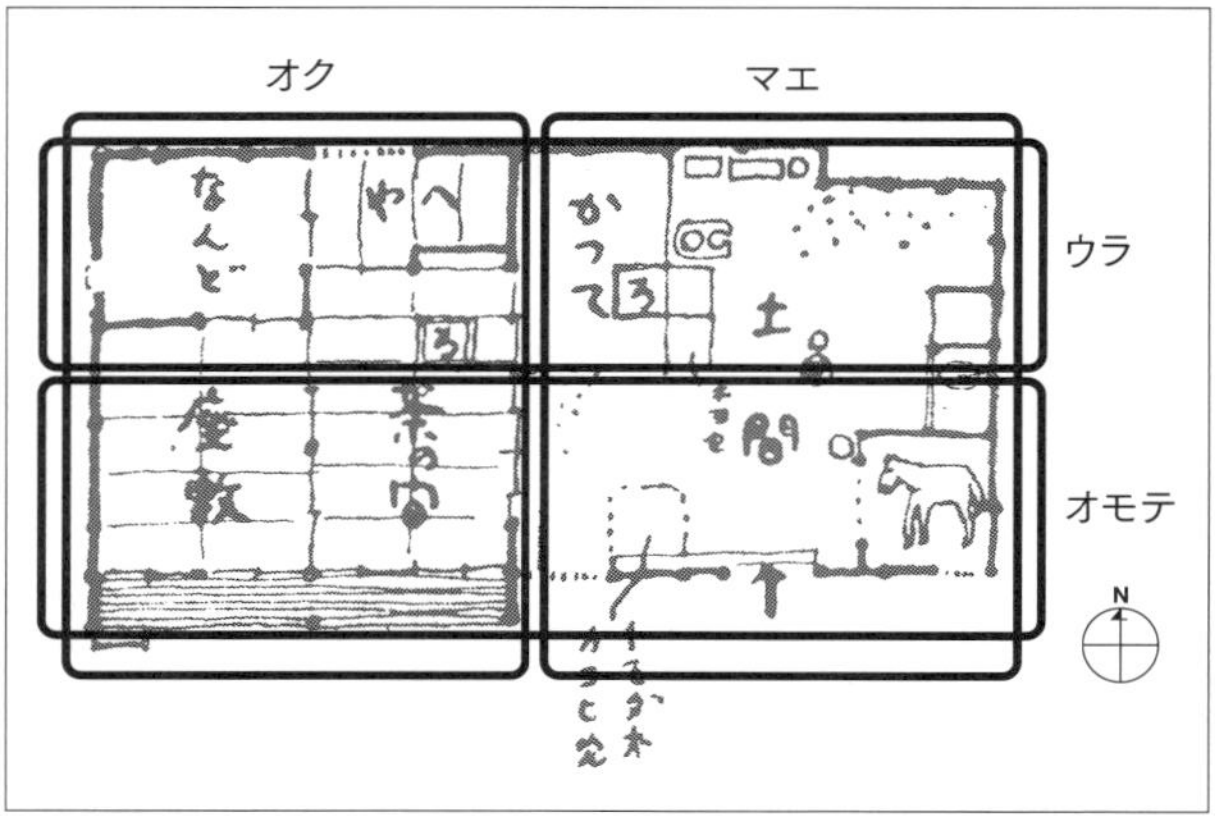

2

2
日本の伝統的民家の空間構成のマトリックス図
今和次郎『日本の民家』（一九二二年）所収の利根川上流の民家の間取りを下敷きに著者作成

縁側につながった気持ちの良いチャノマか、あるいはもう一つ横にずれたザシキに必ず導く。要するに客の扱いをうける。家のオモテ側は、そのような外からの他者を招き入れることができるひとつながりの緩衝帯である。

いろいろと打ち解けてきた時点でご主人に、私たちの目的である家の間取りの採集をお願いする。もちろん拒否されることはほとんどないのだが、家のウラ、つまりは北側に足を踏み入れようとする時は、ちょっとした結界を越えるような感じがする。ウラはドマの裏に続くダイドコロからはじまり、東西軸に沿って座敷のウラのナンド（納戸）、あるいはネマ（寝間）——単純にヘヤともいう——に至る。それらウラ＝北側のヘヤ群は六畳程度の小さい部屋の並びで構成されることが多い。オモテ側に比べて明らかにプライベートな空間である。

だいたい奥さんはウラのマエに位置する土間続きのダイドコロ周辺にかくれている。先ず彼女に改めて挨拶をする。そしてダイドコロからよりウラ側のオクへ、プライベートな方に進む。ナンド、あるいはネマは、薄暗く、いろいろな品物が雑然と置かれている。ナンドに入る時、主人、奥さん揃って必ずちょっと抵抗するような表情を示す。そしてなんとなく不安になった主人の立ち会いのもとで実測をするというわけである。つまりナンドはその夫妻にとって最も私的な場所であることは確かである。さらに重要なことは、ナンドは単にモノの収納場所ではなく、その家の蓄積を物語るようないろいろなモノと人が混じり合い、夜は同衾する場所なのだということである。

インドネシア

さて私が家の根源というテーマに取り憑かれた最初は、「日本」においてではなかった。それはインドネシアの伝統住居を活写した本との出会いからであった。ロクサーナ・ウォータソンによる『生きている家――東南アジア建築人類学』(*The Living House—An Anthropology of Architecture in South-East Asia*：邦訳『生きている住まい』)である。[02] 同書には著者自身による写真以外にも、植民地時代に撮影された二〇世紀前半のインドネシア諸島各地の民家の様子が多数収められていた。私は強制的に取り壊され今ではほとんど消滅してしまったそれらの姿に驚嘆し、見入ってしまったのである。たとえばマンガライの地にあった巨大なロングハウスの棟に付加された水牛の頭の彫刻を見る時、それはまさに一頭の牛のようで家そのものが生きているかのような錯覚が起きる[図3]。他にも屋根がそのボリュームの大半を占める東南アジア各地の民家の美しさは特筆に値する[図4−6]。それに比べて作ったはずの人びとはちっぽけで、まるで家の内臓に巣くうバクテリアのようだ。そのとき「生きている家」という書題の本意が見えてきた。つまりここにおいては家こそが生きており、人はその家の存続のために生まれては消えていく存在なのだということである。それは人間の生き方として一片の真実を語っているように思われた。

さて『生きている家』にはインドネシアの住まいの様子を刻んだレリーフが掲載されていた

3

4

3
マンガライ（ジャワ島）のロングハウス。一〇〇名規模の人々を収容したが、衛生上の問題でオランダ植民地政府によって除却された
所蔵：VIDOC, Koninklijk Instituut voor de Tropen, Amsterdam

4
東インドネシアの流れを汲むフィジーの酋長の家。貝殻で装飾された屋根の棟が延長された生物的な造形
所蔵：Bernice P. Bishop museum

[図7]。ボロブドゥール寺院第一回廊北側のものである。ロクサーナが記した同写真のキャプションによれば、そのレリーフに描かれた住まい方の様子は、今日のインドネシアの民家の多くに典型的なものとして受け継がれているという。

トリミングされたレリーフの中央には高床形式の建造物がある。開口部が少ないので通常の住居というよりは高倉を表わしているようである。ロクサーナはこのレリーフにおいて、日常

5

6

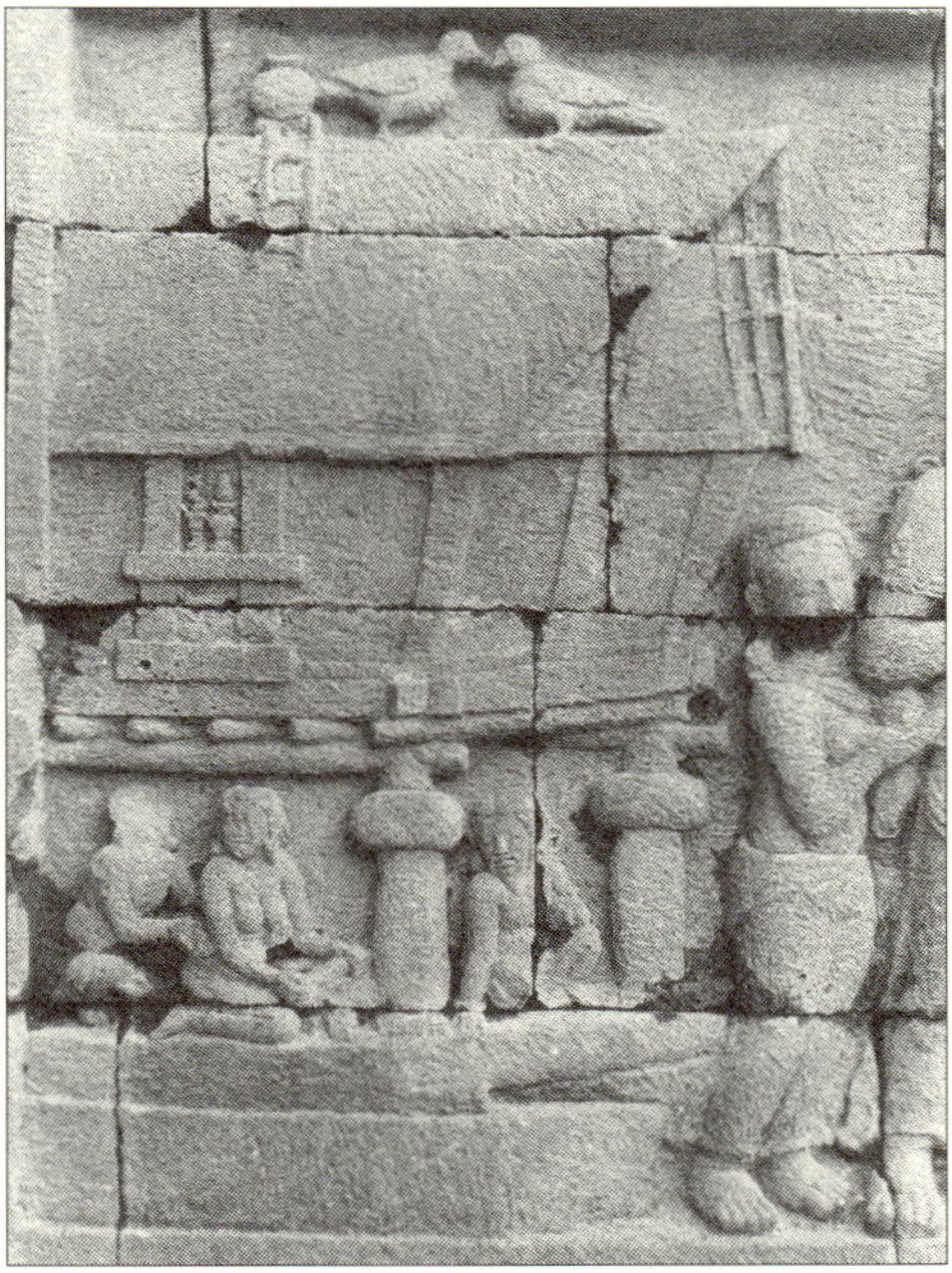

7

生活が「高倉」の床下空間で行なわれていることに注意を促している。それは「生きている家」の人間に対する優位性を示したかったのかもしれない。しかしそれだけではなく、「高倉」の屋根上には二匹の鳥が留まっていた。また鳥に向かって屋根に梯子がかけられ鳥の横に壺が置かれている。鳥と人間との交感が行なわれていることを暗示しているかのようだ。「高倉」、

5 インドネシア、ヌサトゥンガラ・スンバ島西部タルン村の集落とその屋根　撮影：著者

6 同ティモール島中部地域の住居とその屋根　撮影：著者

7 ボロブドゥール寺院第一回廊北側にある、地域の住まいの様子を刻んだレリーフ　撮影：Jacques Dumarçay

そしてその床下の日常生活のみならず、この鳥の存在によって、このレリーフには確かに格別な意味が込められることになった。なぜか。それは人間の生から死までの移行が刻み込まれているからである。床下の日常生活、床上の高倉、屋根に留まった鳥、それらモチーフの解読を試みたい。

まずインドネシアにおける住まいの概要はどのようなものなのだろうか。同地は文化人類学の多様な成果を生み出してきた。そこにおける民家の複雑なバリエーションの概括を提示することは私にとっては難事だが、いくつか重要な点を示唆することができる。

まず紀元前に遡る初期金属時代に制作された青銅鼓に描かれた住まいのモチーフがある。ロクサーナの採り上げたそれらモチーフのサンプルは床下の日常生活空間、儀礼中の人々とともに諸器物が混在した床上の建物本体部分、そして屋根上の鳥の姿というセットによって共通している。特に東インドネシアのサンゲアン島で発掘されたレリーフには建造物内部がさらに二層に区切られ、その構成が詳細に描かれている点で興味深い［図8］。床下は家畜や人びとがたむろする雑踏、社会である。床上の一層目においては生活とは異なった、人々の儀礼的な所作が描かれている。そしてその上、つまり屋根裏には、その家族の貴重な諸器物が収められていることに気づくのである。

先に挙げた「生きている家」としてのマンガライのロングハウスは、複数家族住居であり数百人が居住できたという。この建物は「衛生上の理由」によってオランダ当局によって破壊さ

8

9

8―東インドネシアのサンゲアン島で発掘された青銅鼓の図柄には建造物内部が二層に区切られ、その構成が詳細に描かれている。屋根上には不明瞭だが飛来する物体も描かれている
©Domenig, G. 1980

9―建設中のカヤン族のロングハウス。屋根の中の層構成がわかる
撮影：Jean Demmen, 1900

れた。それら高床住居の床は簀の子でできており、その割れ目からゴミをそのまま流していたのであろう。そしてロングハウスの巨大な平面においては単なる共同生活のみならずその親族全体を統括するような儀礼的所作が行なわれ、空間的意味合いは同じ平面でもその位置で違っていたのであろう。

しかしロクサーナによれば、インドネシアの住居で最も神聖な場は屋根裏の空間であるという。[03] つまり私たちがより注目すべきは生活平面上の差異ではなく、その上にある倉－屋根裏との垂直的関係なのである。

屋根裏には家宝と貴重品がおさめられている。まさに先の青銅鼓に描かれたモチーフどおりである。たとえばロングハウスがいくつかの層をもつことは工事中の様子を収めた貴重な写真によっても明らかである［図9］。このような意味で先の三層の垂直空間（床下、高倉、鳥）は、それぞれが集合領域を持つように区画されつつ、お互いに移行を可能とするような微妙な重なり合いを持って構成されていることがわかるのだ。

化モノの家――者とモノとの往還

それではもう一方の、床上の高倉とその屋根上の鳥とはどのような重なりを持つのだろうか。それはロクサーナが「死の家」と題した章において明らかにしている。彼女いわく、西洋世界においては住む場所としての住居の機能は他のなにものにもまして優位にあるのに対して、東南アジアの住居は、第一義的には必ずしも居住の場所ではない、という。住居は親族の起源の場所として不可欠であるが、実際には住まわれないものすらあるという。[04]

ここであらためて人が死ぬという状態について考えてみたい。死とは、物質的に言えば人格を付された「者」が「物＝モノ」へと解放される過程にほかならない。死体が生前の人格を離れなければ、その後の物理的、あるいは象徴的な状態への劇的な移行は実現しない。

風葬をもっぱらとする同地においては、遺体はその移行を経て、神聖なモノの段階へ入るのである。インドネシア・スラウェシ島のタナ・トラジャでは裕福な貴族の亡骸は、最後の大葬儀へ向けての入念な準備をするあいだ、一年あるいはそれ以上の期間、住居の中に安置される。[05]そして死者の骨を包み直し墓へ埋葬されることになるわけだが、興味深いのはその墓の多くが家のかたちをしていることである。そしてその墓としての「家」の棟には鳥の彫刻が留まり、彼の魂を来世へと運ぶのである。それら鳥と墓との強い関係を示す写真の中でも、サラワクで撮影された霊廟は驚異的である［図10］。その「家」はまるでその日常生活のための機能のみを消滅させたかのように空中高く浮かび、浮遊感を一層強調するかのようなツタ状の彫刻に取り囲まれている。そしてやはりその一番上には抽象化された鳥が留まっている。ここで表わされているのは、高倉と亡骸（モノとしての体）との親和性であり、そしてそのモノから霊魂が離脱する際に手助けをするのが鳥という飛行体なのである。ここにおいて屋根裏までと鳥のいる

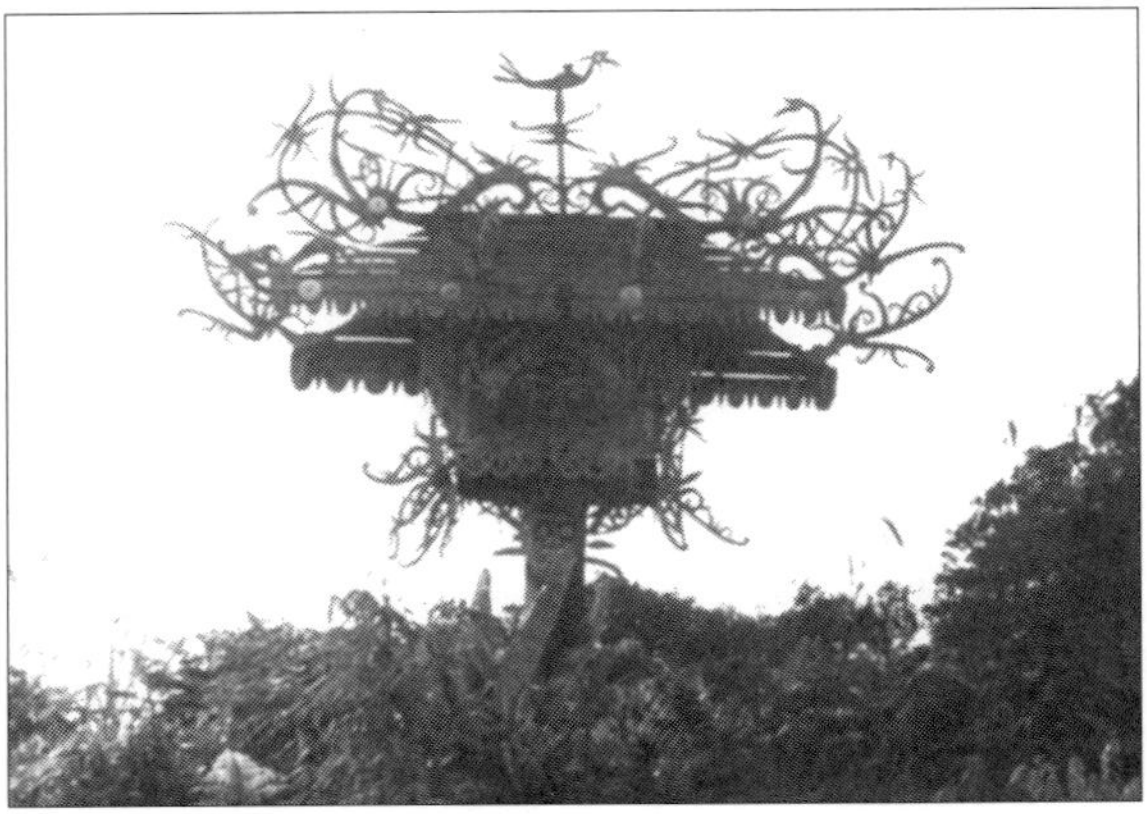

10　屋根上にまつわる象徴体系が見事に彫刻されたサラワクの霊廟　撮影：Dorothy Pelzer, 1968

空がつながるのだ。

今までの話をまとめよう。生と死とには圧倒的な断絶がある。床下の日常生活と鳥が連れていってくれる来世とは隔絶している。この隔絶のあいだに挟み込まれ特殊な役割をはたしているのが住居の中の収納空間である床上の倉なのである。

文化人類学者の佐藤浩司は住居の本質を倉にみた。彼は東南アジアでは高倉自身が崇拝の対象となり、住居よりも高い価値を与えられている例が多いと指摘した。


稲穂を納める高倉が墓と関係する例は、琉球列島を南下したルソン島のイフガオ族にもある。［中略］富裕な者の場合、穀倉と同じ四本柱の建物を埋葬に使う地方もある。このときには、建物の床に穴をあけておいて、やがて腐乱しはじめる死体の体液は、この穴を通して屋外に滴り落ちる。この一種の風葬墓をさすアバイヤオという言葉が、別の地域では一本柱の穀倉をさすのに使われるのも、死体を保存する墓と穀倉の関係を示している。

——「建築をとおしてみた日本」『海から見た日本文化』五五九頁

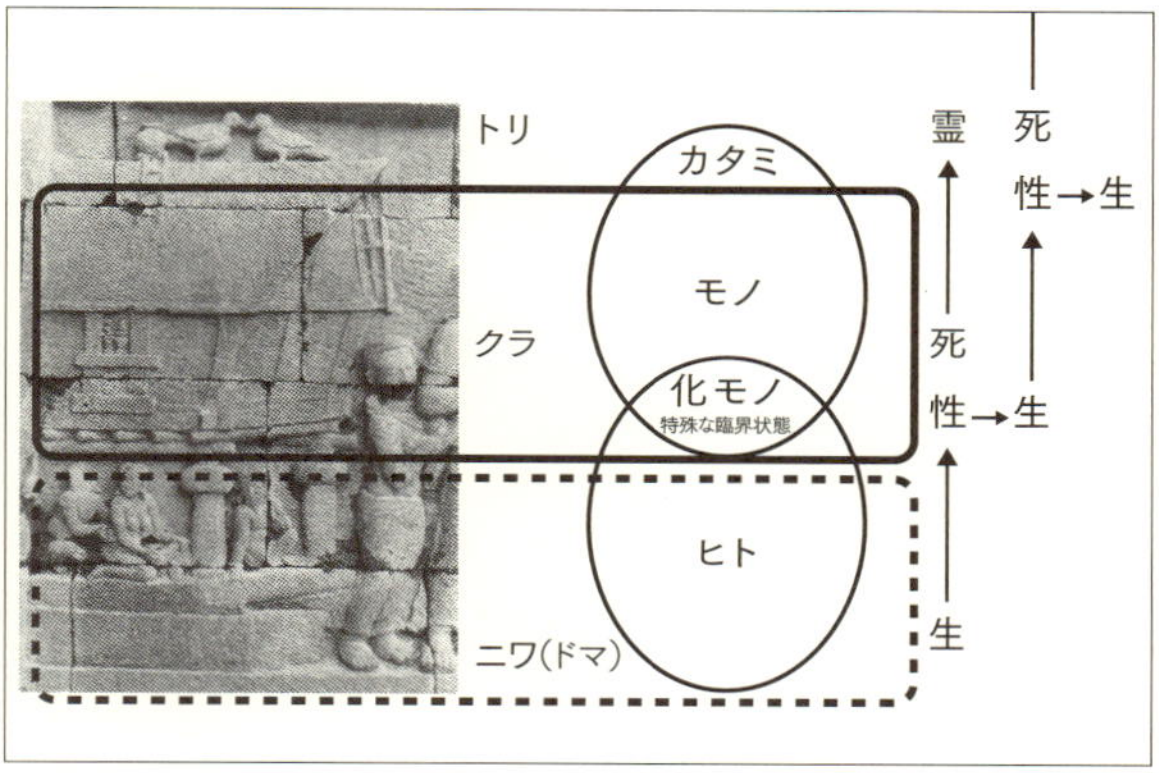

11

11 ボロブドゥール寺院の第一回廊にある住まいのレリーフにおけるヒト・モノ・カタミ構造　作成：著者

死は高倉でのモノ化を通じて、鳥による来世への旅立ちを可能にする。生から死への移行がこれによってリンクしているのである。先にあげたレリーフにそのダイアグラムを当て嵌めてみると図11のようになるだろう。

そして今や具体的な人格の制約を離れたモノとしての亡骸は家の中に留まり子孫達を見守る

12

12

タンニバルの住宅の祭壇に飾られた先祖の像
所蔵：Rautenstrauch-Joest Museum, Köln

役目を担う。それは高度に抽象化された彫刻のかたちを取る場合もあった。そこには生と死の両義性を兼ね備えた精妙な抽象性がみられる。まさに者からモノへの移行の瞬間が刻み込まれているのである［図12］。

インドネシアの高倉は、人間の生から死への移行の最も分かりやすい例であるが、者からモノへの移行を可能にするこの特殊な状態を、者がモノへ変わる＝《化《ケ》モノ》と命名したい。そして《化モノ》を可能にする時空を《化モノ空間》と総称したい。この抽象化によって、特殊と思われた状態やその空間が、日々現れうる現象に通じていることを以降、指摘していきたい。

ナンド——日本の民家における化モノ空間

大正期の日本各地にあった民家とその特徴を記した今和次郎『日本の民家』の第一部をなす論文編には「間取に就いて」という、日本の民家の平面の成り立ちについての考察が含まれている。ここで今が論じたいくつかの間取りを再検証しつつ、先のインドネシアの民家にあった化モノ空間が日本の民家においても見いだしうるかどうかを検討することは、挑戦的かつ魅力的な問いである。

端的に言って、それは（インドネシアでは）垂直的構造でとらえられた化モノ空間が（日本における）平面－水平的構造においても出現可能かどうかを問うことである。[06]

さて今和次郎は日本の民家の間取りの変遷を展開するにあたり、その最も簡素な具体例を小規模の開拓小屋に求めている［図13］。ほとんど何もない状態で開拓地に入植してきた彼らが自力で建てた仮住まいにこそ、住み処の初源があると考えたのであろう。今が報告した開拓小屋の中央には大黒柱にあたる棟木を支える柱が一本立っており、中は基本的にドマ一室であるが、入り口からみて奥の一隅に小板を数枚張ってそこに炉を置き食事をしている。そしてその裏には天井から蓆が降ろされ、見えないようになった空間が寝床になっている。その横は食料を置く物置になっていた。開拓小屋から日本の民家の間取りの考察をはじめたことは、今の間取り論が編年論（形式の新旧を検討する論）ではなく、本論と同じく、遍在的な（どこにでも発生してしまうような）空間論をめざしていたことを示している。

それは方形平面をドマと食寝とその付属の物を置くための場所の大きくふたつに分けた（後者が後にユカが張られる部分である）二元的な平面である。この基本間取りをもとに出雲大社平面の神座の位置［図14］との類似性が指摘され、また伊勢神宮の神明造りの内部平面が二部屋によって構成されることにも共通の性格が見いだされている　これについて今は「神さまのおらるるところは入口から見えない方がいい」という面白い指摘をしている。というのもこの二室空間は中世以降の内陣・外陣のように、人の入る場所（外陣）を宗教建築内部に挿入したわけではなく、神の仮住まいを成立させるための社にはふたつの差異のある空間が原理的に必要であることを指摘しているとも思えるからである。[07] それは「見えない方がいい」空間が住居発生の端緒から存在することに由来しているはずである。これは一体どのような空間か。

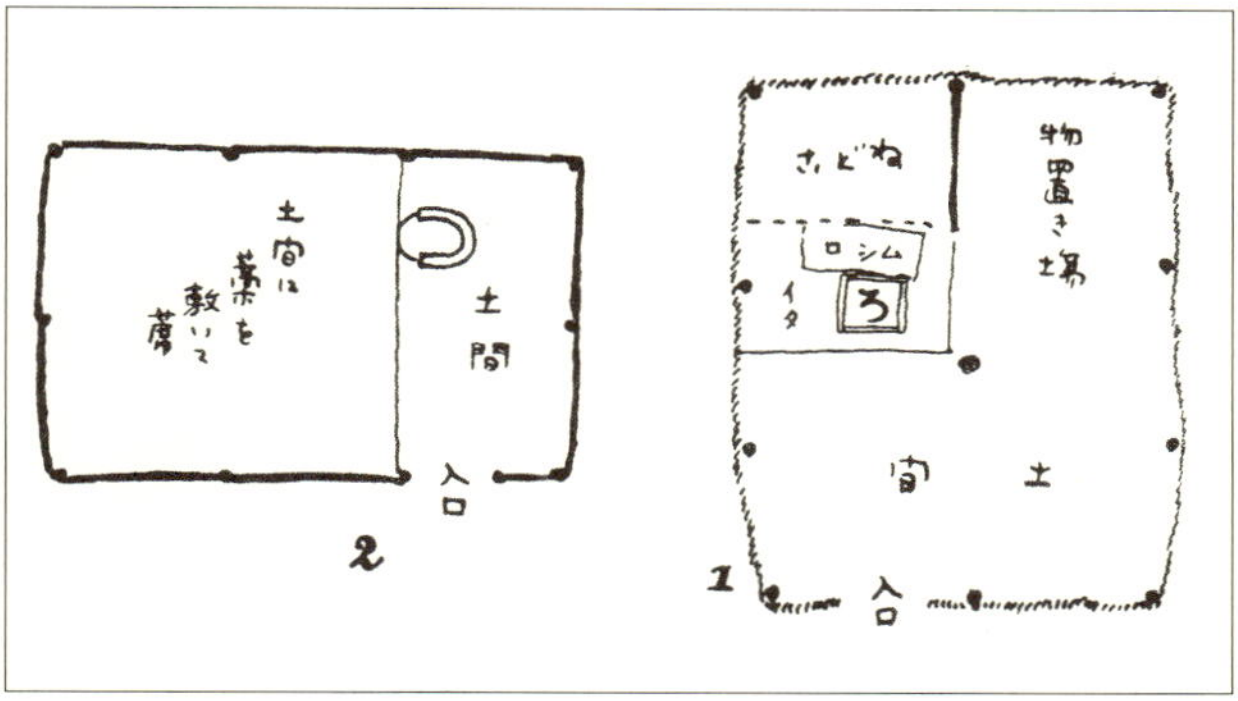

13

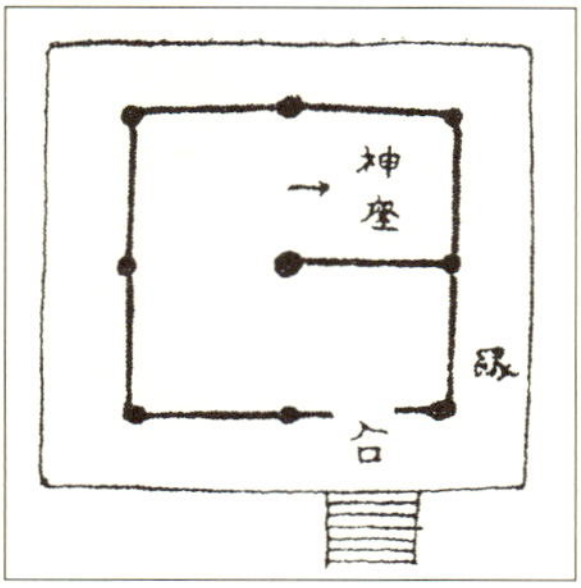

14

13—今和次郎による移住小屋の間取りスケッチ

14—今和次郎による出雲大社の間取りスケッチ

ナンドに収納されるモノ

日本の民家の間取りの展開は、端的に言えば農民の住まいを介した社会的関係性の豊富化にともなう間取りの差異化、多数化にある。それゆえに、身分の低い貧しい農民達の住まいの場合、その多くが幕末に至るまで竪穴式住居とほとんど変わらない掘立ての一室空間であったという近年の指摘もうなずける。いま私たちが訪れる文化財的対象としての民家は、それとは正反対の豪農の家、要は社会的関係性の豊富であった家に限られがちであることに注意したい。と同時に、当時の今の学的蓄積を補い、[08] なお「祖型」としての開拓小屋からはじまり、後から追加された部屋ではなく、常に存在せざるをえなかった空間を探っていった時、私たちは納戸《ナンド》とよばれる収納スペースの存在に行き着く。ナンドは現在の私たちの感覚からは単に器物を収納する大きな押入れ程度に考えられている。しかしナンドはそれ以上の機能を持っていた。

ためしになるべく古い民家を見学するとよい。そのためには今和次郎の研究以降に民家の時代的変遷をより詳細に考察した編年研究が役に立つ。民家の定式的な最終形であった四つ間取りの田の字型より古式を示すのが広間型と呼ばれる間取りである。その代表的民家である旧山田家住宅を見てみたい［図15、図16］。ドマ側からユカへ向かって間取りを見渡す。すると農家といえばすぐに思い浮かべるドマとユカを立派な框《かまち》の上にしつらえたユカ空間とのセットもまだ

15

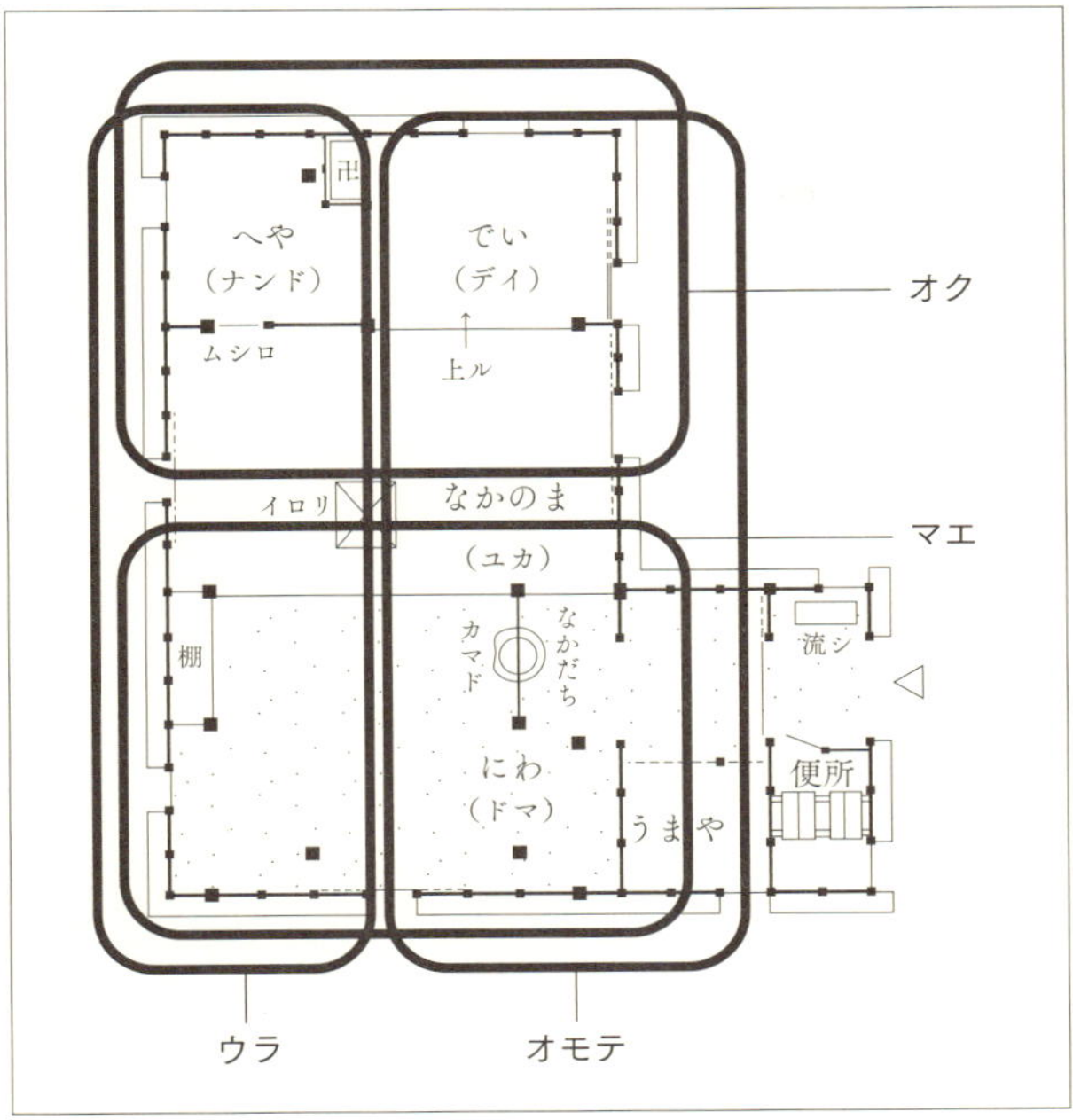

16

15—旧山田家住宅内部を土間から広間へ向けて見る。前側右奥にデイがあり、隣接した裏側左奥にナンドがある

16—山田家住宅平面図とオモテ－ウラ、マエ－オクのマトリックス

撮影：著者

見当たらない。そこにあるのはたたき固められたドマと、そのうえに蓆を敷きならべたユカをしつらえた、大きくは二つに分かれる空間である。ドマにおいては住まいの外で行なわれる農作業が連続している。一方のユカでは、まだその段差は小さいがイロリを持ち、蓆を敷くことによって、それら社会的作業（労働）と生活とを分離している。そしてそのユカ部分のオクに、さらにユカを一段高くした最オク［図2参照］の空間の列が加わっている。その最オクのオモテ側にデイという空間がつくられている。その呼称も地域によって様々であるが、当時の農家では高級家具であった畳を敷き詰めて、直接外に面し儀礼に用いる格式を持つ部屋のことである。身分の高い僧侶はオモテ側の縁から直接デイに出入りすることができた。

そしてそのデイのウラ側に閉ざされた小さい空間が付設されている。これがナンドである［図15の写真で左側］。いわば家の中の倉であり、大切なものを収納するばかりでなく、それに加えて寝間、つまりは人（主人とその妻）が就寝する場所だったのである。開放的かつ儀礼的なオモテ側のデイのウラにナンドという閉鎖的な部屋がオモテ－ウラの関係として対称的に設けられているのだ。もちろんナンドはその後の民家の間取りの典型である田の字型になっても、ウラのオクによって構成される隅に必ず設けられた。民家調査の際にナンドにまで入るのに時間がかかるのは、そこが家の最も私的で奥深い場所に位置しているからである。そしてナンドは就寝の場でもあったのだから単なる収納場所ではない。ナンドにまつわるいくつかの覚え書きを続いて紹介する。

この部屋は地域によって、ヘヤ・ヒヤ・チョンダ・ネビヤ・ウチザなどと呼ばれ、一般的に非常に閉鎖的な部屋で、出入のための一個所の戸口以外はすべて壁で閉じた家が多かった。なかには戸口を引きこみ戸にしたり、敷居を一段高くした家もあった。また室内には装飾的な工夫を施さず、荒壁のままで、温暖な地域では天井を欠く家も多かった。民家研究者でもあった建築史家大河直躬は、ナンドの具体的な様子について次のように説明している。

この納戸の日常の使用目的は、家財や穀物の収納と就寝が主要なものであり、筆者も調査の機会に納戸のなかに身体の不自由な老人が寝ておられる光景に幾度となく出会った。

［中略］

筆者はかつて納戸の使用目的について農家の老主人に質問したところ、「子供をつくるところじゃ」という明快な返事がかえってきたことを記憶している。［中略］

また納戸は婚礼だけでなく、人の生と死の習俗とも深く関係していた。納戸が出産の場所に使われる習俗は、さきの波照間島や富山県の五箇山地方などに見られる。死者の湯潅を納戸で行なった地域も多く……

——大河直躬『住まいの人類学』一四八－一四九頁

大河は指摘していないが、ナンドの入り口の敷居が一段高かったのには重要な理由がある。それはここに新しい藁やもみ殻などを厚く積んで寝具としたからで、それらがナンド以外にはみ出すのを防いだのである。以前は敷布も掛布もなく要はもみ殻の中に身体を埋めて寝たのである。私も何件か実際にその光景を覚えている人から話を聞いた。福島では初老の女性から次のような話を聞いた。彼女が子供の頃、山村に住んでいた時、近所の家の板張りのナンドから素裸の初老の男性が起きてきたという。ナンドの中にはひじ藁という藁かすを詰めた布団が重なり、その下には蓆が敷かれていた。一間ばかりの板張りの暗い部屋で開口は高いところに一つ、かんぬきで完全にふさぐことができた。ナンドは主人夫妻の寝間であり、子どもたちはナンド以外の場所に思い思いに寝ていたという。私のみならず、そんな寝間に試しに寝てみたいという気持ちを強く抱くのは、その就寝の光景が極めて原始的なあるいは胎内的な魅力をもつからだろう。

　原始性を孕んでいることを証するように、古代以前の穴居からはじまったムロ、貴族住居の寝殿造りの塗籠（ヌリゴメ）と、民家におけるナンドとの連続性についての指摘もある。[09] 越冬用につくられた土中の部屋であるムロは、後には『古事記伝』も伝えるように、家の最も奥にあって、土で塗り籠め、夏は涼しく冬は暖かく寝る空間として牟妻（ムロ）と称されたのである。いまも述べたように、この原始的空間は平安時代の寝殿造りにおいても塗籠（ヌリゴメ）として残存した。『竹取物語』で使者から逃れさせようとかぐや姫を収納した場所こそがヌリゴメであった。寝殿造りの開放的な空間で塗籠が人を最も安全に守る場所であった。ムロ、ヌリゴメ、ナンド（あるいはチョウダイ、ネマ）は、以上のようにヒトを収納するという空間として共通する性格を強く持つのである。

藁や籾の香りに包まれて眠るのは、多産と豊饒をつかさどる納戸神の霊力にふれる機会でもあった。納戸を祭場として田の神や歳の神を祀り、期日を定めて餅や御神酒などを供える信仰が、西日本にはとくに発達している。〔中略〕そんなところから納戸神の実体は穀霊であると考えられているが、それは穀物の収穫を左右すると同時に、人の誕生を左右し、女性や子供の安全を守る女神でもあった。

塗籠がそうであったように納戸の空間も女性原理によって支配されていた。納戸を産室として利用する習慣は日本各地でみることができるし、納戸におかれた物を管理し、納戸神を祀る儀式を行うのはたいてい主婦の役目だった。

——佐藤浩司、前掲書、五三八頁

以上のような考察を援用して、佐藤はナンドと倉との、意味においても機能においても強い重なりあいを見るのである。

私自身も伊豆大島にてミニチュア化された広間型とでもいうべき民家をたくさん調べたことがあった。すでにそのころはこのナンド空間の特異性に敏感であったので、伊豆大島のナンド(現地ではチョウダイという)をみて、これまでは気がつかなかった違和感をつねに感じていた。それはそのナンドの黒さであった。日本民家の開放的な吹き放ちと建具で構成された空間

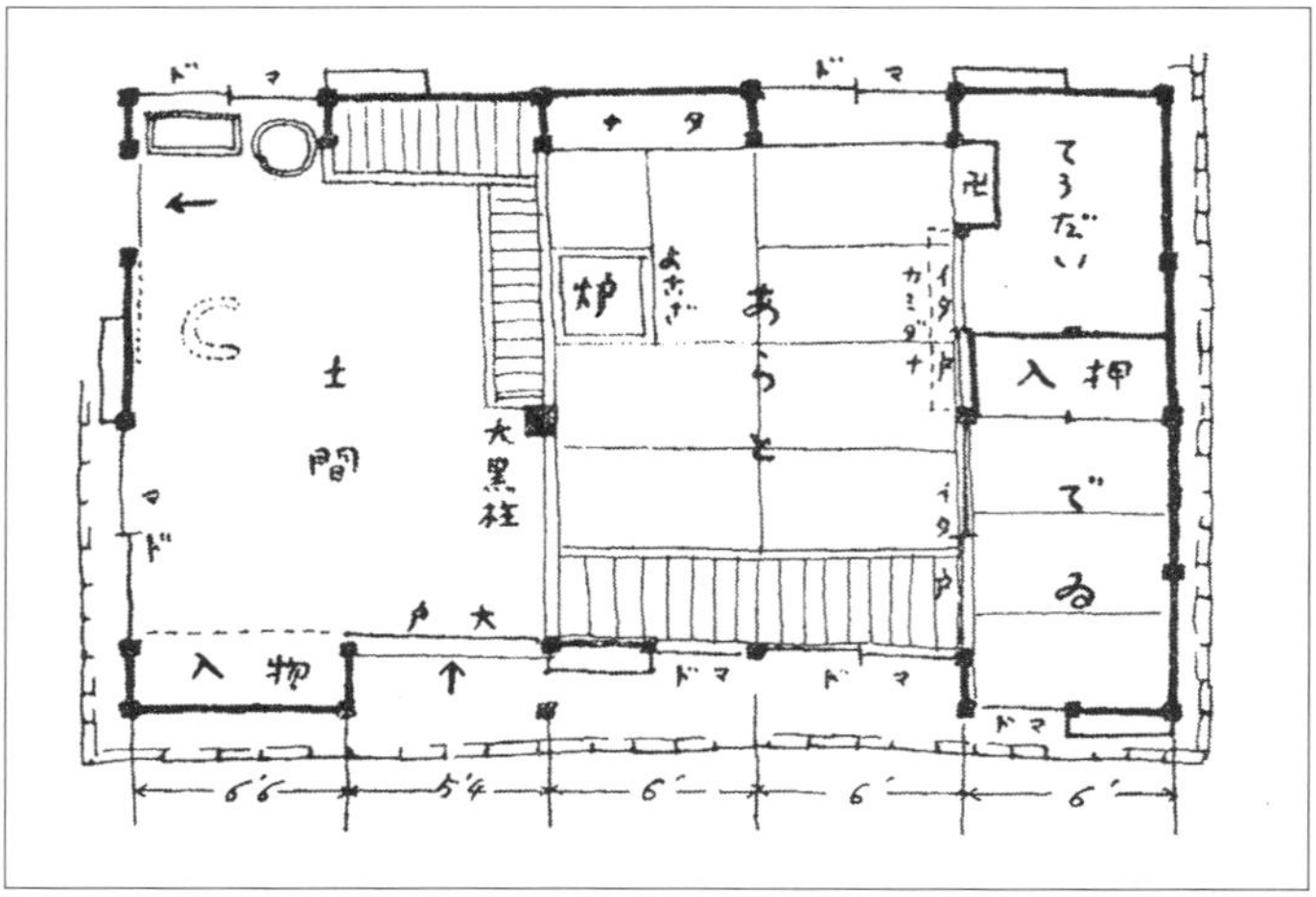

17

18

17　今和次郎スケッチによる伊豆大島の伝統的民家の間取り（『日本の民家』所収）。ナンドにあたるのは右上の「てうだい」（チョウダイ）と書かれた空間。土地の狭隘な漁村にあっていずれにせよ大変狭く、現在のチョウダイは器物の収納がほとんどでありヒトは寝ていないとのことであった（筆者の聞き取りによる）。形式だけがつよく残存した。ナンドの壁際に仏壇が、その板戸の上に神棚が作り付けされていることに注意。

18　伊豆大島に残る古民家のチョウダイ（ナンド、中央奥）の様子。その黒さが他と比べて引き立っている。撮影：著者

の中で、ナンドの一角だけが戸以外のさしたる開口を持たずまさにブラックボックスとして置かれていたのである。そしてナンド（図17、てうだい）の壁まわりには仏壇や神棚が所狭しと設置されていた。ナンドに霊的側面が付属していることも明らかであった［図17、18］。

このように器物を収納するナンドは、同時に産室、寝床、性の営み、そして死の場所として用いられ、同時に豊饒を祈るナンド（先祖）神が祀られていた。そこでは者とモノとの交感が行われたのである。これは先のインドネシアにおける高倉と同様の性格を持った空間ではないのか。つまりインドネシアでは垂直的関係において現われた化モノ空間が、日本の民家では、ナンドに着目するとわかるように、平面＝水平に展開していったのである［図2、図16参照］。

ヒトは生まれ、眠り、性を営み、死ぬ。これらはすべて社会的状態におけるヒトの日常とは別の状態にある。それらはヒトが自らの意識においては自らを制御しえない状態である。その時ヒトは化モノ＝モノへと化しているのである。

夢見、芸術、常ならざるもの

さて、ナンドにおける者とモノとの同化状態を指摘したが、さらに言うなら、ヒトの化モノ状態はすべてにおいて特殊な生産行為をともなっていることをも指摘しておかねばならない。

性の営みは子を生む。[10]

死は霊を生む。

これらいずれもが人間がつくり上げた社会からは生み出すことのできない、より大きな生命サイクルに包含された特殊な生産行為なのである。そして私は今ここにさらに機能を付加したい。それは芸術制作行為とそのような行為を確保する時空間としての夢見である［図19］。拡大解釈が許されるならば、芸術家はアトリエというナンドに籠り、異なる時間を送り、そして作品をたずさえて現実に帰還する（実際に作品制作をしていると、人は通常の時間のリズムからはずれ、寝食をわすれている）。つまり現実界への帰還に際して携えられた芸術作品とは〈常ならざるものの客観化〉にほかならない。

同様の意味で、特殊な生産の場としてのナンド＝化モノ空間は人々に多くの説話を生み出させた。それは人の無意識が形作らせた芸術作品であり、これから紹介するふたつの説話の吟味によってその特殊な生産の本質をかいま見ることができるだろう。それらはいずれも見てはいけないモノを見てしまう経験が主モチーフになるメルシナ型という説話の代表的な構造である。「鶴の恩返し」は日本で最もポピュラーな説話の一つである。各地に多数のヴァリアントが存

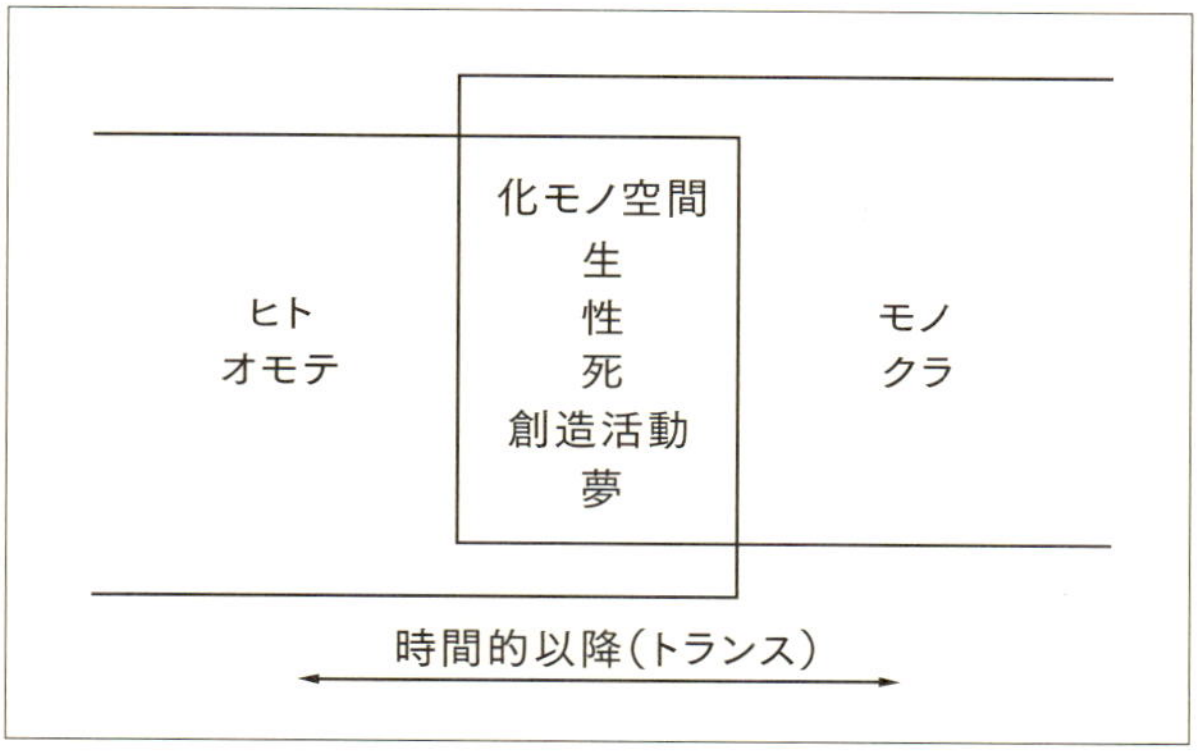

19

19—化モノ空間において達成される特殊な生産の一覧　作成:著者

在する。木下順二の戯曲（「夕鶴」）のもととなった佐渡での採集例[11]を要約してみる。

私意なく鶴を救ってやった男の家に、若い女がおとずれ、婚姻を迫る。貧乏な男はその誘いをことわるが、その情熱と家計への協力に説得されて了承した。

ある時女は「六尺四面（約二畳）の機場《はたば》を拵えてくれ」とたのんだ。[12]しかたなく機場をしつらえてやると、「俺の機を織ってる處を見てくれんな」といって、その中に入って機を織りはじめる。できた織物は今まで見たこともないすばらしいもので、高額な値段で売れ、男は潤った。

女が機を織る毎に籠るのを心配した主人公が中をのぞくと、鶴が自分の羽根を抜いて反物を織り上げているところであった。男にのぞかれてしまったことを覚った女は、自らの正体を打ち明け、鶴の姿で飛んでいってしまった。

この話をナンド－化モノ空間との関係において吟味すると、以下のような特徴を指摘できる。まず婚姻が前提になっていることである。これは女がナンド的空間の占有者的立場を確保するために必要となる前提である。[13]

次に機を織る時間のみ、他者に見られてはいけない閉鎖空間をもつことである。これはナンド空間の持つ一時的な霊的接触の時空間の確保に相似する。この飛躍した時空間を確保するためには、現実の社会的空間との接触は必ずその時間のみ断たれなければならない。

さらに女が機を織るために自らの肉体(羽)を犠牲としていることである。つまりこれは生命とひきかえに奇跡を生産するという呪術と芸術制作行為の親近性を想起させるだろう。

最終的に、このようなナンド的空間が男の覗き見によって崩壊する。つまり、ひととき現実とこの世ならざる世界を反転的に接続していたナンド空間へ、男の属する現実界の視線が侵入することによってその接続が絶たれる。その際、女の本性であった鶴は、すでにそのヘヤにとどまることはできない。なぜなら鳥は、何よりも先ず天への霊の媒介者だからである。以上のように、鶴女房の説話は、ナンドｰ化モノ空間が、男の引きずる人間界と、鶴の引きずる霊界との重合であり、それゆえに〈常ならざるものの客観化〉としての芸術作品を生産しえた場所であったことを明瞭に示している。

先の鶴女房においては、見るなという女からの禁制を主人公が破ったことによって、両義的世界が崩壊する有り様が描かれていた。両義的世界の生成とその崩壊構造をより単純に鮮やかに指し示すのが、「見るなの座敷」という別の説話である。このヴァリアントも多数あるが、可能な限り単純なものを選ぶ。これは座敷が倉に設えられた倉座敷という建物形式が舞台となっている。

旅人が野原で灯を見つけ宿を求めると若い女がいる。もてなしをしたあとに四つの蔵の三つまでは見てよいが、一つだけは見てはならないといって留守を頼んで外出する。旅人が蔵を開けて見ると一つは海の見える夏景色、二番目は秋景色、三番目は田舎の冬景色であった。約束を破って最後の蔵を見ると、梅に鶯が止まって鳴いていた。旅人が出ようとすると、先の女が約束を破ったことを責め、鶯になって飛び去る。屋敷も蔵も消えて旅人は野原に立っている。

——福島県いわき市のもの。関敬吾編『日本昔話大成』

他に、蔵が座敷の場合もある。いずれにせよそれらが化モノ空間的な閉鎖性をともなっていることは明らかである。またその数が七、一二もしくは一三であることもある。後者においては年中行事の風景がインテリアとなって展開し、様々な脚色を許す鮮やかな構図になっている。基本的に一年の巡りを表わす閉じた循環構造を持っているのが特色である。ではこの説話の核心は何か。

それは「部屋を見るな」という否定的命令が、むしろ見ることを誘うという二重の拘束性である。見られたくなければ鍵をかければいいだけのことであり、そもそもそのような命令を言明すべきではないことは誰もが気がつくことだろう。

グレゴリー・ベイトソンらによって、分裂症を引き起こす要因として発見、提唱されたダブルバインド（二重拘束）理論（一九五六）は、この説話のような矛盾した命令によりひきおこされる。あるメッセージとともに、それに矛盾するメッセージも同時に提示される状態である

（たとえば「私の言うことを聞くな」という命令）。ダブルバインドをともなう命令の受け手は、それに対する態度を主体的に決定できず、ついには矛盾して分裂した世界に受動的に落ち込む。「見るなの座敷」の核心は、以上のような、経験者の主体を無化するような自律的な空間の発生である。それゆえその空間を体験する人間は、ナンド的空間の中で異なる時間で展開する一年の景色を受動的に見ているだけになる。

この空間は何に似ているのだろうか。それは睡眠中の夢、あるいは入眠幻覚である。彼は見るだけであり、何も具体的な被害を被っていないし、罰を受けてもいない。「見るなの座敷」は自分では制御できず、自律的に展開する夢そのものである。そして最後に女の本性たる鶯を見てしまうことによってこの一連の劇は終わりを迎える。まるで目覚めるかのように話は突然、終結する。この説話にも鶴女房と同じく鳥に託された飛翔のイメージが込められていることは霊的空間へとつながる化モノ空間の特性を決定づけている。

現在の生活において、ヒトは生と死とを家から追い出してしまった。しかしながら性は未だに残り、説話めいた日々の秘められた創作行為や安楽な夢見も未だ追い出されてはいない。それらは生から死ほどの決定的な移行ではないが、実は者とモノとを日常的に往還する化モノ行為なのである。

「トランス」という状態は実はこのような往還可能な化モノ的時間のことをさしている。あなたの部屋はモノが散り乱れてはいないだろうか。そこはヘヤではなくむしろナンドであり倉なのではないだろうか。その意味で、独身者のワンルーム空間は実は単一のナンド空間だと言っても過言ではないだろう。

黒いオープンスペース——「白の家」の二元構造

ところで、先の旧山田家のドマからその内部を撮影した写真［図15］は、冒頭に挙げた篠原一男設計の「白の家」の内観写真［図1］を強く喚起するのである。なるほどそこには白い壁も黒い戸もないが、山田家の空間にも漂う緊張感は、その奥に設けられた黒い小部屋が担保しているとは言えないだろうか。白の家の白い空間に拮抗した黒い戸。それはナンドの戸ではなかったか。

実際に白の家の間取りを検討すると、以上のような指摘があながち外れていないことがわかる。黒い戸は寝室の入り口であったからだ。

「白の家」は方形屋根、正方形平面の二階建て住宅である［図20］。その一階間取りは、大きくふたつのスペースによって分割されている。「広間」が白の空間であり、ちょうど村井が撮影した空間である。厳選された家具が配置されたオモテ－マエの空間である。そしてもう一方が白の家を語る際になぜかほとんど語られることのなかった、オクの「寝室」である。しかしこの寝室は単なる寝るための空間ではないだろう。というのも篠原は広間と寝室との平面的な割合を約三対一程度に分割しているからだ。そのうえこの家には確たる収納スペースがない。つまりこの「寝室」は、白の空間を成立させるためにも、まさに者とモノとがともに収納される空間にならざるをえない。白の空間を白いオープンスペース（現代の建築家が大好きなものなのだが）とすればその背後にはかなり大きな比率で、いわば「黒いオープンスペース」（ナンド＝化モノ空間）が隠されていたのである。その「黒いオープンスペース」は外に対しては閉じているが、その内部における空間序列は者とモノに対して可変であり開かれている。白のオープンスペースが天井を張った一階であるのに比べて、「黒いオープンスペース」が子供用と夫妻用に二層分用意されているのであるから、その比率はさらに縮まる。

白の家における寝室の様子についてはほとんど言及されたことがない。写真すらもほとんど流通しない。発表当時の『新建築』一九六七年七月号に貴重な二層目の寝室写真が掲載されている。その空間は広間が方形空間であったのに対し、屋根の勾配を素直に表わした屋根裏部屋になっていた。そしてその空間の上部にはトップライトが設けられていた［図21］。

なぜ白いオープンスペースである一階広間にトップライトがなく、黒いオープンスペースの一部である夫婦用の二階寝室にこそトップライトがあるのだろうか。その理由は定かではない。しかしトップライトをいずれにつけるべきものであるかということについては、おのずと了解できるような気がする。そのように自然な了解の感覚をもつのは、ナンド－倉－化モノ空間が、その移行の最終局面において鳥と空とを必要としたことを、私たちが普遍的に感じているから

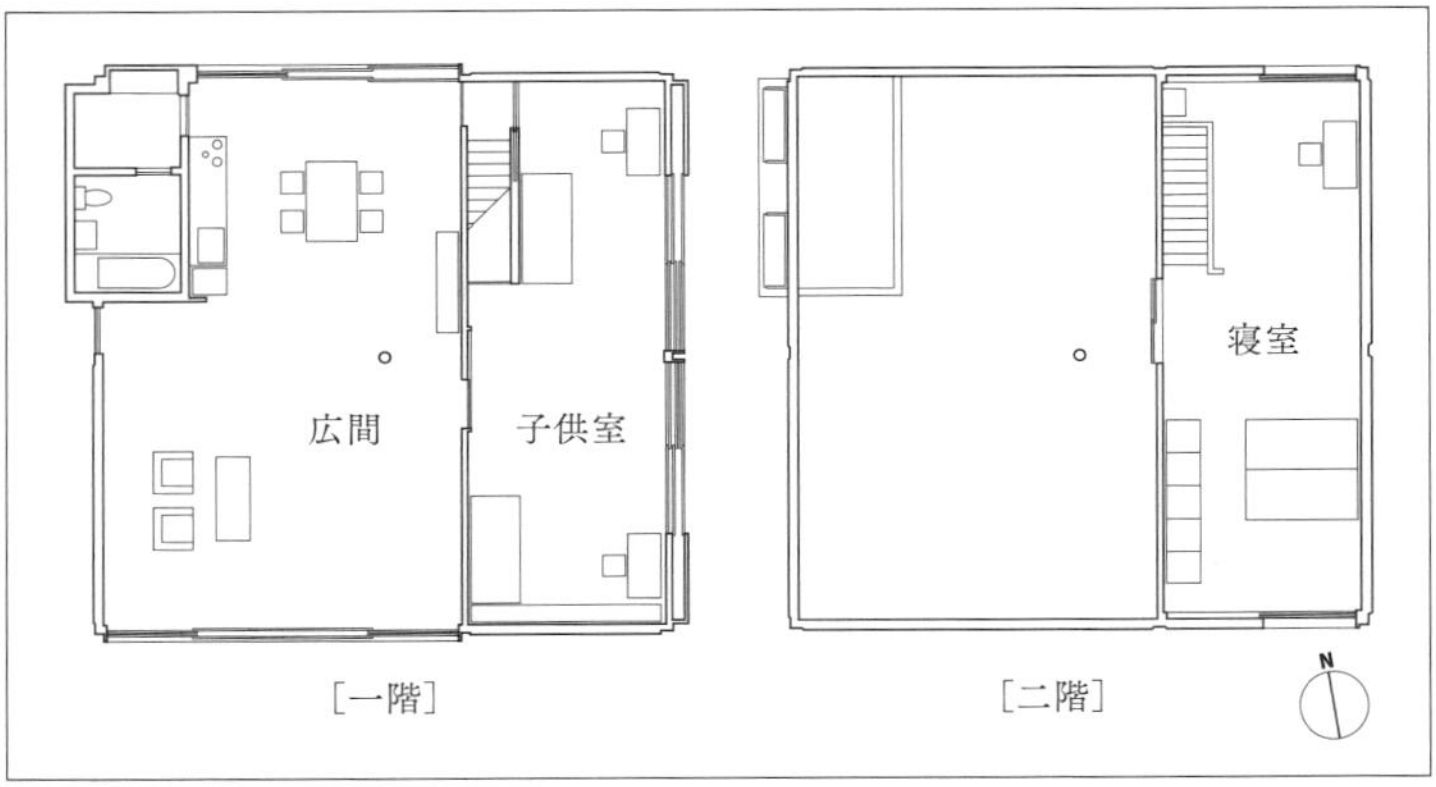

20

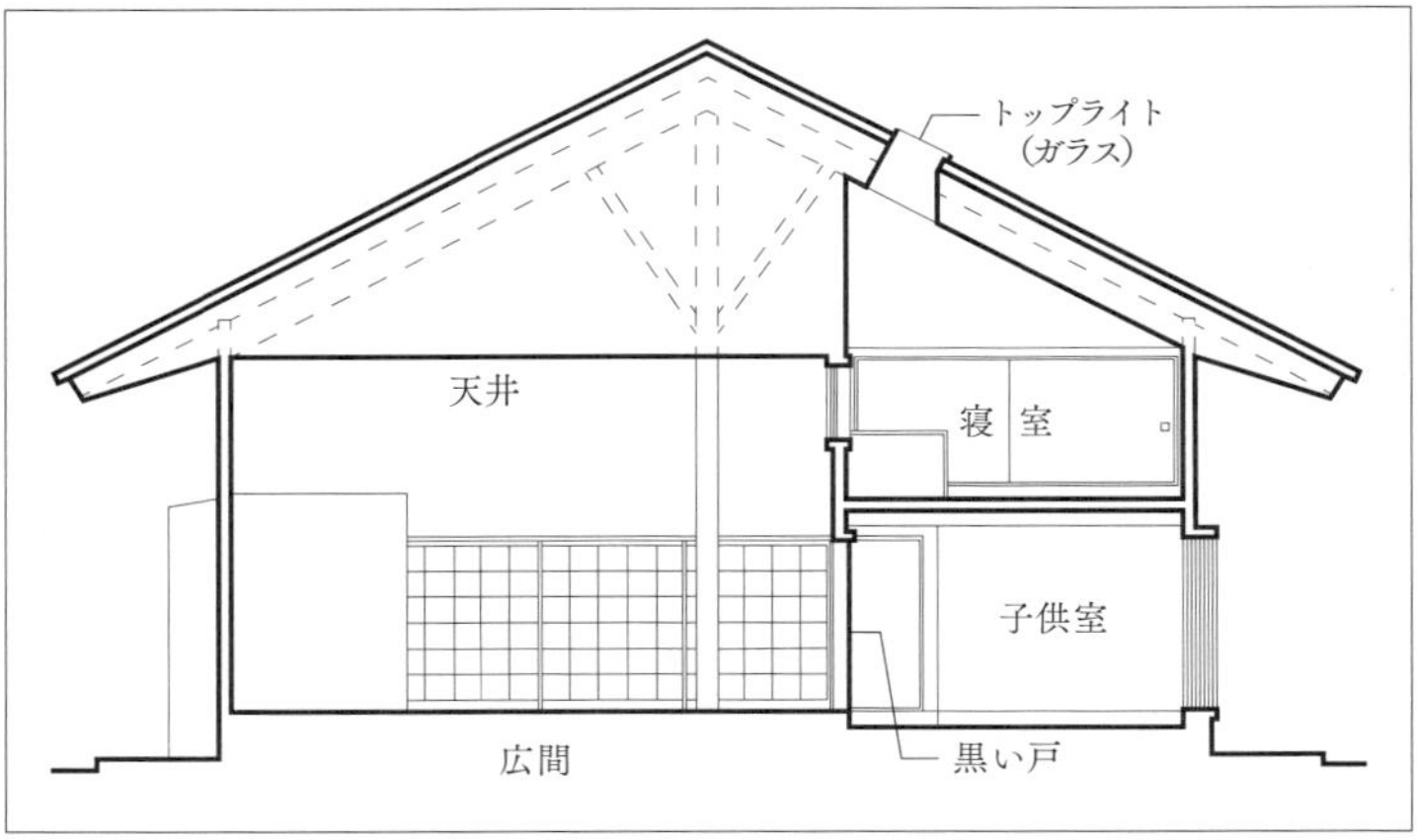

21

20—白の家各階平面図

21—白の家断面図

ではないだろうか。「広間」は社会的な空間ゆえにその開口は水平に、周囲に対して水平に開けられている。対して「寝室」はナンドであったからこそ、空へ向かう垂直的な開口が必要だったのである。それは化モノの最終的な出口なのである。竣工当時の寝室についての太田邦夫の貴重な証言がある。

> 私はこの空間の静かな落着きを感じながら、ついでに2階の寝室を見せてもらった。ところがこの空間は方形の天井そのままにトップライトをつけ、南北に風の吹き抜ける動きのある部屋であった。外部のフォルつム［ママ］と一体になった輪郭、しかも中心を片寄った位置での仕切り壁による空間の傾きは、1階の広間と対比して異様ではあるが、またそれだけ人間臭い気楽さがある。この家の主婦（工芸家）によると、とても住み心地のよい寝室だとのことである。私にはこのふたつの空間を結ぶ小さな窓をもっと象徴的に扱えなかったかと不満に思われるほど、1、2階の部屋に対する設計者の態度にはひらきがあった。1階の子供室はのぞかなかったが、古い家具その他広間にならべられないもの（おそらくこの施主家族の歴史を象徴するであろう）その他もろもろがぶちこまれているそうである。
>
> ——太田邦夫「空間の虚構」『新建築』一九六七年七月号、一四二頁

やはりその部屋は「おそらくこの施主家族の歴史を象徴するであろう」その他もろもろに彩

られていたのだった。私たちは寝室、収納、制作場所がセットになった白の家の裏の黒いスペースに、特殊な生産状態を誘発するナンドの理想のセットの一つを見る思いがするのである。

家には白いオープンスペースと黒いオープンスペースという因子が必ず存在するとしよう。しかしながら現今の建築家による小住宅は、ほとんど収納が消滅した広いオープンスペースであることが多い。このオープンスペースが持つ性格は何なのか。おそらくそれは私たちの深い生の構造につながっているのだ。竣工時点では何もなかった抽象的な白いスペースも、生活が開始され、子供が産まれるやいなやおそらく数年で、黒いオープンスペースに変貌する。エントランスから入った途端モノが散らばり動きまわっていることになるだろう。その様子はもはや「ポルターガイスト」と言ってもいい。これは現代の建築家によるナンド機能の浅薄な忘却だろうか。いやそうではなく、もしかするとその逆であるかもしれない。そのスペースは実は計画時点からいずれは黒いオープンスペースになりうるであろうことが予測されているのではないか。私たちはむしろ積極的に化モノになりたがり、それを倒錯的に宣言しようとしているのではないだろうか。

その答えはおそらくこうだ。家はヒトが化モノになるための時間を確保し、自らを収納するために作られるのである。黒いオープンスペースに化モノが収納されなければ、公的社会は成り立たなかったのである。この視点から多数の家屋で埋めつくされた都市の住宅地を眺めなおす時、家の社会的役割がむしろ明瞭になるのだろう。

2　レンガを積む者——神の子の家

前章では、家に不可避的に生まれてしまう原理的な空間構造を指摘した。それは主に、人間の生物的側面に起因するものであった。

しかし同時に、家は住み手と社会とを調停する装置でもあった。その住み手をとりまく「社会」の内実は時代的に推移するものである。特に家にとって伝統的社会から近代社会への推移は最も大きな変化であった。

童話「三匹の子ブタ（*Three Little Pigs*）」は他のいくつかの童話とともに、幼児の頃の私たちの脳裏に、社会、そして家の世界観をふかく刻みつける寓話である。

そこで私たちは勤勉であることや、逆に怠惰がもたらす結果を教えられ、と同時に、危険は遍在するという感覚を「オオカミ」という具体的な存在として授けられる。幼時において「食べられるかもしれない」という危機的事態へ感情移入したときの恐怖は、いまでもこの身体のどこかにひそんでいる。
しかし幼少時、私はこの童話に登場する頑丈なレンガの家と三匹めの子ブタの行動に、違和感を感じ続けてきた。私自身は二匹目の子ブタが建てた木造家屋が最も好ましく感じていたのである。

そもそも藁、木はなぜレンガの家と並列されたのだろうか。それは全く自明ではない。その前に「三匹の子ブタ」について、私たちはどれほどのことを知っているのだろうか。現在一般に流通しているこの童話の元ヴァージョンは、一九三三年にウォルト・ディズニーによって制作されたカートゥーン"THREE LITTLE PIGS"である。[01] ここでのプロットが今広く流通する同絵本に反映されたのである。だから、一般的にこの童話はディズニー、あるいは一九三三年の製作動機のフィルターを経ている。

アニメーションの背景は、ディズニーでよく見かける無性格な平原で、場所の設定にそれほどの意味は込められていない。三匹の子ブタが登場し、それぞれに自らの家を建てはじめる。一匹めの子ブタは藁（straw & hay）の家である。開拓小屋のような装いで、かんたんに小屋作りをすませた子ブタは「すぐに遊べる」と歌う。二匹めの子ブタは棒と小枝（sticks & twigs）を寄せ集めた家を建てる。一匹めほど簡易ではないが、小枝で組まれており、日本の木造建築のような安定感はない。[02] さて二匹めの子ブタもすぐに建設をすませ、一匹めの子ブタと遊びはじめる。彼らが、三匹めの子ブタの様子を見に行くと、三匹めの子ブタはレンガ（stone &

brick、ただし映像では石は現れず、レンガ造である）の家を建てている最中である。そして二匹の子ブタたちからの遊びの誘いに応じようとはしない。そのまじめな反応を逆にからかわれると、三匹めの子ブタは、逆にオオカミ（Big Bad Wolf）がきたら君らは僕に感謝するだろうと言う。ここで私たちはオオカミという危険な存在を知ることになる。しかし一匹め、二匹めの子ブタたちは三匹めからの忠告を取り合わず、オオカミなんかこわくない！　逆にオオカミをやっつけてやる！　と息巻いている。

　ここでオオカミが登場する。オオカミは木陰から彼らの様子をのぞいている。山高帽にツギアテの赤いオーバーオールと緑色のサスペンダーで装っている。ぼろぼろの風情で当時のチャーリー・チャプリンよろしくまさに「落伍者」、「ホームレス」を連想させる。[03] さてオオカミはまず一匹めの子ブタを襲撃する。その子ブタを藁の家もろとも大いなる息で吹き飛ばす。すかさず、一匹めのブタは二匹めのブタの家に身を寄せ、扉を閉める。

　あきらめたと見せかけたオオカミは、いったん引き下がり幼い羊（Poor little sheep）の毛皮をかぶり、中に入れてくれと懇願する。しかし、見破られて、オオカミはその正体を現し、棒と小枝の家も入り口の扉と枠を残して吹き飛ばしてしまう。

　二匹のブタは三匹めのブタが新築したレンガ造の家にかくまってもらう。三匹めのブタはレンガと石で造られた家だけがオオカミから安全だと言う。そして三匹めのブタがピアノを弾きはじめ、他の二匹は一緒に歌いはじめる。

「オオカミなんかこわくない」

突然、家をノックする音が聞こえ、「学校通いのフラー社のブラシ売り[04]（Fuller Brush man）」と答える。外のオオカミはユダヤ人学生風の姿に扮装している。三匹めのブタはチェーンのついた扉から手を出しブラシだけを受け取り、お礼を言う。

怒ったオオカミは煙突から強行突入しようとする。しかし三匹めのブタが用意していたかまの湯でお尻をゆでられて、煙突から飛び上がり逃げ出してしまう。

以上が一九三三年、ディズニー（アメリカ）製作による「三匹の子ぶた」のあらすじである。

勤勉な労働者の家

さて、この童話の基本的な教訓とは何だろう。それは勤勉さ、働きつづけることの重要さである。さもなければ、何ものかによって「食べられてしまう」。このプロットと、ブタが家畜であり食用であったこととと、無関係なはずがない。その裏には働かないものは食いものにされて当然というコードが流れている。

労働者の誕生である。そしてこの労働者の搾取的存在が一方のオオカミ[05]である。彼はブタである読者（すなわち私たち。オオカミに感情移入するものはごく少数のはずである）を常に脅かすホーボー（流れ者）であり、彼の牙から逃れるためには、遊ばず、働きつづけ、頑丈な家をみずから建てる必要がある。そしてその教訓に忠実だった三匹めのブタのみが「労働者という人間」に移行することができた。レンガとは人一人が簡単に扱える大きさ、重さを具える。それらを勤勉に積む作業を続ければ、いつかは危険から身を守ることのできる立派な家を作ることができるのである。その意味でレンガ造は貯蓄行為と似ていて、また柱梁を扱う木造建築よりも実は単純な作業なのである。このレンガにおける単純作業性、継続性が以上のような勤勉なブタ＝労働者には最も相応しい材料だった。

この見解を後押しするシーンが当のディズニーのカートゥーンに登場する。それは三匹めのブタが作ったレンガの家の最後のシーンで登場する。子ブタたちがオオカミへの対策を相談しているシーンに、一瞬映し出される二枚の絵である。それらは背後のレンガ壁にかかっている。左はソーセージの絵である。タイトルは"FATHER"。もう一枚は多数の子ブタに乳を飲ませる横たわったブタの姿である。タイトルはもちろん"MOTHER"である。

これは三匹の子ブタたちの親が不在であったことと深く共通する。親たちはすでに食べられていた、あるいはいまだ幽閉されているのである。子ブタたちは自ら生きる糧を得なければ死ぬか食われることになっている。このようなサブリミナルな効果とも相まって、私たちは「勤勉な労働者」であるブタの生き方から逃れられないことをいやでも認めざるをえなくなるのだろう。

この映画の出来た一九三三年といえば、折しもニューディール政策が施行されたその年であった。世界恐慌の傷跡にいまだアメリカの民衆の多くが困窮する中で、アメリカ合衆国大統領フランクリン・ルーズベルトがそれを克服するために行なった一連の経済政策である。その理論的支柱となった、需要の調節によって完全雇用を達成しようとしたケインズ主義にも、そのブタの生き方＝レンガの積み方は大いに合致するものであった。そしてこのカートゥーンは、当時最大の大衆娯楽に成長していた映画産業の上映前の余興として大いにもてはやされ、しまいには一九三四年度のアカデミー賞を短編アニメーション部門で受賞している。[06]

ここまでで指摘できたのは、ブタにひそむ意味と、ブタとレンガ造の家との、時代状況を反映した強い結びつきであった。実は一九三三年の「三匹の子ぶた」は資本主義と労働者という近代の神話を背後に抱えて成立していた。この過酷な社会で健気に生き続けなければならない子ブタに課せられたタフさが、幼年の私にも若干プロパガンダ的な匂いを感じさせ、違和感を覚えさせたのであったと推測する。

しかし話はここからである。なぜ家の素材として藁、木、そしてレンガが、比較されるものとして登場したのだろうか。これについて一九三三年のヴァージョンは私たちに何の情報も与えてくれない。そこで一九三三年から遡って、可能な限りの三匹の子ブタたちの素形を集めてみることにしたい。その遡行によって、一九三三年に発生していた物語のほころびを再び縫い合わせてみたいのである。

記録された最古の「三匹の子ブタ」

残念ながら「三匹の子ブタ」の起源は定かではない。現存する記録はそれほど古くない。一九世紀末はヨーロッパ各地で民間伝承採集の動向が盛んになった時期であった。その一連の民族的運動の中で刊行された、ジョゼフ・ジェイコブス（Joseph Jacobs）による一八九〇年公刊の記録*English Fairy Tales*での一話が、「三匹の子ブタ」のマスターピースとの扱いとなっている。[07] イギリス発祥の民話とされたこの「三匹の子ブタ」は、一九三三年のディズニー版とはいくつかの点で相違がある。

その相違は二つの性格をもつ。一つは先に指摘した一九三三年のブタ＝労働者説とほとんど矛盾せず、むしろその歴史的な背景がより明瞭となる記述である。そしてもう一つは、一九三三年においてはまったく登場しなかった新たな、つまりディズニー版では削除された事態である。先に前者から紹介したい。

まず三匹の子ブタたちの母ブタが登場する［図1］。母ブタは食べるものが充分になかったため、自分たちで運試しをするように（to seek their fortune）、彼らを追い出してしまったのである。

彼らは道すがら出会った男にそれぞれ素材を分けてもらう。ワラで家をつくった一匹めと枝で家をつくった二匹めの子ブタは襲われ、オオカミに食べられてしまう。レンガ造の家の三匹

1

1 *English Fairy Tales*, 1890に掲載されたイギリス民話版「三匹の子ブタ物語」、冒頭の挿絵　挿画：John D. Batten

めの子ブタのみ、煙突から落ちてくるオオカミを待ちかまえて熱湯を満した鍋にオオカミを落としいれ、逆にオオカミを食べてしまう。二匹めまでの子ブタは蘇ることはない。

また三匹めの子ブタは、相当に狡猾である。というのもオオカミが煙突から強行突入するまでにいくつかの契約交渉的なやりとりがあり、それら全てにおいてオオカミを出し抜いているからである。

上記の特徴は、ブタ＝労働者としての物語の特徴を弱めるどころか、労働者が誕生した頃の彼らの本性をより強くよみがえらせている。母ブタからの放逐、また救われなかったブタの存在が示す非情さは当時の、故郷を放擲された人々の過酷な運命と重なる。また三匹めの子ブタの狡猾さは、チャールズ・ディケンズによる『オリヴァー・ツイスト』（一八三八）を彷彿とさせる。三匹めの子ブタはオオカミを逆に欺き、食べ、最終的には幸福に暮らす。そのエンディングはまるで富裕階級の家に引き取られて終わるオリヴァー本人のようである。オオカミはさしずめ浮浪児を操るユダヤ人盗賊団の首領フェイギンであろうか。つまり一八九〇年採集版における「三匹の子ブタ」ではまだ搾取階級と労働階級の境界は、後のディズニーによる一九三三年版のように安定しておらず、それらはえてして立場が逆転する流動的状況であったことをも示唆している。ブタからオオカミへの立場の移行も十分ありえたろう。

さて、それでは次に一九三三年版にはまったくなかった、物語自体に亀裂を生じさせかねない一八九〇年版の諸要素を紹介する。

それは一九三三年のカートゥーンでは完全に消滅していた「男」の存在である。全ての子ブタは偶然に出くわした彼らからそれぞれの素材をもらい家を建てていたのである。またこれらの素材は各子ブタの怠惰さ－勤勉さの度合いに応じて与えられたのではない。

この「男」はしかし一八九〇年版のなかでは単なる素材の手渡し役であり、その存在の意義が不明である。この「偶然」現れた男をどのようにとらえるべきであろうか。ここではジェイコブスが前掲書の註で指摘していた異本との比較によってさらにその意味を見極めてみたい。

男とガチョウ

ジェイコブスは同物語のレファレンスに、いくつかのヴァージョンを挙げている。なかでもとりわけその相違によって異彩を放つのが「三羽のガチョウ（*The Three Goslings*）」というイタリアの童話である。[08]

まずこのヴァージョンでの主役は、ブタではなくガチョウである。この童話は当時のヴェネチア語で採取され、現在ほとんど流通していない。そのあらすじを紹介したい。[09]

昔々、三羽のガチョウの姉妹がいた。オオカミに食べられてしまうのをふせぐために、一番大きなガチョウが残りの二羽に家を建てようと提案する。

道を歩いていると、ワラをもった男に出会ったので分けてくれるように頼んでみた。男はガチョウたちに好きなだけのワラをくれた。

ガチョウたちはかわいらしい小さなワラの家を、川辺の草が生えた低地に建てた。家を建て終わると、一番大きなガチョウが「さあ、この家が気持いいかどうか見てみましょう」と入って、ドアに南京錠でカギをかけてしまった。「一人でいるのがとても気持がいいの。もう行ってちょうだい。もうあなたたちとは関わりたくないの」

あきらめた残りの二羽のガチョウは次に干し草をもった男に出会った。家を建てるために干し草を分けてくれるよう頼むと、男はガチョウたちに好きなだけの干し草をくれた。

残りのガチョウたちは、男に感謝し、低地にとてもかわいらしい家を建てた。それは前に建てたものよりもステキなものだった。すると真ん中のガチョウが「さあ、この家が気持いいかどうか試してみましょう」と入って、ドアに南京錠でカギをかけて、バルコニーに出て妹のガチョウに宣告した。「この家はとても気持がいいの。もう行ってちょうだい。あなたにはここにいてほしくないの」

恐怖に怯えながら一番小さいガチョウが彷徨っていると、次にたくさんの鉄と石とを持った男に出会った。家を建てるために少しでもその鉄と石とを分けてくれるよう頼んでみると、男はガチョウの子を非常にあわれに思い「よしよし、よいガチョウの子よ。むしろ私は、おまえのために家を建ててやろう」と言った。

彼らは草原に行き、男は本当にステキな家を建てた。その家は庭付きで、必要なものはすべてあり、鉄で裏打ちされていたためとても頑丈だった。おまけに鉄でできたバルコニーや扉もついていた。ガチョウは男に感謝して、家に入っていった。

さてオオカミはガチョウの子たちが家を建てたことを知って、最初の家があったところにやってきた。オオカミはノックしたが、一番年上のガチョウはオオカミと知って扉を開けなかった。するとオオカミは家を吹き倒してしまい、ガチョウを食べてしまった。真ん中のガチョウも同じ目にあった。

そしてオオカミはとうとう三番目のガチョウの家を見つけたが、ガチョウは彼を中に入れなかった。オオカミは鉄製の家を吹き飛ばそうとしたが、できない。屋根に上って踏み倒そうとしてもできなかった。オオカミは作戦を変え、ガチョウに和解するように見せかけ、明日一緒にマカロニ料理をつくろうと申し出た。ガチョウは承諾した。

その翌日の早朝、バルコニー伝いにオオカミから原料をもらって、ガチョウはマカロニ料理をつくりはじめた。料理のために水でいっぱいのヤカンを火にかけた。二時を過ぎてガチョウがオオカミをマカロニの味見にさそった。ドアは開かれず、棚にある穴に口をあてるようにとオオカミに指示した。オオカミが指示通りに穴に口を入れると、ガチョウはヤカンの中の熱湯をマカロニの代わりに注いだ。そしてオオカミは火傷のために死んでしまった。

それからガチョウの子はナイフをくわえてオオカミの腹を切り裂き、丸呑みにされたままの他のガチョウの子達を助けた。二羽のガチョウは妹に自分達の行ないについて許しを請うた。一番下のガチョウは、彼女達を許し、家に入れ、マカロニを食べた。それから幸せに満足して一緒に暮らした。

以上が「三羽のガチョウ」のあらすじである。

ガチョウもブタと同じく、古来より家畜として飼育されてきた。ガチョウは食肉用、脂肪、筆記具、キルトや枕の詰め物、卵、そして鋭敏な警番鳥として、庶民の日常生活に欠かせぬ存在であった。ガチョウを賢者の象徴として扱った図像も存在しているが、そのような解釈には深く立ち入らずとも、しかしガチョウとブタには決定的な相違があった。

それはガチョウが手を持たぬことである。
この特徴は三羽のガチョウが建てた家の素材について、ブタの場合より矛盾なく対応する。ガチョウたちは男から分けてもらった、ワラ、そして干し草[10]を用いて自分で家をつくった。なぜならガチョウにとって彼らが建てる家の素材は、そのくちばしによって組み立てられうる素材でなければならなかったからである。これによってこの説話群における建てる主体とその素材との必然的関係がはっきりする。その後、動物が変わったためにこの工作技術的な関係性が薄れ、その形骸が一九三三年のカートゥーンにまで伝えられていったのである。そのうえ、ガチョウがみずからの「手」では家を建てられぬというこの宿命は、一番年下の正直であわれなガチョウをすくった家の素材にも独特の色彩を持たせている。

その家はレンガ造ではなかった。鉄の家であった。当時、鉄の精製はレンガに比べてきわめて魔術的であったことは疑問の余地がない。そして同時にその鉄の家は、ガチョウ自身がつくったのではなく、「男」がくちばしでつまむしか建てる術のない彼女のためにつくってやったのであった。つまり「三羽のガチョウ」の話は、一九三三年の「三匹の子ブタ」の近代的勤勉さと正反対の性格を持つ。レンガを積む子ブタはウェーバーのいう資本主義下の勤勉による定量可能な救済の物語である［第6章一八三頁参照］。そこではレンガを積むことに象徴される自身の蓄財が、労働の証＝隣人への奉仕と同一視された。これによって蓄積を目的とした労働と相容れなかった宗教的救済とレンガを積むことが連動したのである。対してガチョウの世界ではキリスト教本来の宗教的線引がより濃厚である。ガチョウはその身体的特徴によって当初より万能な建設活動を行なえる　わけではない。ガチョウたちはあくまでも限界ある現世に住んでいる。彼女たちに残されているのは三女の振る舞いが象徴する誠実さと救済を信じた努力である。さすれば「男」が現れ、か弱い彼女たちを常に救済しようとする。それは男との変わらない信頼によって構築された宗教的救済の物語なのであった。その「男」は神に同定されるだろう。一八九〇年の「三匹の子ブタ」で登場する男たちが何らの積極的な役割を持ち合わせていないのも、「三羽のガチョウ」における男=神によって家を建ててもらうという、他者による救済のモチーフがすでに消滅していたからである。

ガチョウの説話から一九三三年の子ブタまでへの過程は以上のように、安定した構造を持つ宗教的加護のモチーフから、レンガ積みという勤勉さを基準とした計量可能な「救済」世界への変化を如実に示している。この過程を考えるとき、その中間点である一八九〇年版の「三匹の子ブタ」に、独特の現在的価値が生じてくるように思われる。「男」の役割も消滅し、与えられる素材とブタの性情になんらのつながりもなく、さらには狡猾な子ブタがオオカミ的存在(食うもの)へと移行するような不安定な構造を持ったのがこのヴァージョンなのである。

端的にいえば、この一八九〇年に採集されたイギリス版「三匹の子ブタ」は、それ以前の「三羽のガチョウ」における信仰に依拠する世界から、ディズニー版「三匹の子ブタ」における計量的労働に基づく安定した世界への移行の、はざかいを示している。それは産業革命によって誕生した労働者たちが置かれた根本的な不安定さを最もよく示している。そしてこのヴァージョン以降、存在しはじめる建築的要素がある。それが煙突という設備である。

3 パイピング建築論——家を貫く聖と俗について

口としての煙突

西洋社会に端を発する近代住居の誕生によって、人間は住まいにおいても、彼らの立ち居振る舞いを自らの生物的側面から切り離すことができた。その分離を保証したのは、実はきわめて具体的な、現在では全く凡庸な装置なのであった。

三匹めの子ブタの家は、レンガ造であった。その家には同時に重要な建築設備が登場した。オオカミが侵入しようとして逆に釜ゆでにされ、食べられてしまう（一八九〇年ヴァージョン）きっかけとなった煙突という設備である。

イギリス住宅史家のアンソニー・クワイニーは、イギリス住宅における煙突の発生を次のように述べている。その出現は一六世紀後半頃と推定されている。当時のイギリス住宅には間取りの真ん中にオープンホールという、炉端をもった部屋が存在した。炉は日本の農家と同じく、家族をむすびつける中心的な場所であったが、明確な煙道を持たず、屋根から煙を逃すような構造になっていたことも日本の民家の場合と同様であった。動物性の素材を炉にくべれば室内はたちまち異臭で満ちたであろう。ホールの上部全体を煙溜まりとすることは、二階床を設けて増加する家族や什器に対応しようとする必要性との間に次第に矛盾を生んだ。

まん中の部屋、つまりホールはまだ重要な部分でしたが、他の部屋が、日々居住し仕事をする機能を着実に引き継いでいました。さらに上階に収納スペースが増え、オープンホールの使い勝手を侵食しはじめていました。二階の半分には、低コストで広い空間を得るため床が張られていました。もう半分にはまだ二階がなく、煙を囲いのない炉端から屋根へと逃すために開いていました。

これはずっと重要な技術革新の途中の段階でした。さらにれんがか石のチムニースタック(組み合わせ煙突)で火を囲むとすると、オープンホールの広い空間は完全に余分なものになるので、そこに住宅をさし渡して、[中略]ひと続きの二階をホールの上に作ることができました。こうすると前よりも清潔な住宅になります。これが炉端の革命、すなわち煙突の登場です。

——Anthny Quiney, *House and Home—A History of the Small English House*, p. 37-38. 訳文は『ハウスの歴史・ホームの物語（上）——イギリス住宅の原型とスタイル』花里俊廣訳、八二頁より

以上のように煙突の発明と空間の分化は切り離すことができないものであった。煙突は住宅内のパーツというよりも、むしろ空間を分節することによって生み出された特殊な小空間だったのだ［図1］。彼らは炉端から発生する煙や匂いをレンガ積みの小さい囲みを作り、まるで専用の小部屋を造るようにして、隔離したのであった［図2］。それによって住宅の床面積は飛躍的に増大し、これまで渾然一体となっていた大部屋の機能ならびに人間の生活様式を分離させることになった。これによって居間と寝室が分離され、プライバシー的感覚が徐々に発生した。

炉端を囲いチムニースタックをつくることは、空間的なゆとりと快適さ、便利さをもたらす技術革新でした。オープンホールは時代遅れになりました。建築の技術が進歩し富が増加するにつれて、初めは自由農たちが、次にそれより貧乏な農夫たちが、最後は約二〇〇年後に土地をもたない労働者たちが、チムニースタックのある住宅を建てるようになったのです。

——*Ibid*. p. 39. 訳書、八四－八五頁

一方、家の住み手にとって、動物等の他者を食べること、それは欲求を満たす一方、おぞま

1
イギリス、ペナイン地方の古い住居における煙突の萌芽の様子。二階のみ一階の炉からの煙を隔離している
作図：Oxford Illustrators Ltd.

2
チムニースタックの例　小さい家のようにレンガを積んだスタックの姿

1

2

しいものでもある。そして不可避的かつ自然的なことである。煙突は家から住み手にひそむそのような生物的な要求を隔離、かつ確保する場所となった。そのような意味で炉端から煙道、そして煙突は、他者を消化し自分のものとする家の内臓なのである。一八九〇年の「三匹の子ブタ」の最後の場面においてブタとオオカミとの関係が逆転するのは、あたかもブタの消化器官が肥大化したとでもいうべき家の煙突から炉端までが、オオカミに対して圧倒的な優位を持ったからなのである。

排泄する家

すると私たちは、ブタが食べたあとの食物の行方を気にしはじめる。私たちは食物のすべてを消化しきることはできない。必ず、異臭を放つ残余——排泄物を生産する。他者であった食物のもとは再び排泄物として他者化する。それは一体どのように処理されたのだろうか。

異臭を放つ物質をどのようにして自らの環境から追い出すかという問題は、それを肥料として再活用できる農村においては格別の問題とはならなかった。しかし人間のみが集中する都市部ではきわめて切実な問題となった。大量の排泄物の受け取り手が存在しないからである。先のクワイニーは、首都ロンドンにおいて発達した都市住宅・テラスハウスの発生に関連して、以下のように報告している。

> 階段は地下室と、二階にある別の二部屋へ通じています。小さい住宅では二階の部屋はふつう寝室になっています。大きい住宅ではここがフォーマルな応接間や客間やパーラーになり、その上の階に寝室がありました。どちらの場合でも、クローゼットが、部屋のあいだや空いた空間に押し込まれたり、裏側の突き出した部分に置かれたりしていました。これらのクローゼットは、洋服を入れるところだったり、チャンバーポットやクローズドスツールと婉曲に名付けられた寝室用便器が置かれていたり、使用人が暇な時間をつぶす小部屋であったりしました。昔はずっと「ガーディルー」（汚物に気をつけろ、という内容の婉曲表現でフランス語［garde à l'eau］から軽訛《（ママ）》したもの）などと悪名高く呼ばれていたように、排泄物は車道に直接捨てられていましたが、もはやほとんど道には捨てられなくなりました。
>
> ——*Ibid.* p. 83-84. 訳書、二二四頁

オープンホールが煙道として疎外されたように、都市において人間の排泄物の行き先は、クローゼットのなかに秘匿されるようになった。それは人間の住まいの空間が、クワイニーが指摘するごとく、様々な機能によって社会的に——装飾的に［第4章参照］——分化されたからである。その中で人の排泄物は彼らが培ってきた社会の体裁を保持するには、人知れず外部に流される必要があった。

ロンドンでは一九世紀初期には水洗トイレが考案され、一部で使われはじめたという。しかし問題は、多量の排泄物を人知れず運搬しうる確実な水の供給と下水管をどう確保するかであった。ロンドンでは一八六五年を過ぎてそれらはようやく実現されたという。それまでテムズ川に直接流していた下水を、下水道を通して、市街地より下流の地点で流すようにしたのであった。

余談になるが、クローゼットが以降ゴーストの登場場所として定着することの背後には、以上のような他者化された、もと自分の一部（排泄物）への恐怖（不気味さ《ウンハイムリッヒ》――フロイト）がある。そして、人間はそのクローゼットの中に収納された便器につながれた下水管の行方を想像する。そこは家の最深部にあけられた、黒い穴である。人は自分から強制的に疎外された自然の逆流（復讐）を、その穴に見いだすだろう。そのおぞましさが、ゴーストのイメージを生み育んでいることは容易に理解可能である［図3］。

つまり重要なことは、煙突とトイレ、配管というチューブの発明によって、人間は自らの生活に、屠殺や排泄といった動物的部分を隔離し、忘却することができたということである。この設備によって人間は自らをまるで「神」のように考える清潔な時間と空間を持つことができた。その家は内部にいれば人間の自然的サイクルを忘却させる抽象的な空間になりえた。しかしその家は外から見ると、だらしない、拡張された、彼らの口と肛門がごろんと転がったものなのである。人間が永遠に神になりえないのは、食らう口と出す肛門を持たざるをえないから

3

3 パリにおける秘められたクローゼットの例、一八九三年、ダニエル・ダビーのデッサンによる

であり、これは現代住宅に住む人間でも同様である。ただその上下の口が表面上、完全に隠れていることが相違点であるが、本質はまったく動いていない。

家から排水される人間

一九五一年、近代建築の巨匠の一人であるミース・ファン・デル・ローエ（一八八六－一九六九）によってデザインされた、二〇世紀の住宅を代表するといわれるファンズワース邸が完成した。独身の女性医師のためにイリノイ州の川辺に作られたその週末住居は、白く塗られた特製の鉄骨によって大地から切り離され、壁全面がガラス張りであった［図4］。床は地上五フィート（一・五メートル）に浮かんでおり、訪れる人は広いテラスをつたって、この「神殿」にたどり着くのであった。その内部は完全な単一空間で、一つの要素を除いてガラスの壁面は周囲の森林に続く内外の視界を全く遮らない。その一つの要素とは空間の中心からややずれたところにひとまとめにされたキッチンやトイレ、浴室、暖炉である。それらは上質な突き板で構成されてはいるが、内部の見えない、ボックス・スペースとしてデザインされている。つまりミースはこのボックスに、食べ、排泄する、暖まる等の生物的機能をすべて押し込めたのだった。他はすべて外部に露出された。そこは神の現し身としての人間のための家だからである。神が隠し事をする必要はない（ただしその生物的機能を隔離できるのであれば）。そしてここに佇むはずの独身の女性医師が早くしてミースと訴訟関係の泥沼に至るのも無理からぬことであった。

さてファンズワース邸の下水はどこへ行くのだろう。ミースをもってしても人間の生物的機能を完全に閉じ込めることはできなかった。外から無理に床下を覗けば、床上のボックスの真下に、黒く塗られた一本の太いパイプが地下に潜ろうとしているのを確認することができる。[01] ファンズワース邸における人間の生物的機能は床上のボックスとその真下の太いパイプに集約されている。それは隠された大黒柱であり、二〇世紀住宅において抑圧された、「不気味なもの」の最たる部分である。

その約十年後に公開されたアルフレッド・ヒッチコック監督の映画『サイコ』（一九六〇）には、

4

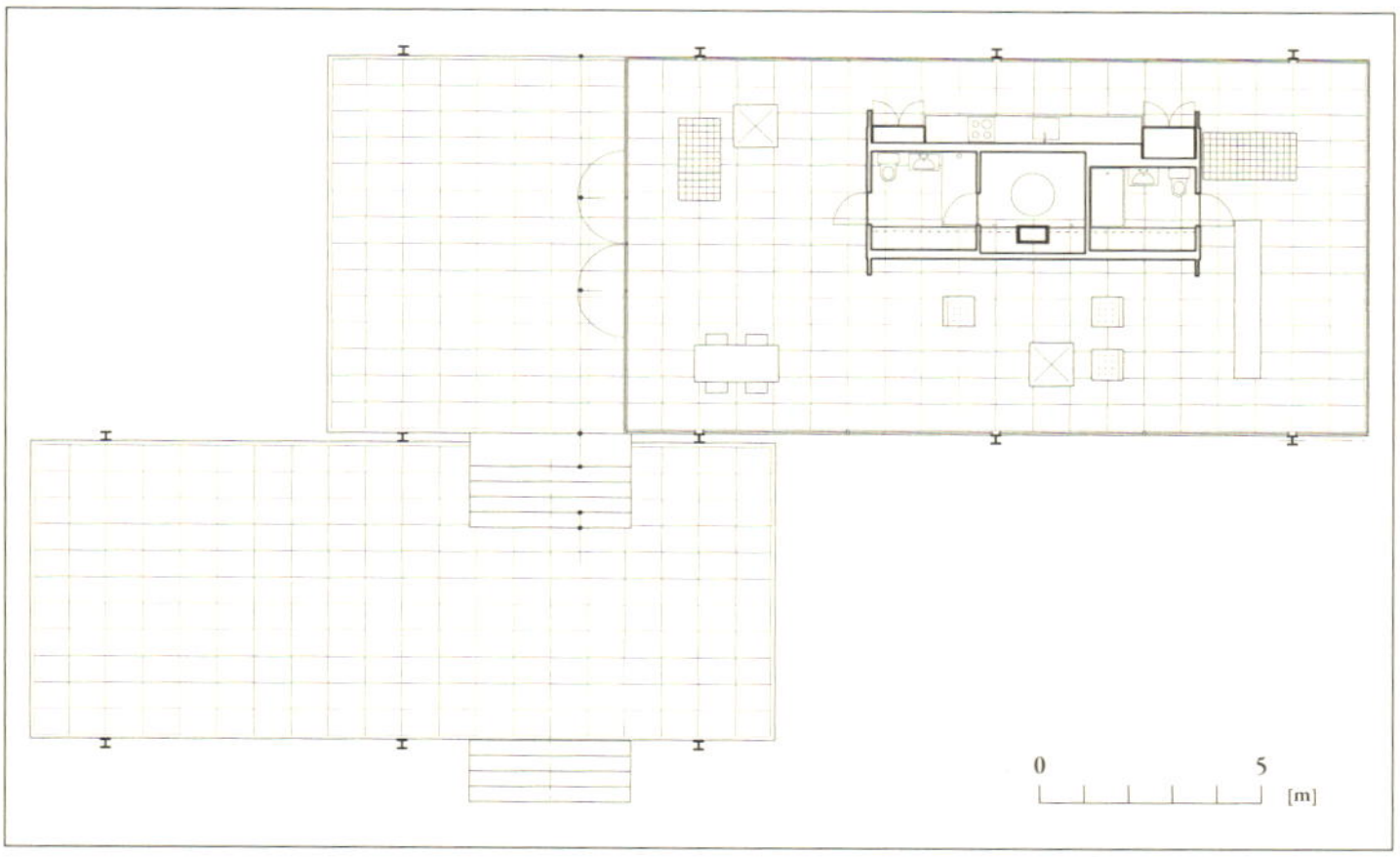

5

4

ファンズワース邸の外観
撮影：後藤武

5

ファンズワース邸平面図。人間の生物的活動を処理する諸機能がボックス・スペースとして巧みに一体化している
©後藤武建築設計事務所

有名な殺人シーンがある。その殺人がシャワールームという、隔離された排泄の場所で行なわれたこと、そしてそのシーンが鑑賞者の生理的感情に最も訴えかける、二〇世紀最高の映画シーンの一つとして記録されたのである。近代ホラーの名手であるヒッチコックの天才を浮き彫りにする排水への着想は、ミースのファンズワース邸の排水管の隠し方と無関係であるはずはなく、このどこか容貌も似た二人の巨匠による二つの作品は、ともに二〇世紀における人間の生物的側面の疎外のされ方を象徴している。それは排水管によって流すことが可能になったのである。

便所の無い家

さて戦後の日本は、東京近郊においても野原が続いていた。もちろん便利な下水はなかった。特別な許可なく水洗便所を用いることのできる下水道法が公布されたのは一九五八年（昭和三十三年）のことであった。

ドイツで実存主義者ヤスパースのもと、哲学を学び帰国した、建築家・故白井晟一（一九〇五－一九八三）は、便所の匂いが嫌いであったという。当然留学中のヨーロッパにおいては、水洗便所を体験していたであろう。おそらく留学帰りの彼にとって（田舎暮らしであればまだしも）都会のなかで汲取便所に行き場のない糞尿がたまること、そしてその穴から自分の一部であったそれらが異臭を放つことは耐えられなかったに違いない。

彼は大きく三つ、居を変えた。最初は親戚の画家・故近藤浩一路宅での同居（一九三七）、次に滴々居（一九五二）、そして滴々居を解体して建設された虚白庵（一九七〇）である。いずれも彼自身の設計によるものである。

とりわけ滴々居から虚白庵へのこの移行には、特に神と人間とを違える排泄物の問題を検討するにあたって格別の意味がある。

ファンズワース邸の翌年に竣工した白井の滴々居は驚くべきことに便所がなかったことで知られる。その設計図には玄関横にほとんど隔離された形で便所が計画されていた［図6］。しかし滴々居は解体されるまでその設計図通りには作られなかった。玄関先の便所も作られることはなく、最終的には子供部屋となってしまった。白井を訪ねた複数の編集者たちは、訪問する前に近くの草むらで用を足してから乗り込む必要があった。

白井、そしてその家族たちは個別に自分用の便器を所持した。そして用を足すと、明らかに法律違反であるが、家に面した雑排水用の公共下水のマンホールのふたを開けて流したそうである。[02] 都会の中の便所を持たない家、そしてその処理の仕方が、高名な建築家自身によってとり行なわれていたことを、滴々居以外寡聞にして知らない。

滴々居はアトリエという創作の場所であったから、汲取便所の異臭を嫌ったという理由は理解できる。しかし、家族それぞれに便器を持たせ、近くの公共下水にその中身を捨てに行かせ

6 白井晟一「滴々居」一九五二平面図。玄関脇に便所が計画されているが、結局作られず、子供部屋の一部となったという
©白井晟一研究所

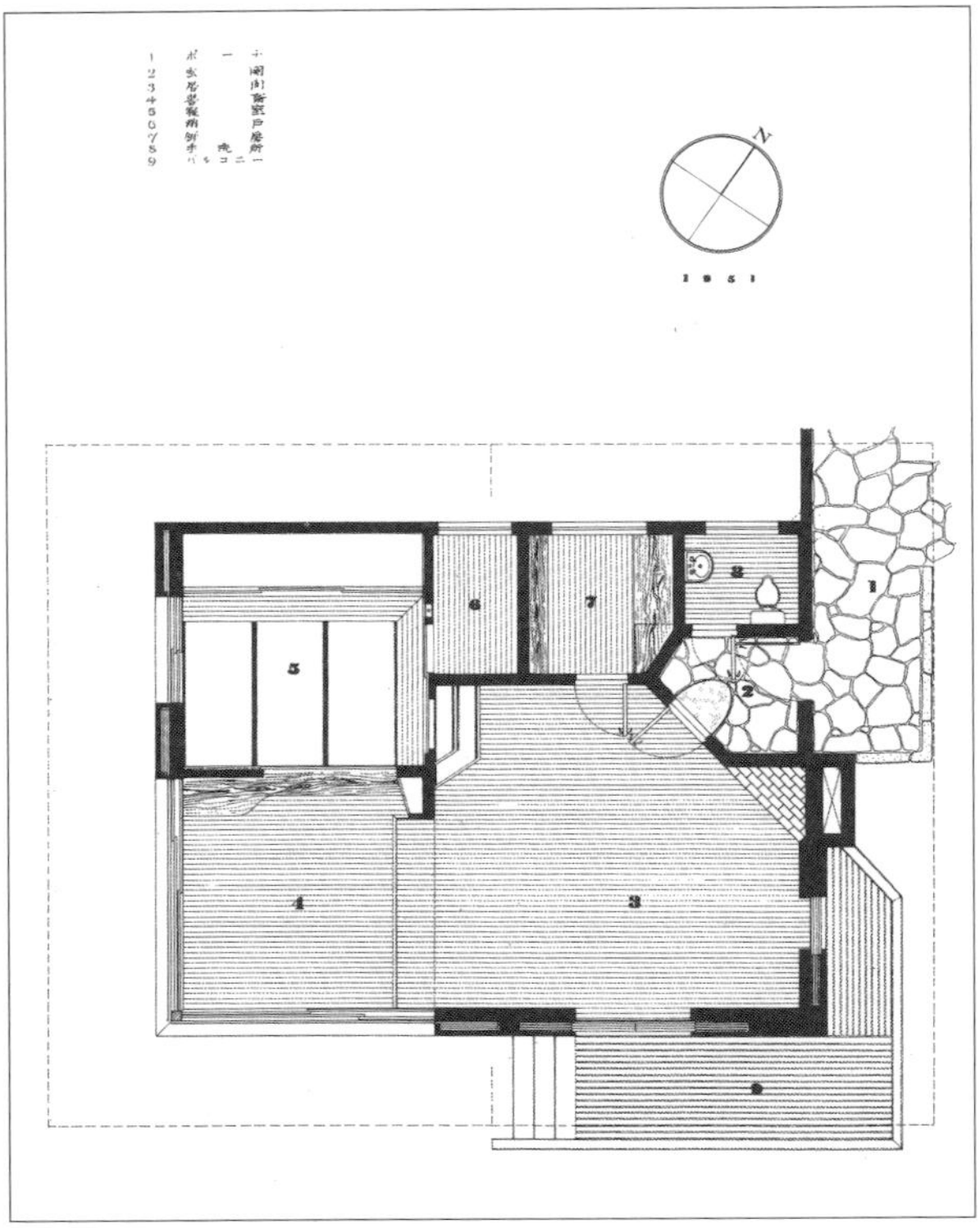

6

るというような徹底性はなかなか理解しがたい。

建築上の機能は住む人間の試練を求め始めて高度の機能を表わす、ガラスのカアテン・ウォールとゲエテの„Mehrsicht“［引用者註：もっと光を］とは関係はない。人間の文化のための光には建築的Dunkelheit［引用者註：闇］の省察さえ必要である。生理に甘えさせることが機能的で合理的であるとは考えない。むしろ人体を正し、教え鍛える建築にこそ従事したいと思う。

――「住宅思言」『新建築』vol. 28、一九五三年一〇月、六二頁

滴々居の紹介当時の白井の文章からは、白井がおそらく先の行為に対して意識的であったことが伺われる。このエッセイにおいては、人間的光の背後には必ず闇が存すること、そして単に人間の要求に従う機能主義ではなく、むしろ人体に「正し、教え鍛える」建築設計をめざしていると述べている。前半は本論のモチーフにも通じる、人間に存在する社会性と自然性の分裂的一体性を明瞭に述べたものである。後半は凡庸な啓蒙的な言説に聞こえるかもしれないが、彼が「正」す対象を、ありがちな「人間」一般ではなく「人体」と明瞭に限定していることが興味深い。つまり彼は滴々居を光りある聖なる家にするために便所を設けなかったわけだが、毎日訪れる生理的活動がそれを裏切る闇をかい間見せた。その闇を、朝、通行する往来の人々にさらさざるをえないこと。それによって、むしろその人体における闇――動物性、自然

性──を彼の意識にフィードバックさせ続けた。

生きている内陣

水洗便所が使えるようになった後、彼は滴々居を解体し、彼にとっての最終的な本拠地となった自邸兼アトリエ虚白庵の計画にはいった。竣工までおよそ四年間を要し、完成は一九七〇年のことであった（二〇一〇年解体）。レンガの家ならぬ、頑丈な鉄筋コンクリートの擁壁で囲遶された完全な家であった。それは白井も述べているように、誰かがきめつけた「原爆時代のシェルタ」のようであった。

百平米ばかりの書斎には開口が一つあるだけだから、その臆測、批評はあながち間違っていないかもしれない。しかし折角の窓も、昼夜顚倒の生活では開ける遑はない。また、もし雨戸を繰ったところで、義理にも外部にしのびよる自然があるなどといえるたたずまいではない。［中略］ふと何かの機会に開けることがあるとすれば、何もない砂庭に、コリント・オーダーの柱頭が一つ、「ごぶさたです」とでもいいたげにぽつんとしかしいつもフレッシュに蹲っているだけである。

──「無窓無塵」『無窓』二五－二六頁。初出『婦人之友』一九七七年五月号

それは人間にまつわる聖と俗とが機能的に混在、統合されゆく場であった。コンクリートで囲まれた塀にうがたれた唯一のエントランスから入り、少し歩くと重いブロンズ製の扉を開ける。玄関に入ると右手が住居になっており、左手がかれのアトリエと書斎になっている。はじめて訪れた者は、そのアトリエの暗さに驚くだろう。昼光の日差しに馴れた目で入ることは危険だ。そのうち次第に、彼の目利きにより集められた各時代のトルソや絵画、什器の構成が浮かび上がってくる。それら事物が抱えた異なる歴史的時空の痕跡とともに、次第に訪問者はその空間に独特な時空が流れていることを知る。そして鉤の手に折れた空間が白井の主たる作業場所であったという。書を描いたといわれる場所の上の照明はまるで星座のような独特の配置で天上に埋め込まれている。その背後は壁一面を開口とし、そこから見える白砂の庭にコリント・オーダーの柱頭が置かれている。光から闇へ、そして闇からは知ることのできない時空の光との危険すぎる対比である［図7］。訪問者はこの劇的な効果を体験しつつ、帰ってから先の家の間取りを眺める。だがその間取りからは劇的な効果の秘訣を感じることができない。しかしその図面は、先の自然的他者と向かい合う場としての便所についての白井の鋭い所作を思い出すとき、意味が一転する。その空間の劇的な展開を支えたヒンジは、虚白庵のアトリエのほぼまん中に位置していた便所だったのだ［図8］。

その便所の床は黒い絨毯である。粗相は一切許されない厳しさである。

7

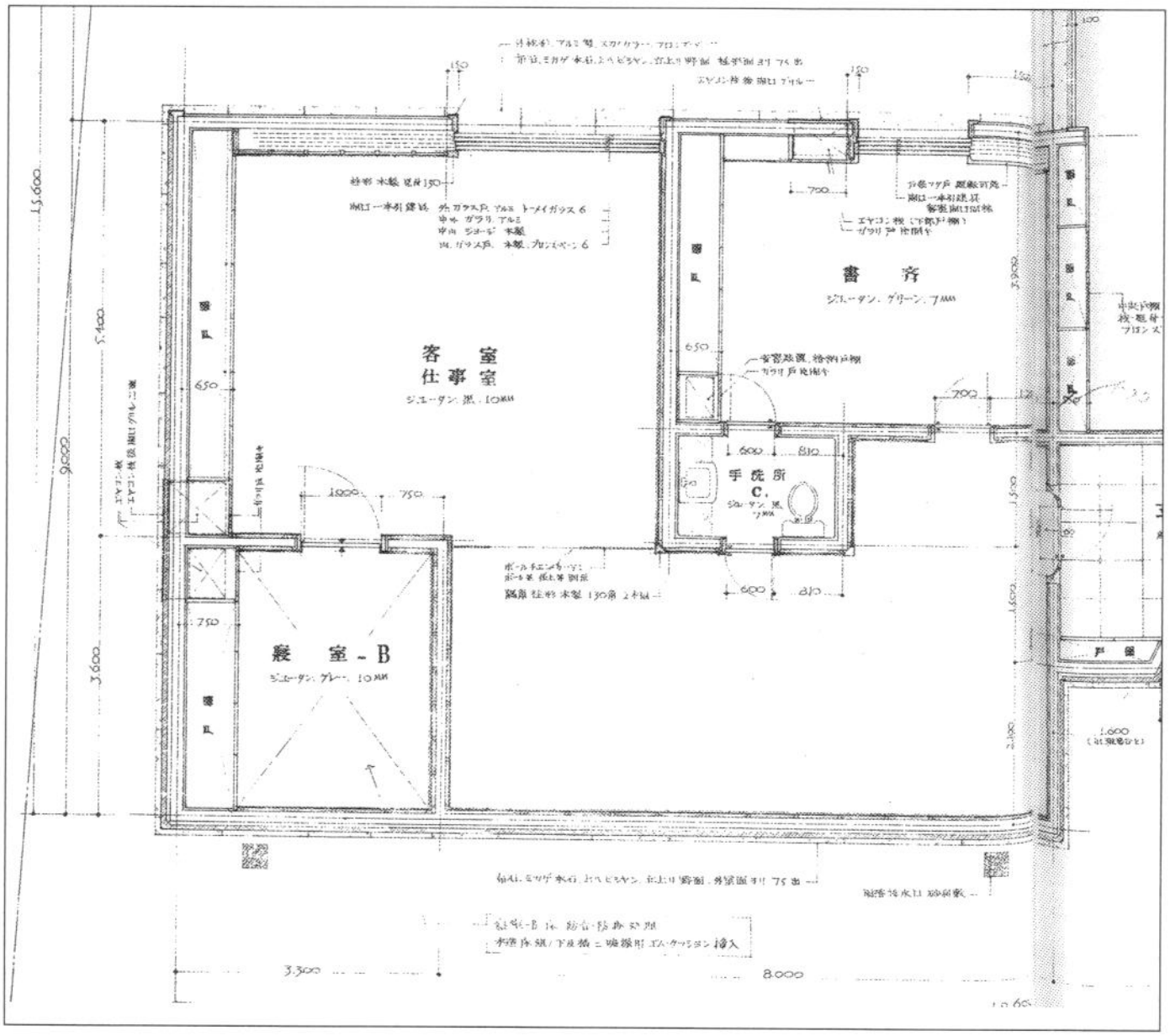

8

7 白井晟一「虚白庵」一九七〇。書斎ならびにアトリエ内観写真。
撮影：山岸剛
©Takeshi Yamagishi

8 同「虚白庵」一九七〇のアトリエならびに書斎部平面図。中心に水洗便所を設ける。
©白井晟一研究所

便所に開口はない。臭気は強制排気という「煙突」を用い上空へ逃げて行く。そして排泄物はもちろん新設なった水洗によって無限の下水－穴へ流されて行く。
なぜ白井がアトリエの真中に便所を設けたのかはすでに自明であろう。それは、煙突と水洗によって構成される、近代的人間にとっての他者たる排泄物のみが、かえって人間を人間たらしめるものだったからである。白井が建築における聖と俗、その矛盾や背理を建築創作の要として徹底的に意識していたことは、以下のような言葉が明瞭に物語っている。

人間には神経も生理も心理もあるから、いやな、割り切れないことがあるんだね。建築っていうのは、そういう実存の中で、あるいは社会や物との実存的なつながりの中に、自分のおもっているなにかをやっとこさで実体に表わすということだし、われわれが建築家として生きる意味もそこにあるという実感が、まだ莫然とだけれども僕なんかにはあったね。それでやっと建築を続けてこられたんだと思う。建築なんてものをクリエイトするってことは、本当は聖なることだよ。功利的な意味でクリエイションなんてことはありえないんで、もしそういう出発をすれば、それは商売の工夫であって、クリエイションじゃない。［中略］クリエイトする場というのは非常に純粋なところだと思う。だからわれわれの生きている環境や実体、つまり実存の中から理屈としては出てこないはずだよね。出てこない、そんなものは。だからクリエイトするというのは初めから一種の悲劇だと言うことができると思うよ。［中略］又そういうことが見えるから、自分が少しでも純粋ではないかという、一種の自覚はあるわけだね。それは同時に、自分の中にもう骨がらみになっている矛盾とか背理とかの自覚でもあるんだね。生きている、実存ということから離れて、ただ単純に純粋ということであれば、僕はもうとっくに建築なんかやめていたかもしれない。

——「虚白庵随聞」聞書、一九七七年八月二〇日深夜。『白井晟一研究Ⅰ』二〇九－二一〇頁

その意味で虚白庵のまん中に位置するあの空間は、むしろ虚白庵全体の聖性を担保する俗なのである。それは生きる内陣だ。現在でもその力は脈々と私たちを通り抜けて生きている。白井と親交のあった川添登の記憶によると、白井晟一の作品の終生のモチーフとなった原爆堂計画案［図9］は、その初期の計画案では、ただ単に土台に円筒が突き刺さっているだけだったという。

その円筒とは何なのだろう。それはやはり人類を貫き通す垂直のチューブだったのではないか。それを証するように、完成した原爆堂ではその黒い円筒は黒い石張りとなり、水上に屹立し、そして人間の居場所は正方形の白い軀体として、そのチューブのちょうど中間の高さに浮遊せしめられているのだった。もちろんチューブはその白い軀体の真中に位置している。原爆堂こそが、黒光りする煙突の炉心によって支えられ、思わず祈らざるをえない近代の家のひな形なのであった。[03]

9

9
白井晟一によるプロジェクト「原爆堂」。"TEMPLE ATOMIC CATASTROPHES" パース 1955
©白井晟一研究所

第二部　近代家族

4　装飾と原罪——イチジクの葉っぱ建築論

もはや、したくないことをするのは私ではなく、私の中にある罪なのです。
ローマの信徒への手紙7：17－20

非建築論としての「装飾と犯罪」

アドルフ・ロースは一八七〇年、ウィーンを北上すること約一〇〇キロメートルのモラビアのブリュンで生まれた。親戚をたどって赴いた世界の中心地アメリカ、そしてロンドンでの生活を経た一八九六年、世紀末のウィーンに戻ってきた。彼は過去に建築の高等教育をきちんと終えていたわけではなかった。ロンドン帰りの辛口批評家としてウィーン・ジャーナリズムの中で職を得、そうして内装の仕事から徐々に建築設計にとりかかりはじめた一九〇八年ごろ、モダニズム建築のはじまりのマニフェストともいえる「装飾と犯罪（Ornament und Verbrechen）」を発表したといわれる[01]［図1］。装飾の無効どころかその犯罪性を告発した彼の主張が、イギリスやフランス、そしてアメリカではなく、ウィーンから生まれ、発表されたことはきわめて重要である。

まずウィーンは当時のヨーロッパ世界における近代化の中心地ではなかった。「音楽の都」のイメージの強いウィーンに私たちはヨーロッパの真髄の一つを見ており、それはそれで正しいのだが、そもそもウィーン／オーストリアは、中世以来の多民族が渦巻く地域であり、大貴族・ハプスブルク家の統治の継続を意図した後衛的体制下にあった。ロースはウィーンに、当時のヨーロッパの中心であったロンドンやパリにもはや決して追いつくことのできない後進性をも感じていた。都市ウィーンの近代化はハリボテであり（「ポチョムキン都市[02]」）、その裏では生活の隅々にまでどうしようもないほど伝統が染み付いているのであった。つまり世紀末ウィーンを取り巻く地政は、最新鋭どころか、全く古めかしかった。しかしそれゆえにわたしたちは気づくのだが、性急かつ根源的な文化的問題が提起されるためには、ある特殊な条件が必要なのだ。というのも文化における根源的問題の発見は、技術が発展しそれに従って環境が間断なく更新されていくような場所では生まれず、むしろウィーンや、ひいては日本のような辺境の文化地でこそ生み出される。なぜなら、辺境の地の表現者が抱える問題は、中央よりとてつもなく甚大な文化的時差を伴っているからだ。ふるびた趣味のかたわらで、彼ら辺境の表現者たちには、産業の先進地域からさまざまなモードが順序を違えて押し寄せてくる。その混沌の中で、生活を考え、どのように生きるかを決定しなくてはならない。

この文化的時差を証するように「装飾と犯罪」がテキストとして刊行されたのは、実はウィーンではなく、一九一三年のパリであった。ジョルジュ・クレ社[03]が発行していた総合芸術誌*Les Cahiers d'aujourd'hui*第五号にフランス語で初登場したのである。そして一九二〇年にはコルビュジエが主催する*L'esprit Nouveau*誌第二号に再掲され、近代建築誕生の最初期のドキュメントとしてその地位は不動のものとされた。この経緯は、ロースのテキストの性格をよくあらわ

1

1
「装飾と犯罪」レクチャーの予告ポスター、一九一三

している。先進と後進、中央と辺境とを横断し、それを自らの問題として捉えなおし独自の論理にまで到達した同論は、実は中央的文化人が決して獲得できない構成と質をもつものだった。「装飾と犯罪」はこのような文脈を意識されつつ再読される必要がある。

同論はいかにも奇妙である。たとえばロースは装飾の端的な例として、犯罪者が好んで自らの体に刻んだ入れ墨を例にあげ、その後進性を告発する。しかしながら一方で、装飾行為自体は、人間生活のいたしかたない本性として認めている。たとえば普段の衣装にビーズで装飾模様を織り込む地方の女性たちにとって、それに代わる楽しみは見いだせないし、同質の楽しみを近代は与えてくれないであろうとロースは述べる。まるでロースが二人いて、代わる代わる対立する主張を繰り返し述べているような滅裂さがある。

このような装飾にたいするアンビバレンツは、平明なエンジニア的近代人にとっては、問いの対象にすら上らなかったであろう。彼らだったら躊躇なく先進の機械に、消費者のニーズに応じて簡単な装飾や模様を施すことをためらわなかったろう。エジソンの発明品をみれば事実そうであった。彼ら近代人にとって装飾はもはや技術の一つに過ぎない。つまり装飾に対して根底的な告発を行なう資格はエンジニア的近代人にはなく、むしろこれまで装飾の中で生活を律してきた、ロースのような過去を背負う人々こそが持ちえたのである。彼が「装飾と犯罪」において告発した直接の対象は、当時ウィーンで最新のモードを作り出していたウィーン分離派やウィーン工房派であった。ロースは彼らの最新鋭の装飾がなんら事物の本質に肉薄せず、いたずらに新規な形の作製を職人たちに命じることで彼らの労働を搾取していることを嫌悪したのである。この嫌悪は芸術と工芸の間に横たわる断絶を正確に示したものとしてそれだけでも注目すべきものだ。しかし同論は同時に、そのような建築業界論の枠組みを超えたところにあった。

犯罪としての装飾というモチーフは、一九世紀末以来、これまでの文化の終焉を体現する都市人からこそ発せられた命題だった。ロースは、パリのボードレール、そしてバタイユと同じく、ダンディ(終焉する人々)の側に身を置く人物であった[図2]。それらの理由ゆえ、「装飾と犯罪」を、滅裂な論ではなく意味ある構造を持った論として読むためには、一般に流通して

2

2

青年期のアドルフ・ロース
撮影:Otto Mayer

いるようなモダニスト（来たるべき人々）による単純な装飾否定宣言としてとらえるべきではない。むしろ、ロースにとって「装飾と犯罪」とは自己否定的意味あいを含んだ原論ではなかったか。この自己否定は、ダンディがモダニストたちに歩調を合わすための免罪符ではなかった。それはより根本的な罪悪の意識に結びついていたのではないか。つまり「装飾と犯罪」はキリスト教を信仰の根幹に据えるヨーロッパ人にとっての自己否定の側面を含んでいた可能性を、ここで指摘しておきたいのである。

「装飾と犯罪」は、そもそも建築論だったのか。

私たちはこの論をモダニズムの到来を告げる輝かしい歴史的建築論として読むように教えられてきた。しかしもう一度読んでみよう。ここで建築に関連した具体的記述はごく少数の建築界の人物名だけである。それもそれぞれの装飾様式の代理として登場させられているだけだ。むしろこの論は、「入れ墨」、「便所の落書き」、男女の交わりの象徴としての「十字架」、「刺繍」、「ゲーテル」、「長靴」など、人間の身体とそれを取り巻く衣服や、それによって生まれる身のこなしにこそ多く関連している。一九世紀末から二〇世紀初頭にかけて、ロースが進歩的な新聞、雑誌のコラムを複数担当していた時、彼の批評対象は建築のみならず街角の出来事や都市であり、あるいはより具体的な調度品、道具全般の動向をあつかっていた。その内容は例えばウィーンの食堂では塩壺に専用のスプーンがなく、皆が直接ナイフをつけて用いるために塩にはあらゆる料理の味と色が染みついてしまっていることなどをあげつらって、高貴なはずのウィーン文化自身が気づいていないその後進性を指摘するものでもあった。

装飾という原罪

私が第一部で解明しようとしたのは、避けがたく現れる、人間の生を包摂する家の機能であった。家は人間と社会との間でそれらの活動を調停しようとする、そのような特殊な構造を家に見たのだった。次に私は対象を移動し、人間たちにおける彼ら自身——身体——を見つめる眼差しに焦点を当てる。身体のあり方を検討することが反照的に、身体がまとう衣服を論じはじめるように、身体こそが家、そして社会を語り、その姿を計画しはじめる。そんな運動の存在を明らかにすることは、近代住居や近代都市のヴィジョンを再定義することになるだろう。近代建築の到来を告げたとされるロースのテクストを身体論として再検討することが、その端緒、そしてヒンジとなる。

最初に生まれた装飾は十字架であった。十字架こそはエロスへの衝動から生まれたものである。それは人類が生み出した最初の芸術作品であり、人類最初の芸術家がおのれのなかに湧きあがるものを表現するために壁に描きつけた最初の芸術的行為だったのだ。その意味はこうだ。水平の線は横たわる女であり、それに交わる垂直線は女を差し貫く芸術家自身である。

——「装飾と犯罪」（一九一〇）『にもかかわらず』加藤淳訳、八二頁

「性衝動として壁に描きつけられた十字架」というモチーフは強い印象を読者に残す。その強度からして「装飾と犯罪」は自己否定をともなった根源的身体論として再読可能である。そのためにはまず同論の「犯罪」を、「原罪」というより重い言葉に置きかえてみたい。繰り返すがロースは装飾自体を否定したのではなく、むしろ装飾行為に、決して消え去ることのない人間の罪を認めたのであるから。

人間のはじまり、そこにぬぐうことのできない罪——原罪——を刻印したのはまさしく西方キリスト教人たちの発明であった。

神の近くで自然との完全な調和の中で暮していたアダムとイブ。彼らが、食することを禁じられていた、善悪の判断を授ける知恵の実であるリンゴをかじってしまったことからはじまる身体の革命こそが人間の誕生であった。この革命によって彼らには二つの根本的な特性が与えられた。それが自由意志と恥じらいだったのだ。彼らは急に沸き起こってきた恥じらいの感情に対処するために、自らの工夫でイチジクの葉によって彼ら本来の裸体を覆った。これら一連の顛末を知った神によって彼らは楽園を追放される。これが失楽園の物語である。神の庇護下にある純粋動物から外れ、罪を永遠に背負う人間のはじまりであった。ここで恥じらいが自由意志と対になるほどの重要な位置付けを持たされたことは、予想を超えて重要である。その理

由を建築家アドルフ・ロースによる主張から紹介する。

最近ようやくアドロフ・ロースの全論考の邦訳が完成したが、[04] これによって彼による論考の性格がはっきりした。端的に言って、ロースは建築論というよりは生活の律し方としてのデザイン全体を論じている。そのなかでは多くの文化的事象、そして時にはヨーロッパ文明と歴史が語られた。彼の論考は多くの建築以外の領域を含み織り上げた非・建築論だった。それらは、彼の頭の回路をたどって思いもよらぬ形で建築に還って来る。それらの中でたとえば以下のセンテンスは、「装飾と犯罪」と並列して読まれるべき、重要なテキストの一部である。それは女性における服飾に含まれる特有な意味を扱ったものだ。

女たちのモード！　汝、文化史を彩る残酷な一章よ！　汝は人類の秘めたる欲望を物語る。そのページをひもとけば、身の毛もよだつ過ちと前代未聞の悪徳に満ち満ちて、魂はふるえおののく。

——「女たちのモード」加藤淳訳『虚空へ向けて』一六一頁

羞恥心から女はイチジクの葉を身につける必要が生じたのだ、とまことしやかに語られてきたが、まったくの大間違いだ！　洗練された文化が苦労してでっち上げたこの羞恥心という感情は、原始人には無縁だった。女は裸身を隠し、男にとって謎となる。そして男が必死にその謎を解こうとする渇望の対象として、女は男の心の奥底に棲みついたのだ。

——同書、一六二頁

この「女たちのモード」[05]は、ロースにおける原罪としての装飾観を確固なものとする決定的な文献である。というのも原罪の一つである恥じらいを過去のものではなく、恥じらいこそが「洗練された文化において構成された」やっかいな感性として、現在までの彼らの文化を作り上げてきたことを指摘しているからである。それゆえ恥じらいの感情はロースたち一九世紀末の人間にも通底する普遍性をまとう。彼はその観点から女性の服飾のモードの特異な社会的役割を語った。恥じらいの誕生、その恥じらいを隠すために必要になったイチジクの葉は、その後多様に増殖し、様々な社会的区分けの象徴的意味をになうことになった、と。

恥じらいは、他者がいることによって生み出される感情である。恥じらいの感情が異性との交わりの形式を、そして自分の社会的位置付けを直截に表す装飾として服飾を生み出したのである。つまり恥じらいによって見出された「みっともない人体」(B・ルドフスキー)を隠しつつ、自らの交わり方の社会的位置を象徴づける服飾が異常に発達したのであり[06]、その最たる象徴が異性に取り入ろうとするための「女たちのモード」なのであった。それらが千年以上も積み重なって、彼らの服飾品から調度品、身のこなし、そして彼らを収容する空間に至るまでが階級的に表現されてきたのである。これは建築における外観装飾の社会的意味にも共通することである。恥じらいを隠すために装うこと、「恥じらいの隠し方の見せ方」、これが「装飾」のモードである。これが人間社会を語る上で恥じらいが根源的に重要な理由なのである。ロースにしてみれば、恥じらいこそが社会を身分けし、表現したのだ。

恥じらいと自由意志という二つの原罪、それらはいずれも動物が持ちえなかった特性である。人間のみが持つこの特殊な感情が、私たちの社会を高度な象徴ならびに技術世界に作り上げることを可能にしたのである。ここにおいてロースのいう装飾が建築以前に身体的表現と深く結びついていたことの意味が明らかになってくる。繰り返すが、ロースにとって装飾は、人間のはじまりとしての原罪に直結している。

文化レベルが低ければ低いほど、それだけ装飾が厚かましくでしゃばることになる。装飾とは克服されねばならないものなのだ。パプア人と犯罪者は、入れ墨で自分の身を飾り立てる。インディアンは舵もボートも装飾で覆いつくす。しかし自転車と蒸気機関には装飾がない。進歩している文化は、装飾を施されたものをどんどん排除していくのだ。

過去の伝統とのつながりを強調したがる男たちは、今日でもなおビロード、シルク、金を身につける。由緒ある貴族や聖職者がそうだ。現代になってわれわれが獲得した自己決定権、つまり身分制度や慣習から自由になり自らのことは自らで決定する力、こうしたものをもたない人間もビロード、シルク、金を身につけることを強要される。お仕着せの制服を着た従僕と大臣がそうである。そして国家君主もまた、王個人の趣味にあおうがあうまいが、特別な公務の際には、国家第一の僕として金銀や原色の紋章と緋色の衣をまとうのだ。軍人たちもまたしかり。色とりどりで、金色の勲章でまばゆい制服を身につけることで国家への忠誠心を高める。

――「女たちのモード」同書、一六五‐一六六頁

恥じらいによって生じた社会的階級の最高位としての皇帝のまとう衣服、それが如何に滑稽であっても、それが存在してきた事実そのものを否定することはできない。ダンディとは人間にとっての宿命である世界に対する居心地悪さを感じることであるとともに、それに対する痛々しいまでの寛容、自己抑圧の精神を持つことなのだ。フロイトが無意識という抑圧された空間を発見しえた場所が、ここウィーンであったことも、また同じような文脈で考えることができるだろう。ここで「装飾と犯罪」に戻れば、「私」たるロースが語りかける「上流階級に属する人々」は、そもそもロース自身であった。

私がこうして縷々説明しているのは上流階級に属する人々に対してである。人類の先頭に立って指導し、庶民たちの欲求と困窮をよく理解している人々に対してである。一定のリズムで織物を縫い込んでいき、ほどいてみないとそれが織物であることがわからないほど緻密な仕事をするカフィル人、ペルシャ絨毯を編みこんでいくペルシャ人、レースの刺繡を編んでいるスロバキアの農婦、ガラス玉と絹で鉤針編み細工をつくる老女、こうした

人々のことを上流階級の人間は理解し、なすがままにしておくだろう。こうした労働にいそしむ時間が彼らにとって神聖であることをよく知っているからである。もし革命論者であれば飛んできて「そんなものはすべてナンセンスだ」と言い放つかもしれない。路傍のキリスト磔刑像に祈りを捧げる老女を引き離して「神など存在しない」とどやしつけるように。上流階級に属する人間なら、たとえ無神論者であろうと教会の前を通り過ぎるときは帽子をとって会釈ぐらいはするものだ。

——「装飾と犯罪」前掲書、九〇 - 九一頁

繰り返すが、私は自分の主張を上流階級に属する人々に向かって説いているのだ。もし私の隣人たちが喜びを感じるというのであれば、自分の体に刺青を入れることも我慢しよう。人々の喜びは私の喜びでもあるからだ。私はカフィル人やペルシャ人、スロバキアの農婦がつくりあげる装飾も、私の靴の装飾も我慢しよう。もしそれらを否定してしまったら、彼らがめざす生の高みにいたる手段を奪ってしまうからである。だがわれわれには装飾を剝ぎとった芸術がある。われわれは一日の苦しい労働から解放されるとベートーヴェンやトリスタンを堪能しに行くことができる。

——同書、九二頁

繰り返し登場する「上流階級に属する人々」の前での装飾擁護は、スロバキアで農婦が手芸にいそしむ様子すら織り込められ、ほとんど憧憬になっている。ここにおいて「装飾と犯罪」

に対する既成のイメージはすでに大きく変更されている。ロースはさらに論を進める。その内容は原罪がもたらした人間のはじまりの前後、その二つの決定的に異なるあり方への、分裂覚悟の接近である。前とは失楽園前の純粋動物としての人間である。後とは失楽園後の罪を負った以降としての人間である。

ここで彼が人間のはじまりとしてよく引き合いに出す「パプア人」は決して前者でないことに注意したい。そうしないと「装飾と犯罪」を読み誤ってしまうだろう。「入れ墨をするパプア人」は、原罪を負った私たちに直接つながるほうの人間のはじまりなのであり、決して楽園の象徴ではないのだ。楽園での「人間」は入れ墨はおろか、かぼそい腰紐すら巻かない全くの裸、非装飾だからである。再び「女たちのモード」にもどろう。

> 人間は野獣ではない。野獣は愛する、ただ愛する、本能が命じるままに。だが人間は本能を虐待し、本能は人間に潜むエロスを虐待する。われわれは厩舎につながれた野獣だ。餌のお預けをくらった野獣、命令により、愛することを強要された野獣だ。そうだ。われらは家畜同然だ。
>
> ――「女たちのモード」前掲書、一六一頁

我らは純粋な獣ではなく家畜であるという結論は重い。それは西方キリスト教の人々にとって不可避的に生じてしまう楽園に住む動物的人間への回帰願望を、意図的にたち切った言葉で

あるのだから。社会は家畜こそが必要としている罪悪なのである。

ダンディの末路

では逆にダンディがそのような家畜的状況から抜け出、イチジクの葉っぱという装飾を外そうとした時、どのような末路がその人には用意されていたのであろうか。

わずか二七歳、第一次世界大戦の戦場にありながら、詩人ゲオルク・トラークルはコケインの過剰摂取で一九一四年一一月三日、死亡した。その才能を当時より高く評価していた人物は数多く、かのウィトゲンシュタインが容態の急変を知らされてトラークルの赴任地を訪れたのは、死後三日めのことであったと言われる。

トラークルはアドルフ・ロースを異常といってもいいほど慕っていた。生前刊行されることのなかった彼の第二詩集は、一編の詩の題名として予定されていた「夢の中のセバスチャン」を詩集全体の書名とすべく構想されていたが、この長編詩は、ロースにささげられたものである。ロースはこの詩集の校正刷りを読み、その内容を讃えてトラークルへ書簡を認める。その中で、以下のような示唆的な追伸が記されている。

お元気で、愛するトラークル！　この世で健やかであるように。あなた自身が聖なる精神の器なのだと自覚するように、誰も、ゲオルク・トラークルですらそれをこわしてはならないのです。

――トラークル宛書簡、一九一四年六月二七日付。『トラークル全集』中村朝子訳、九五三頁

重度の麻薬中毒者であり、入手が容易なために薬剤士資格を取得したといわれるトラークルの破滅的な人生は、多かれ少なかれロースたちの性向の極限を示唆している。それゆえロースはトラークルの、彼自身の身体を痛めてしまうかのようなその性急な行動をいさめずにはおれなかったのだ。そのうえトラークルはすでに、イチジクの葉を外してしまっていたらしい。ある一線を超えてしまっていたのである。それは妹グレーテとの間に長くつづいた禁じられた恋愛関係であった。これは公然の秘密でもあった。その妹も、トラークルの死の三年後にピストルによって自殺した。

この詩人にとっての不名誉な事実をどう扱うかについては、後の論者によっても様々である。しかしながら「妹」が登場する象徴的な詩に多くのキリスト教的モチーフが込められ、特に原罪克服への希求がつきまとってきたことは明らかである。[07] その端的な論点は哲学者、エルビン・マールホルト[08]（一九〇〇－一九二五）によってまとめられている。

この女は彼と同じように地上では病んでおり、地上からの解放を切に望んでいる。最後の

審判や死者の復活に思いを凝らしながら、あらゆる願いの中で最も美しい願い、二つの性の廃絶を育むのである。西洋の歌の中では、こういわれている。輝きながら愛するものたちは銀色の瞼をもたげる、ひとつの性となって。

——エルビン・マールホルト「人間と詩人——ゲオルク・トラークル」田中豊訳

二つの性の廃絶と一つの性への希求、その実現とは、彼らを隔てるイチジクの葉を外すことであった。同時にその葉を外すことは罪を前提として構築されたキリスト教的社会、そしてそこに生きる者たち自身の生の前提の崩壊なのであった。

ロースは装飾を否定するのではなく、むしろ犯罪として告発することで、この崩壊直前に立ち止まったのである。そして装飾は原罪から発生したという意味において、常に遍在し、残り続けるのであった。

水中の野生——ジョセフィン・ベーカー邸計画案について

原罪はその罪を負う者に、装飾をつけた社会家畜としての自分への認識と、逆にそこを逃れ裸体の純粋動物へ回帰する希望とを同時にもたらす。この対立したふたつの人間像をめぐって、真っ先に検討すべきロースの建築は、ジョセフィン・ベーカー邸計画案(一九二八)である。

この時ロースはパリに滞在していた。第一次世界大戦の敗戦後のウィーンに成立した左翼政権下で、公団住宅を作るための主任設計者の一人として携わっていた仕事に飽き始めていたのだ。さて、もしこのベーカー邸が実現したのであれば、当時あらゆる意味においてスキャンダラスであったろう。

ジョセフィン・ベーカー（一九〇六―一九七五）とは、当時パリで活躍していたダンサーそして歌手である。のみならず彼女にはさらなる特徴があった。それは、アメリカ南部生まれ、ユダヤ系スペイン人とアフリカ系アメリカ人との間の混血の私生児、一九二五年にフランスに上陸、たちまち一大スターとなったというきわめてユニークな存在であったことである。彼女

3

3
バナナスカートをまとったジョセフィン・ベーカー。舞台「狂乱の嵐」にて。一九二〇年代
撮影：Lucien Walery

のほとんど裸体に近い当時の写真が残っている［図3］。その、バナナを腰みのとして踊る姿には、いつも変わらぬ男性側の直接的な欲望が投影されているはずなのだが、彼女自体は不思議なほどに健全な生の輝きに満ちている。彼女はいまだに続く「イチジクの葉っぱ文明」下において、当時、いままさにその葉を外しそうな野生のシンボルだったのである。「黒いヴィーナス」という当時の彼女の通称が、文字通り、未開と高貴性とを兼ね備えた「聖なる野生（Noble Savage）」そのものであったことが、それを証しているだろう。

それはモダニズムとしての人体の誕生であった。彼女がその後、公民権運動に目覚めるのも必然だったのである。

さて、ロースは破竹の勢いの大スターの彼女に対してどのような家を計画したのだろうか。ちなみにベーカーはこの家について語っていない。ロースによる勝手な妄想の産物だった可能性すらある。ロースとベーカーとの面会の記録は、ロースの妻の記憶による証言にもとづいており、その真偽ははっきりとしないからである。またその計画案はベーカーが見れば不愉快な、男性建築家の勝手な妄想に思えたに違いないからである。

その建物は地下一階、地上三階建て。彼女の混血としての出自を物語るかのような、大胆な黒と白との大理石のストライプで構成された外観をもっていた。さらに詳細にみれば、一層は純白の大理石のみが貼られ、ストライプが続くのは二層から上である。二階から上が彼女の居場所なのであり、つまり外壁のストライプは「文明」と「野生」との混血の象徴だった［図4］。

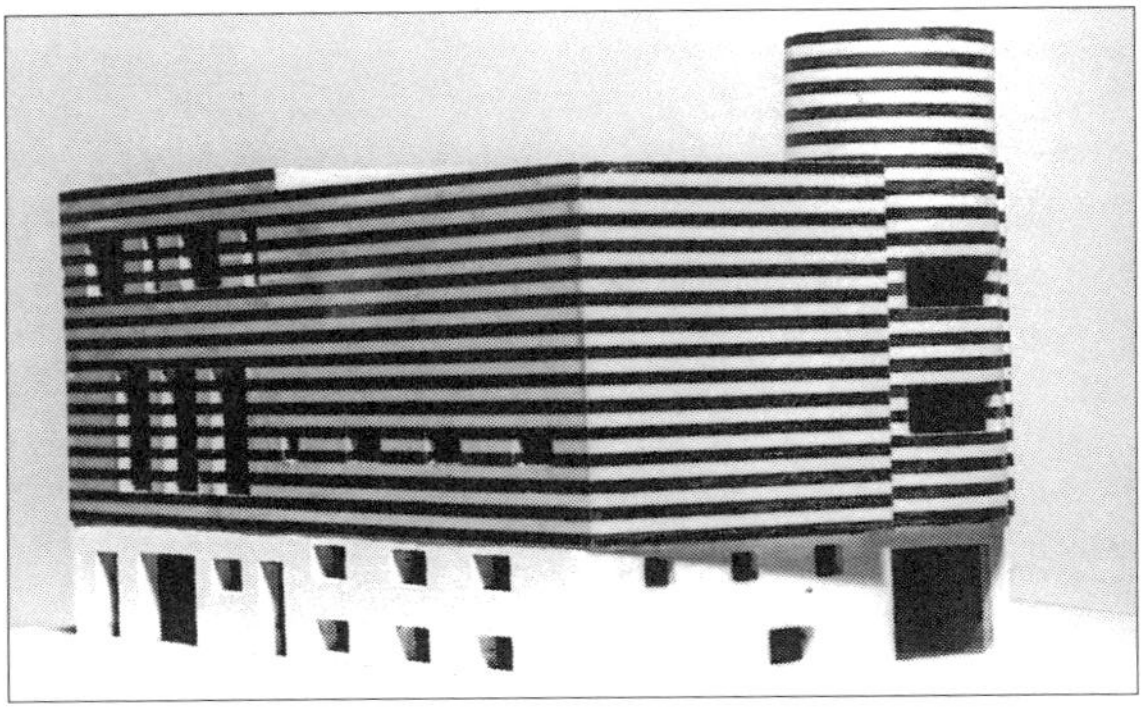

地下室　　1F　　4

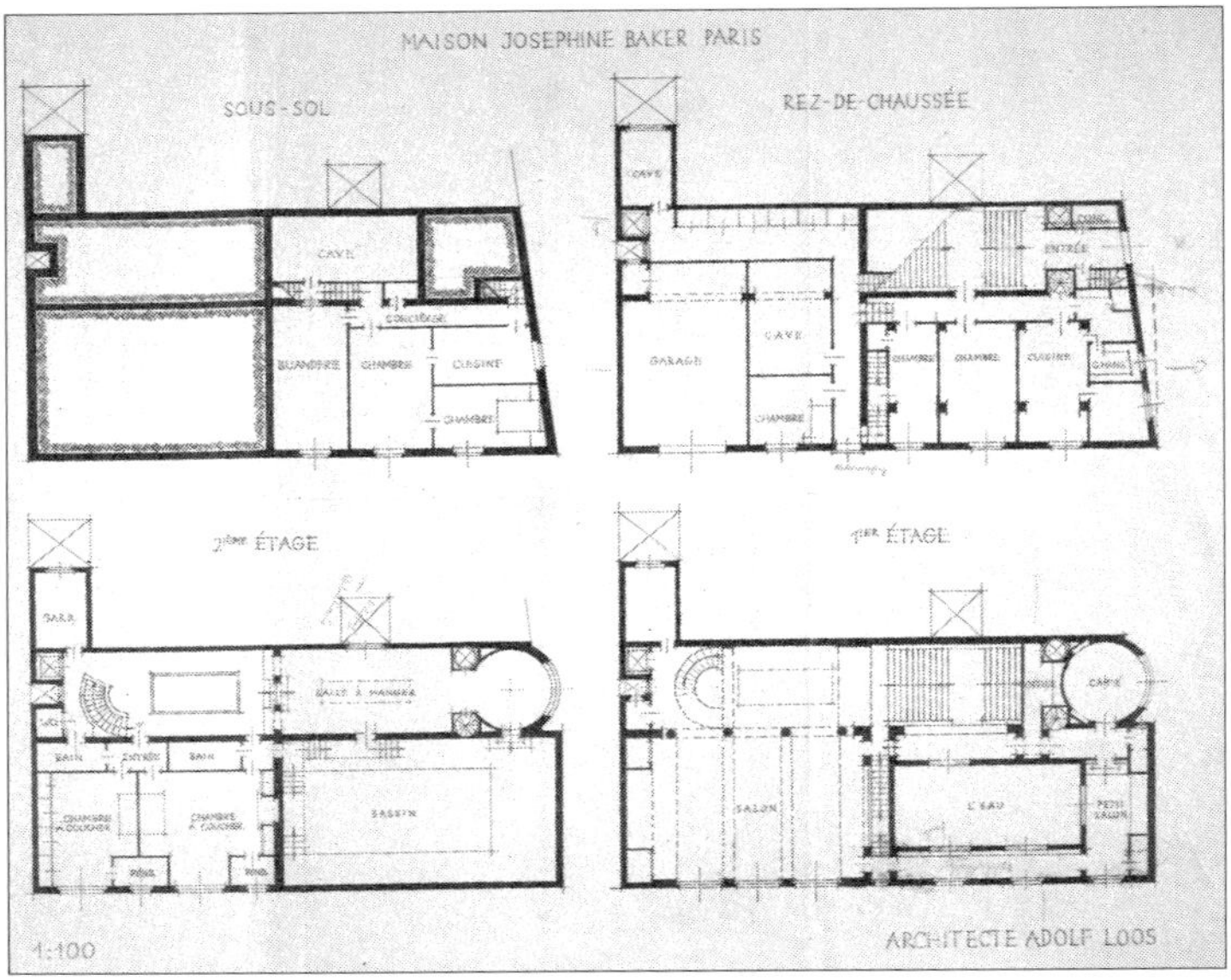

3F　　2F　　5

4―アドルフ・ロース設計、ジョセフィン・ベーカー邸案の「混血」的外観、一九二八　撮影：Martin Gerlach

5―アドルフ・ロース作、ジョセフィン・ベーカー邸計画案（一九二七）平面図。地上三階に設けられたプール（BASSIN）―内部の様子は地上二階で厚いガラスを通して眺められるようになっている　所蔵：Albertina museum, Wien

一階のエントランスからそのまま大階段で二階に行き着くと、間取りの半分を占める大きなサロンに通される。そして訪問客がそのサロンからふり返ると、なんとベーカーが泳いでいる姿を、水族館のようにガラスで仕切られたプールの水中横からのぞけるようになっている。そのスペクタクルを通り過ぎると、男根の先を思わせる平面をしたカフェへと行き着く。これは住宅なのか［図5］。

ベーカーはその時、二階からさらにらせん階段を上った三階にいる。二階から眺めることのできる彼女の水中の肢体は実は三階に属しているのだ。そして、彼女の居場所としての三階の間取りには彼女以外の人間の気配がほとんど感じられない。階段上のダイニング、プールの水面、そして浴室と寝室（ゲスト用にもう一組）だけである。この計画案はもちろん多くの論者が指摘するように、女性性に対するロースの欲望の発露でもあったかもしれない。その観点からは場末の水中ショーの趣をすら越えていない。

しかしながら同時に重要なのは、この断面構成での訪問者は、三階へのらせん階段を上らなければ決して生身のベーカーに会うことができないということである。そしてベーカー自身の場所は、プール付き三階の、その平面の大きさにもかかわらず必要最低限の諸室しか用意されていない空間として閉じている。この間取りから想像される彼女の生活は、彼女一人と「飼育係」としての給仕との、人間としてはやや殺伐とした日常である。ここでロースは、ベーカーをエロティシズムの対象というよりは、むしろ「聖なる野生」として扱っていたのではないか、という思いに至る。野生の化身としてのベーカーへの決して交わることのない遭遇としての建築。ロースはこの建築案においては二階の訪問客の視点からベーカーの生を見上げていたのである。

二人のロース

本章を通じて、私はロースにおける「装飾と犯罪」が単なる装飾の否定ではなく、その拭い去り得ない罪に対する、致し方のない肯定として再読すべきことを指摘してきた。そしてその罪は、人間にとっての根源的罪として当時のロースたちにも全く普遍的に分有されていたことを述べてきた。

ロースは恥じらいが生んだ文化の中にいて、二人のロースに分裂している。一人は失楽園後の人間社会を諦観とともに眺め、衣をまとい自らもその一員としてふるまうダンディなロース。広く流布しているフォーマルなスーツ（という装飾）に身を固め、硬い面持ちでまっすぐにカメラを見据える青年期の彼の姿がそれを象徴している［図2］。

そしてもう一人は、理想の純粋動物の状態を希求しながらも決してその一線を超えられなかったロースである。こちらは広く流布していないがロースの水着写真がそれを象徴している。その写真の中のロースは、初老の段階に達している。海辺の楽しげなバカンスのはずが、いささか不機嫌であったかのようにレンズに対し横を向いている［図6］。着ている水着は、横にならぶ女性（三人目の妻）の身に付けているそれとほとんど変わらないワンピースである。ロースにとってはこの程度の「イチジクの葉っぱ」が露出の限界であったのだろう。しかし二〇世紀を遡ることほんの五〇年前までの女性の水着は、たとえば以下のようなものであった。

ブリテン人女性は水浴びの際、文明化された礼儀作法についての見解に関する限り、男性

6

6 水着姿の老年期のアドルフ・ロース。三人目の妻と
gettyimages

よりもやや利点がある。彼女らは大体、青いフランネルのシュミーズかシャツを身につける。それは胸の部分はゆったりしているが、首の回りはしっかりと締まっている。丈は膝よりもやや下にまで達し、長過ぎて泳げないようにしている。しかし、大きさにしても形にしても、見苦しくないようにとの要求に効果的に応えるには、決して適していない。

——出典不明。ハンス・ペーター・デュル『裸体とはじらいの文化史』藤代幸一、三谷尚子訳、一〇三頁での引用

おそらくこの写真が撮影されたのは一九二〇年代であろう。一九世紀においてはくるぶしさえ見せることのなかった女性の水着に比べ、やはり格段の裸体への接近がある。その当時、水着をとりまく意識改革があったことをバーナード・ルドフスキーも指摘している。[09] それはロースも先の「女たちのモード」で「二〇世紀になり女が自転車に乗るようになったため、女にも足が自由に動かせる服装とズボンを履くことが認められるようになった」と述べていた通り、「スポーツ」という健康術の発明によるものだった。

裸体と健康という美名が、恥じらいに打ち勝つ瞬間であった。この身体としての延長線上に、純粋動物を収納しようとするモダニズム建築が到来したのだった。

この楽園への復帰の欲望は、ダンディズムを背負わない人々の誕生によって実現されたのである。彼らこそ内と外のへだてなく、透明であることをよしとするモダニズム建築の推進者た

ちであった。それは恥じらいを克服し、失楽園前のユートピアへ還るための倒錯的計画者でもあった。それゆえモダニズムとは建築においては完全なる「裸体」をその理想の終局点として持つことになった。しかし私たちから、恥じらいの感情が完全に消え去るのはもう少し先のことになるだろう。

5 近代家族

ハコという家

少し前、社会学者の上野千鶴子は、現在の住居のありかたを「家族を容れるハコ」と定義した。

「住宅」とは、「住」＝住む「宅」＝家のことをいいますが、歴史的にみて、家が「住むためだけの場所」になったのは、近代以降のことです。以前は、仕事の場であり生産の場、祭礼の場、すべての場でした。家には奉公人などの他人もいました。それが、住むためだけの場になってから、家は「家族を容れるハコ」となりました。裏返せば、家に住んでいる人々のことを、家族(いえ・ぞく=かぞく)と呼ぶと考えてもかまいません。

——『家族を容れるハコ　家族を超えるハコ』五頁

家族とはいったい何か、という定義はあまりに多様でかつあいまいである。そのせいで、文化人類学は、家族の定義をとっくに放棄してしまった。

ところで日本語では、家族(かぞく)は、文字どおり、家・族(いえ・ぞく)と書く。同じ家に住んでいる族(うから)が、家族である。そう考えれば、世の中には氏族(うじぞく)やら、親族(おやぞく)やら血族(けつぞく)やら、果ては暴走族まで、いろいろな「族」がいる。そのなかで、家族とは、「家を共同している人びと」という定義以上でも以下でもない、と考えてみよう。

——同書、一六頁

文化人類学が、家族の定義をとっくに放棄してしまったかどうかはさておくとして、家を「家族」とそれを容れる「ハコ」との重なり合い、あるいはずれとして見る、上野のこのクールな定義は現在の家族像を考える時には、重要である。

というのも確かに家族を定義することは難しい、それぞれが具体的な環境の中で生を育まなければいけない人間たちの現実と、「かくあるべき」として述べられた家族論とは常にずれてしまうからだ。人間の雑種力、生存力とはすごいもので、極言すれば日常に見かけるどのような空間でも、知恵のついた人間たちによってはそこが居住空間として成立してしまうことは容易に想像できる。ハコは人間の生存にかかわる機能を保証する空間であれば、何でもいい。またそのハコが都市という上下水道や電気、あるいは居住の一部の代用として施設の完備したインフラを持っていれば、それ自体には不十分な機能しかなくても、そこが家として成立してしまうのだ。そのハコはそこに住む人間（たち）の特性、ニーズとつながって千変万化する。そして人間（たち）の生きた動きを捉える社会学の立場からすれば、その現実的な活動を先んじさせて、ハコを変えていくべきなのだ。ここで建築＝ハコを作る人は常に批判される立場に居続ける羽目になる。この定義が発表されて四半世紀近く経っているが、その影響は現在の家族論や住居論にいまだに強い影響を与えている。

ただ「家族を容れるハコ」という言葉をよく吟味してみると、奇妙なことに気づく。

上野の先の二つの定義、「家族を容れるハコ」としての家、「家を共同している人々」としての家族を組み合わせてみる。すると「家族を容れるハコ」とは「〈家を共同している人々〉を容れるハコ」となる。これのどこが奇妙なのかというと、前の定義と後の定義とで、同じ人々を収容している物体が「家」と「ハコ」として二回登場してくるからである。一見、循環論法になっているのである。とはいえ、この矛盾は必然的であったと思う。なぜならそれは、家の象徴的側面と実体的側面とが別に示されているからにほかならないからである。それゆえに、上野がいくら消そうと思っても家という象徴——ひとびとを集める力を持った幻想体系——は残っている。そしてさらにいえば家という幻想があれば、人々はどんなハコでもそれを家として棲んでしまう。家はそれだけ強力な幻想である。

家は機能的なハコのはたらきを簡単に越えて、共同体を特定的に成立させる幻想としても機能している。その幻想がむしろそのエレメントである人間の動きを操縦する側面を持つのだ。その強い動きを私はすでに第一章「化モノの家」で紹介した。各地の伝統的住居や現代住居の名作においてその過程を検討した。それら家は、人に先んじて存在してきたともいえるデモーニッシュな物体であった。あえて言えば優れた家は、そこに人が不在でも、なにかしら〈家族〉的なキャラクターを帯びているものである。

ここにおいて私は家の定義を、「特定の人間たちとそれを容れるハコとの相補的な幻想関係」として再定義してみようと思う。つまり家は人間たちと、彼らをエンクローズする物体が織りなす幻想体系なのだ[01]。

その相補的な幻想関係が指し示す家族像は、もちろん普遍的真実ではない。しかしその幻想関係は、人間たちが集まって住むには「こうありたい」とか「こうすべきだ」といった未来への希望や妄想を描き出すはたらきがあるのだ。

それでは近代以降において、特に時代を率いてきた知識人やアヴァンギャルドたちにとって、「家」はどのような存在として立ち現れてきたのだろうか。

ここで前章において、一九世紀末ウィーンを通過したアドルフ・ロースが、人間の装飾活動が原罪にふちどられていることを指摘したことは決定的に重要であった。建築家の中で彼ほど人間ひいては彼らの文化とそれを収容する建造物との関係の解明に取り憑かれた人物は珍しい。その指摘はきわめて人間らしい発明物であるひとつの観念に収束する。

一九〇二年、ウィーンの女性向け雑誌[02]に掲載されたエッセイのなかで、ロースは以下のようなラディカルな言説を披露している。前章でも触れた「女たちのモード」である。

いや、違う。人間は野獣ではない。野獣は愛する、ただ愛する、本能が命じるままに。だが人間は本能を虐待し、本能は人間に潜むエロスを虐待する。われわれは厩舎につながれた野獣だ。餌のお預けをくらった野獣、命令により、愛することを強要された野獣だ。そうだ。われらは家畜同然だ。

もし人間が野獣であるなら、発情して情欲の虜になるのは年に一度だけだろう。しかし無理に抑圧された性衝動は四六時中われわれを欲情させる。この性衝動というやつは分かりやすい自然なものではない。複雑極まりなく、自然に背くものだ。

――「女たちのモード」前掲書、一六一頁

この論考の途中でロースは、一三世紀に端を発するフラジラント（鞭打ち苦行者）における、おのれの罪を外在化させ自らを責め苦に追いやる人々の様子を語る。続いて、「エロスの頂点を極めたマルキ・ド・サドの魂は、壮大なまでの責め苦を考え出した」として獄中のマルキ・ド・サド（一七四〇－一八一四）を事例に挙げている。そしてその段落の最後で「一方で、愛らしくも青ざめたひとりの少女がノミをプチッと殺し、喜びに身を打ちふるわせながら密かに深いため息をつく。サドも少女も同類である」と結んだ。このロースの主張にはフラジラント、その内面化としてのサド、そして一人の少女までをも貫く自然に背くものとしてのエロスが充満しており、それこそが人間存在の根拠であるとロースが考えていたことを示している。つまりロースの主張を貫き通しているのは、原罪を負い、それゆえにエロス[03]によって楽園へ回帰しようとする人間である。このような意味において人間に付随する装飾行為を原罪として告発しながら、それを否定しきることはなかった――犯罪自体は決してなくならないのと同じである――ロースの最も人間的な態度が明らかになるのである。

そして今後の希望として、ロースはこの文章の最後にこう認めている。

> しかしわれわれはいま、新しい偉大な時代を迎えているのだ。もう男のエロスにアピールするのではなく、自ら働き男から経済的に独立することによって、女は男と平等な立場を獲得するのだ。女の価値が、時代によって変化していくエロスのありように左右されることはなくなる。
>
> ――同書、一六七頁

この一見矛盾しているかのような同一論文内の二つのパラグラフは、ロースにとっては分かちがたかった。これは人間には原罪があることを認めた上で、その克服を希望として掲げるという構図であった。

このような意味で、ロースはニューギニアの未開人の行う入れ墨（「装飾と犯罪」）と女たちのエロス的衣装とを同一視している。つまり装飾は糾弾されるべき犯罪ではあるが、決して人間はそれをぬぐい去ることができないのである。このような人間観は、一世紀後にミシェル・フーコーによってより精密に語られているが、論調としては驚くほど近い。

「……つまり誰の身体も、いわば孔雀が羽根を拡げるように大手を振って歩いていた」とフーコーは性の抑圧が始まった一七世紀以前の状態を、さも原罪がくだった以前の楽園状態のように記述する。それに比べて後に起こった人間の性活動を取り巻く現象とは、以下のようである。

> この白日の光に続いて、たちまちに黄昏が訪れ、ついにはヴィクトリア朝ブルジョワジーの単調極まりない夜に到り着く。性現象はその時、用心深く閉じ込められる。新居に移るのだ。夫婦を単位とする家族というものが性現象を押収する。そして生殖の機能という真面目なことの中にそれをことごとく吸収してしまう。性《セックス》［性器とその機能、性本能］のまわりで人は口を閉ざす。［中略］社会空間においても、各家庭の内部にあっても、承認された性現象の唯一

の場は、有用かつ生産的なもの、すなわち両親の寝室である。

――『性の歴史I　知への意志』渡辺守章訳、九－一〇頁

抑圧の時代はブルジョワ的秩序と一体をなすというのだ。性と性に対する嫌がらせの取るに足らぬ年代記は、たちまちにして生産方式についての儀式張った歴史の中に置きかえられ、その軽薄さは一瞬に消え去る。説明の原則は、事実そのものからおのずと明らかになる。すなわち、性がこれほど厳格に抑圧されているのは、とりもなおさず性が、全般的でかつ強化された労働への組み込みという事態と相容れないからである。

――同書、一一二－一一三頁

ここでフーコーは、ちょうどロースが身を置いていた時代に、夫婦関係に閉じ込められ、厳重に管理された性のありようを指摘している。そして同時におぞましいことではあるが、このような性の抑圧は、性を科学的に処理し、労働へ組み込み、労働力の調整としての操作を可能にする。これがロースが自分自身を含めた人間全体を「家畜同然」と揶揄する背景であり、それは同時に第二章「レンガを積む者」にて紹介した、食われるブタ＝食いものにされる労働者をメタファーとして隠していたディズニー版「三匹の子ブタ」にも通底していたのであった。

さてフーコーは、さらに興味深い示唆を私たちに与えてくれる。

おそらくこの時初めて、近代西洋世界にかくも特殊なあの要請が、一つの全体的な桎梏という形で確立したのである。ここで私が問題にしているのは、伝統的な告解が要求していたような性の掟に対する違反を告白する義務のことではない。そうではなくて、快楽の作用と関係のありそうなすべてのことを言うこと、魂と肉体を介して性と何らかの関係をもつ無数の感覚と想念を言うこと、自分自身に対し、他者に対し、しかもできるだけ頻繁にそれを言うという、ほとんど際限のない務めのことである。

——同書、二九頁

フーコーによれば、このような性の「言説化」の企ては以前の禁欲的な僧院の伝統の中で形成されたものだったという。[04] しかしその掟を、一七世紀という時代は万人に適用すべきシステムとしたのである。掟に違反する行為を告白するだけではなく、自分に潜在する欲望を言説にしようと努めることが求められたというのだ。

「快楽の作用と関係のありそうなすべてのことを言うこと」、「魂と肉体を介して性と何らかの関係をもつ無数の感覚と想念を言うこと」、「自分自身に対し、他者に対し、しかもできるだけ頻繁にそれを言うという、ほとんど際限のない務め」……この指摘において、ここでもロースと同様にサドが引き合いに出され、彼の内的倫理としての性の言説化が紹介されている。

私たちはこの、自らの罪深き欲望への認識とそれを公然と露出することへの衝動とをきわめて近代的な欲望と考えたい。なぜなら言語化することによって、内在化していた欲望は疎外され、漂白され、赦されるからである。この欲望のメカニズムを端的に〈原罪とその克服〉と言おう。ここに近代家族が持つことになった宿題《ホームワーク》を見いだすのである。つまり、原罪的現実とそれらを克服する希望（あるいは妄想）の二重性として、近代家族を「語るべきこと」が必要になってくる。これは近代家族に向けられた歴史的宿題として私たちそれぞれに問われているものなのだ。この宿題は、ハコと人間たちとの機能論的な関係を見るだけでは回答できない。

上野によれば一九世紀ヴィクトリア朝に端を発し、二〇世紀を通底し、おそらく現在までもその影響を深く及ぼしているこの桎梏が、例えば冒頭に紹介した同氏の指摘の中では端的に「家」と「ハコ」の二重性となって現れてきたのである。そしてこの二重性をつなぐのが家と人々との相補的な幻想関係なのであった。

以上のような〈原罪とその克服〉として二〇世紀の前衛的な住宅計画運動を概観するとき、それは大きく三つの克服すべき目標を私たちに差し出した。それは楽園を追い出された男女のつがいによって始まった人間の歴史にたいする最終的な解決をもくろむものであった。

ひとつめは、「つがい」の幻想とその克服である。性愛を抑圧するつがいを克服せよ！

ふたつめは、「生産」の幻想とその克服である。労働するな、生産の道具になるな！

みっつめは、「恥じらい」の幻想とその克服である。動物を見倣い、おのれを恥じらうな！

以降、本章での三つの物語は、おおきくはこれらの克服の運動に関連して近代社会に発生した様々な家族的事象をとりあげ、検討するものである。[05] 第一の舞台は、近代家族が具体的なアンサンブル（組み合わせ）として現れた一九世紀中盤のイギリス・ヴィクトリア朝である。

空想の家族へ

フリードリヒ・エンゲルス（一八二〇－一八九五）は、マルクス・エンゲルス主義を構築した片割れとして著名である。冷徹な社会分析機械であったカール・マルクスを支援し、その理論をかみ砕き、人々に伝え、二〇世紀初頭のプロレタリアート（無産階級）による社会主義革命のための運動にいそしんだ人物であることはもはや説明するまでもないだろう。

しかし彼の出身は、プロレタリアートではなかった。エンゲルスはドイツ、バルメン・エルバーフェルト（現ヴッパータール）にて紡績産業で成功を収めたドイツ人経営者の長男として生を授かった。典型的なブルジョア知識人階級に属する青年であり、かつ社会改良主義者であった。ブルジョアジーにして社会改良主義という存在は、たとえば一八世紀フランスのアル＝ケ＝スナンの王立製塩所計画とその実現（一七七九）にみられるように、別に不思議ではなかった。その遂行者が、資本を運転できる自分の階級的立場を利用しつつ、使役される労働者たちを含む調和的な生産の世界をつくりだそうとすることは、自らの経済活動を持続させるためにも当然起こりうるからである。

若きエンゲルスは、父の命によりイギリス・マンチェスターの父所有の綿工場に送り込まれた。当時マンチェスターは一大紡績地帯であった。そこで彼は都市部に居住する当時の労働者の悲惨な生活実態に衝撃を受けた。自分の出身地では予想も及ばなかったラディカルな生活の実相がそこかしこに噴出していた。彼の二四歳の処女作である『イギリスにおける労働者階級の状態』(*Die Lage der aribeitenden Klasse in England*, 1844)は題名通り、イギリス都市部における労働者階級の家族の居住実態をレポートしたものである。彼はそこで何を読み、見たのだろうか。エンゲルスは主にロンドンとマンチェスターを扱っている。ロンドンでは当時のさまざまな医師や衛生局による報告の収集、マンチェスターではエンゲルス自身が見聞したものも多くなるが、中でもそのイメージがありありと浮かぶ当時の労働者家族たちの住まいの記述にこんな一節がある。

サリーの検死官カーター氏が、アン・コールウェイとよぶ四十五歳の女の死体について一八四三年十一月十六日におこなった検死にさいして、新聞は、故人の住居について次のように報じている、同女は、ロンドン、バーモンジー・ストリート、ホワイト・ライアン・コート三番地に、夫と十九歳になる息子といっしょに小さな一室に住んでいたが、その部屋には寝台も夜具もなければ、そのほかの家具もなかった。彼女は、息子のかたわらのひとかたまりの羽根のうえで死んでおり、その羽根は、彼女の素裸にちかいからだにおおいかけられていた、掛けぶとんも敷布もなかったからである。その羽根は彼女の全身にかたくこびりついていたので、医師は、死体がきよめられるまではそれをしらべることができなかった、しかもしらべてみると、彼女は骨と皮ばかりで、全身いたるところ毒虫にかまれていることがわかった。部屋の一部に穴があけられていて、その穴が家族により厠として使われていたのである。――『イギリスにおける労働階級の状態』武内隆夫訳、五三-五四頁

うつろな一室、寝台もその他の家具もない、その空き間に夫と死んだ中年の妻とその息子が暮らしていた。暖をとるために備え付けの家具はとっくに焼かれていたのだろう。やせ細った彼女にはすでに衣服すらなく、焼かれた家具が残した形見であったろう、クッション用の羽根がかけられていた。まるで羽根をむしられたが食することもなく打ち捨てられた鶏の死骸のようである。そして床の一部には孔があけられ、彼らの排泄物をとりあえず見えないものとさせていた。その区画された空間の雰囲気の異様さはおおいようもない。この情景の描写が強烈な印象を残すのは、もはや社会とは隔絶されきった家族を劇的に示しているからである。共同する意味がほとんど消え去っているにもかかわらず、しかもなおカミソリのように家族という単位が屹立している。そしてその屹立を強調するのは、区画された、このうつろな部屋である。エンゲルスに、近代家族をまさしく問題として意識させたのは、この劇的に破綻したアンサンブルだったのである（このような孤立し、屹立する家族のイメージは、近年の日本においても

多く報道されている。たとえば年金受給を保持するために親の死亡報告をせず、寝具の中でミイラ化した実母や実父とともに暮らす子供たちである。そしてそれを家族として鮮やかに指し示すのは、ロンドンにおいては家具のないがらんどうとしての部屋であり、日本の事例においては窓を厳重に閉ざした木造住宅である）。

この時点において、すでにエンゲルスは、家族を家族としてみせるのはそれを区画する空間の特性であることに気づいていたふしがある。家族が悲惨であるのはそれが実体的に隔離、収容された時なのだ。そのような人々を収容するハコが縦横無尽に人々を蹂躙することへの、エンゲルスによる告発は枚挙にいとまがない。

ウエストミンスターのセント・ジョーン教区とセント・マーガレット教区には、統計協会報によると、一八四〇年には、五三六六の労働者家族が——五二九四の『住宅』——もしその名にあたいすれば——に住んでいた、男も女も子供も、年齢や性のいかんをとわず、いっしょくたに投げこまれており、合計すると二万六八三〇人いた、しかも上記の家庭数のうちの四分の三は、ただ一室しかもっていなかったのである。——同書、五二頁

なぜこのように都市の労働者たちは収容されなければならないのか。彼は自身が工場経営の修業をすることになった（ちなみに彼は、終生、経営者であり続けた）マンチェスターの地に

2 1、一九世紀中盤のイギリスの労働者用住宅とその周囲の様子
ギュスターヴ・ドレ画、一八七二年

1

2

おいて、自ら調査に乗り出すのであった。

古いマンチェスター時代に建てられた二、三百戸の家々はその最初の住民たちからはとっくのむかしに棄てられてしまっている。そこに労働者の大群を詰めこんだものはひとえに工業である。現在そこに住みこんでいる人々、それは労働者たちなのである。これらの古い家々のあいだに残されていた寸尺の地をすっかり建物でふさいでしまったものもほかならないこの工業で、それも農業地方やアイルランドから雇いいれた大衆にひさしをあたえるためであった。

——同書、七六頁

労働者が収容されなければならない理由、それはエンゲルス自らが関与している工業であった。工業資本がその利潤の生産のために、工場付近に、地方からやってきた人々を収容したのであった。彼らが住む場所として用意されていたのは、放棄寸前の古い街区か、あるいは今まで住宅地ではなかった都市の暗渠であった。しかも不動産業者はその暗渠を住宅のようなものに仕立てて、なお利潤のために彼らに差し出すわけである。

マンチェスター側にあり、オックスフォード・ロードのすぐ南西方、リトル・アイルランドとよばれている地域である。メドロック川が半円形にめぐり、四方が高い工場、高い人造岸、または堤防でとりかこまれているかなり低い窪地には、およそ二〇〇戸の小屋が二群になって並んでいる。小屋の大部分は二戸ずつ共通の後壁をもち、そこに合計して四〇〇〇の人々、ほとんどアイルランド人ばかりが住んでいる。小屋は古くてきたなく、きわめて小さい。街路は平坦でなくデコボコで、一部は舗装されず、排水溝も欠いている。無数のごみや屑物、吐き気をもよおす糞尿が、水たまりのあいだにちらばっていたるところにある。大気はこれらの汚物が発散するガスによって毒され、一ダースほどの工場の煙突からの煤煙によって黒ずみ、重くたれさがっている——ぼろを身に纏ったたくさんの子供や婦人がここを歩き回っている。そのきたないことは、まるでごみの山や水たまりのなかでのうのうとしている豚のようである。

——同書、八二 - 八三頁

彼の描くこの川沿いの労働者住宅地は、もともと都市の排水が溜まり込む場所であったと推察される。下水施設そのもののようなものだから、もちろん排水施設もない。そこに糞尿とともに人間たちが詰め込まれる。しかし一方で、イギリスにおける労働者階級の主要な担い手となった、エンゲルスの言うアイルランドの農村出身者たちがもといた環境にあっては、排水施設のようなインフラは不要であった。彼らの持ち込んできた生活様式が、皮肉にも都市のごみために奇妙に適合した。このようにして、次第に労働者家族における「家」の幻想水準が決定された。近代住居のアンサンブルを成立させたのは、皮肉なことに「アイルランド人」たちの持ち込んだ農村の流儀なのであった。

地下置場に住んでいる家族の大部分は、すべてといえるぐらいどこでもアイルランド系である。要するにアイルランド人は、ケイ博士のいうように、生活必需品の最小限とはなにかということを見いだして、それをイギリス労働者に教えているのである。〔中略〕アイルランド人は家具を使いつけない――ひと山の藁、着物にまったくつかえなくなったいくらかのぼろ、これだけあれば彼の家具には十分である。一片の木、こわれてしまった椅子、テーブルがわりの古い箱があればもうそれで十分である。〔中略〕そしてもし燃料が不足すれば、彼の領分にあるあらゆる可燃物、つまり椅子、扉柱、暖炉棚、床板といったものが、もちろんありさえすればであるが、暖炉にくべられる。そのうえ――なんで広い場所が必要だろうか。海のかなたの〔アイルランドの〕粘土小屋では、ただ一つきりの屋内部屋があらゆる家事目的にあてられていた。この家族は、イギリスでも、一部屋以上は必要としない。このようにして、多くの人々がたった一つの部屋につめこまれることになるのである。

――同書、一一三頁

エンゲルスは言う。「要するにアイルランド人は、……生活必需品の最小限とはなにかということを見いだして、それをイギリス労働者に教えている」のだ、と。

近代の家の幻想構造がこのとき発見された。それは経営者にとってみれば人を詰め込むだけ詰め込んだ暗渠ではあったが、一方で農村出身の労働者たちにとってみれば、それは——故郷のそれのイメージのきわめて劣悪な変形物であったとしても——やはり家たり得たのであった。ここに明確に家の象徴性とハコの機能性の二重性が指し示されている。農村的紐帯の幻想＝「家」によって集まった人々とそれを収容する都市の暗渠＝「ハコ」とのアンサンブルによって近代住居の極限がすでに示されていたのだった。しかしその破綻は目に見えていた。

革命的問題として家族そして性愛を語ること。ここにエンゲルスの独自性と一九世紀的性格がある。

エンゲルスをマルクス・エンゲルス主義の推進者ではなく、住居・家族問題の批評者として取り扱うことは外れていない。というのもエンゲルスの著作に、終始一貫流れているのは、〈家族〉〈男女〉あるいは〈居住〉というテーマだからである。それはマルクスが最終的に資本主義経済の自己運動のメカニズムに興味を集中していったのと好対照をなしている。エンゲルスはマルクスが残した断片的な経済人類史をひろい出しつつ、経済よりはむしろその外部として押し出された、家族の行く末を歴史的パースペクティブの中で検討した。

『イギリスにおける労働者階級の状態』刊行後四〇年の一八八四年、晩年のエンゲルスは、単著としては彼の代表作となった『家族・私有財産・国家の起源』（*Der Ursprung der Familie, des Privateigentums und des Staats*, 1884）を世に問うた。そこで語られる主役は家族の様々な形であった。

その発達史を主軸とし、家族によって担保される私有財産の発達をへて、それを国家の成立の根拠として据えた。つまり家族から社会を逆照射した。

「文明に照応し、文明とともに確定的に支配的となる家族形態は、単婚であり、男性の女性にたいする支配であり、社会の経済的単位としての個別家族である。文明社会を総括するものは国家であり、この国家は、標準的な時期にはいつも例外なく支配階級の国家であり、どんなばあいにも本質的には、抑圧され搾取される階級を抑制するための機関であることに変りはない」（戸原四郎訳、二三三頁）等が有名な一節である。家族から国家を問うというベクトル、これがその後、二〇世紀のジェンダー運動に及ぼした影響は計り知れない。[06]

しかし私は彼の家族論を「科学的歴史」としてはもう読まない。すでに示したように家は「特定の人間たちとそれを容れるハコとの相補的な幻想体系」なのだから、ここではエンゲルスがどのような家－家族幻想を獲得したのかにこそ興味がある。この視点からエンゲルスの『家族・私有財産・国家の起源』に触れることは、その後の二〇世紀において空想され、半ば実現した居住計画に潜む企図をうまく暴き出してくれる。

エンゲルスは「空想から科学へ」を標榜した。しかし、むしろ彼の理論のもつ「空想の科学」の側面こそが、現在の私たちが抱いている家族、そして家のイメージに大きな影響を与えてきたのだと思えるのである。

さて、きわめて乱暴にまとめれば、エンゲルスによる、男女の性愛活動にもとづく共同体の歴史には、人間社会発展の三つの主要段階に対応する三つの主要形態がある。それが「野蛮期には集団婚が、未開期には対偶婚が、文明期には姦通と売春によって補足される単婚」(『家族・私有財産・国家の起源』九八頁)である。そして野蛮期の最終期の高度な段階としてプナルア(親友)婚という特殊な状態が見いだされている。また対偶婚(男女関係が非対称な婚姻関係)と単婚とのあいだには、奴隷化した女性に対する男性の支配と一夫多妻制が割り込むというのが、エンゲルスが描いた家族発達の道筋であった。

そしてエンゲルスの家族史の構築に、大きく寄与したのがアメリカの人類学者であったL・H・モーガンによる『古代社会』(*Ancient Society*, 1877)等の一連の著作であった。それは当時の北アメリカの先住民族の観察にもとづく、はるか古代における家族形態をめぐる考察であった。先のエンゲルスの主要段階はモーガンによる区分をもとにしている。エンゲルスはモーガンの研究成果をさらに彼流に展開した。要するに、社会的諸制度を「人間自体」の生産である「家族」と、「生活手段」の生産である「労働」の二つの側面から分析し、生産性の向上=富の増加によって、家族形態が古代社会におけるひろい血縁的紐帯から、次第に閉鎖的な個人所有の秩序に支配されるものとなったというのである。

これらの変化は、共通の婚姻紐帯に包摂される範囲が、元来はきわめて広かったのに、ますますせばめられて、ついには今日支配的な一組の夫婦を残すだけになる、といった種類のものである。
モーガンは、こうしたやり方で家族の歴史をさかのぼって構成することによって、彼の同僚の多くとともに一つの原始状態に、すなわち、一部族の内部で無制限の性交がおこなわれ、したがって、あらゆる女があらゆる男に、またあらゆる男があらゆる女に一様に属していた原始状態に到達する。

――『家族・私有財産・国家の起源』四二‐四三頁

彼が家族史を作り上げたのは、ほかでもなく、それによって単婚制度（一夫一婦制）を歴史の一ページにすぎないものとして相対化することであった。彼の批判対象は、四〇年前に目の当たりにしたうつろな家とそこに収容された人々をつくりだすメカニズムであった。目的は、はじめから決まっていたのである。そのような目で同書を眺めると、エンゲルスの思い描いた未来への「科学的」空想が浮かび上がってくる。

彼の喩えは時としてユーモアにあふれている。たとえば動物に単婚が存在することについてこう反駁する。

鳥類にみられる忠実な単婚の事例は、人類についてはなにも証明しない。人類は鳥類から由来したものではないからである。また、もしも厳格な単婚が至上の徳行であるのならば、その栄冠を受けるものは條虫である。けだしこれは、その五十から二百の片節ないし体節のそれぞれに完全な雌と雄の生殖器をもっていて、これらの各節で自己交接をして全生涯をおくるからである。
——同書、四四頁

また氏族発生の当初、母系社会が先行した理由にたいして、モーガンの説を援用し[07]これ以上にないほどの明瞭な唯物的見解を披露する。

どんな形態の集団婚家族でも、子の父が誰であるかは不確実であるが、その母が誰であるかは確実である。
——同書、五六頁

カトリーヌ・ドヌーブ主演の有産階級の人妻の昼間の秘められた仕事を描いた映画『昼顔』（ジョセフ・ケッセル原作、ルイス・ブニュエル監督、一九六七年）の着想のもとにも突き当たる。

［現代のブルジョア階級の］結婚は当事者たちの階級的地位によって制約されており、そのかぎりではいつも便宜婚である。この便宜婚は、どちらのばあいにも、しばしば最も極端な売春に転化する——往々にして夫婦双方の、しかしごくふつうには妻の売春に。彼女がふつうの売春婦と区別されるのは、彼女が賃銀労働者として自分の肉体を一回いくらで賃貸するのではなくて、一回こっきりで奴隷制に身を売り渡してしまうことによるだけである。

エンゲルスは、歴史理論の構築後、当然ながら未来の家族像について筆をすべらせはじめる。しかしその筆は、次第にサイエンス・フィクション（空想の科学）へ近づいていく。彼にとって、労働者階級における性愛こそが最も理想的なものなのだ。なぜか。

——同書、九四頁

性愛が女性にたいする関係で真の原則となっており、またなることができるのは、わずかに被支配階級において、したがって今日ではプロレタリアートにおいてだけである——この関係がいまや公的に認められているかいないかには、かかわりなく。しかしここでは、古典的単婚のすべての基礎もまた取り除かれている。単婚と男性の支配とは、まさに財産の保全と相続のためにこそつくりだされたのであるが、ここではその財産がまったく欠けており、したがってここでは、男性の支配を主張する動機もまたまったく欠けている。

——同書、九四頁

つまり労働力（時間的に定量化された人体エネルギー）を売るしか術のない労働者において、その性差は社会的には消滅する。女性は働きはじめ、自立する。それによって、これまで私有財産を独占してきた男性が、その根拠を根底からなし崩しにされるというのである。労働者になることによってはじめて男女は平等＝等価なものとなるのだ。大工業が女性を家庭から労働市場へ、工場へと移し、彼女をきわめてしばしば家族の扶養者にするようになって以来、プロレタリアの家では、男性の支配の最後の残りかすまでもが、そのすべての基盤を失った。この論旨は、先に紹介したアドルフ・ロースの「女たちのモード」でも語られていたエロス抜きの女性の活躍への展望そのものである。

こうして、プロレタリアの家族は、夫婦双方のもっとも情熱的な愛情やもっとも堅固な貞操にもかかわらず、またおよそどんな宗教的および世俗的な祝福にもかかわらず、もはや厳密な意味での単婚家族ではない。したがって、単婚の永遠の同伴者である娼婦制と姦通も、ここではほとんどあるかないかの役割しか演じない。妻は離婚の権利を実際にとり戻すにいたり、夫婦仲がうまくゆかなければ、むしろ別れることを選ぶ。

——同書、九五頁

今や平等である彼らにおいて、娼婦制や姦通は意味をなさない。なぜなら離婚はきわめて自然で、容易になされるからである。

しかしここに落とし穴があった。それは彼らのあいだにすでに生まれた子供たちの存在であった。子供たちはどのように扱えばよいのか。エンゲルスの解決策は、ここで空想の科学の段階へ飛躍した。

プロレタリアートによる性愛ユートピアを樹立するために、エンゲルスは、単婚の根拠となっている私有財産を、生産手段の共同所有へと移行させることを主張する。労働者の財産は共同的なものとなることによって、平等制が担保される。そうすれば必然的に次のような社会が生成されるのだ。

個別家族は社会の経済的単位であることをやめる。私的家計は一つの社会的産業に転化する。子供たちの養育や教育は公的な事項となる。嫡出子であろうと私生児であろうと、一様にすべての子供の世話を社会がみる。これによって、今日、娘が恋人に思いきって身をまかせるのを妨げる、もっとも本質的な社会的——道徳的ならびに経済的——要因をなしているところの、「結果」にたいする心配がなくなる。

——同書、一〇〇頁

この知見と近未来「ユートピア」小説との差はほんの数歩しかない。[08]

来たるべき田園都市

今私たちのまえに、エンゲルスの描いた性愛ユートピアと強い影響関係をもつ二つの事例がある。ひとつは二〇世紀初頭に実際に実現した住宅都市計画である。そしてもうひとつは一九三二年に発表された近未来小説である。

〈田園都市〉は健康的な生活と産業《インダストリ》のために設計された町である。その規模は社会生活を十二分に営むことができる大きさであるが、しかし大きすぎることなく、村落地帯で取り囲まれ、その土地はすべて公的所有であるか、もしくはそのコミュニティに委託されるものである。

——エベネザー・ハワードとの協議をふまえて一九一九年に田園都市および都市計画協会によってなされた定義。「F・J・オズボーンによる序言」『明日の田園都市』長素連訳、三九頁–四〇頁

一八九八年、当時のヨーロッパの中心であったイギリス・ヴィクトリア朝の世紀末、啓蒙家エベネザー・ハワードによって『明日——真の改革にいたる平和な道』(*Tomorrow: A Peaceful Path to Real Reform*)が発表された。一九〇二年には改訂され書名を改められた。その名は『明日の田園都市』(*Garden Cities of Tomorrow*)、二〇世紀のいわゆるニュータウン建設の引き金となった重要著作であった。

ハワードはエンゲルス的なラディカルな社会主義的ビジョンについては批判的であった。しかし当時の家族–住居についての彼の問題意識は、基本的にエンゲルスの提起した都市の「家」と労働者家族と同じものであった。エンゲルスが告発した半世紀前に比べて、労働者住宅の改

善は徐々になされてきたが、さらに都市部に人口が集中することは防ぎようがなかった。人々は従来の自然的環境から切り離され、大都市の一室をそれに見合わない家賃で借りるか、さもなくば日々の貴重な時間を遠距離通勤に費やさねばならなかった。そして最も根本的な問題は彼らが常に失業に脅かされる立場にいまだに甘んじていたことであった。このような不安定な都市が日に日にその領域を拡大していくのであった。田園都市はこれらを背景にして提唱された。

当初はそのユートピア性を批判されたものの、ハワードは自らの提案が実現可能であることを主張し、二つの田園都市、レッチワース（一九〇三年）、ウェルウィン田園都市（一九一九年）を実現させた。この二都市の建設は世界各地に影響を与え、田園都市運動を巻き起こした。むろん「田園都市」が世界各地で実現されるにあたっては、多くの拡大解釈を伴った。たとえば日本においては、ハワードの提唱した共同信託的組織としての田園都市思想は全く根づかず、民間の宅地開発の呼称として用いられる。そのため、これらの都市のうち、ハワードのいうような完全な意味での田園都市はごくわずかであるとされている。とはいえ、それらには共通の質があり、派生的な「田園都市」も含め、二〇世紀における新都市建設のビジョンの骨格が提示されたことは間違いない。[09]

さてハワードの提唱した田園都市の方法とは次のようなものであった。

読者よ、ここに六、〇〇〇エーカー［約五キロメートル四方］の土地があると想像していただきたい。その土地は現在のところ純粋の農地であり、エーカー当り四〇ポンド総額二四万ポンドで公開市場で買収して得られたものとしよう。その買収費用は平均利率が四パーセントを越えない抵当社債で支弁されたものとしよう。その土地は責任ある地位の誠実で名誉ある四人の紳士の名前に法律上は帰属する。かれらはまず社債の持主に対する担保として土地を預かっているのであり、つぎにその土地の上に建設されようとしている〈田園都市〉つまり〈都市・農村〉磁石に住む人びとのために、土地を預かるのである。

——同書、八七頁

彼は大都市の近傍に、近くはあるが自立した小都市を建設しようとしたのである。そこはもと純粋の農地であり、人間が理想としているはずの田園風景の中に建設されるものである。その土地は彼が述べるように、当初は「責任ある地位の誠実で名誉ある四人の紳士の名前」によって信託され、準備された「共同」の土地所有制を前提とした。また文中で登場してくる〈磁石〉とは、都市、農村のいずれもがもっている、人々を引きつけるそれぞれの魅力的要素である。ハワードは都市の磁石のみが肥大化するのではなく、農村の磁石との拮抗関係によって、その間に自立的な都市が造られるとした。

すなわち産業人口のために比較的に高い購買力の賃金を支払うことのできる仕事をみつけること。より健康的な環境とより規則的な雇用を確保すること。企業心に富む製造業者・協同組合・建築家・技術者・建設業者・あらゆる種類の機械技師・その他さまざまな職業に従事する多くの労働者に対して、かれらの資本と能力に対する、新しくより良い雇用を確保する手段を提供することである。他方、その土地に移住してくる人びとと、現在そこに住んでいる農民に対しては、農家の戸口近くに農民の生産物を売る新しい市場を開設するように計画される。要するにその目的は、あらゆる水準の真の労働者すべての健康と愉楽の基準を、向上させることである。

——同書、八七-八八頁。傍点原文

自立的な都市とは何か。それはハワードの説明にもあるように、その小都市が自らのうちにサイクリックな経済機構を内在させていることである。付近の農村との経済交流も含みつつ、これによって地域性を保った自足的な小都市建設を目指すのである。そしてその小都市の発展には規模の制約が課せられた。その代わり経済の発展は、巨大都市ロンドンの発展のみではなく、それをとりまく田園都市の新たなネットワーク的建設によってなされるというのであった。

以上のように、彼の構想した田園都市は、土地の信託共有制、都市と農村の間、経済的自足制、規模の限界設定と飛び地的順次開発、とまとめることができるだろう。先にも指摘したように二〇世紀において計画されたニュータウンの多くは、以上の方針のいずれかを含んでいる。

さて、ここで興味深いのは、先に彼が「磁石」と表現した、都市・農村それぞれが人々を引きつける魅力の内実である。

〈都市〉磁石も〈農村〉磁石もいずれも自然の全計画と目的を表現するものではない。人間社会と自然の美しさが共に享受されるように工夫されなければならない。二つの磁石は一つにならなければならない。男と女が異なる資性と能力によってたがいに補っているように、都市と農村も相互に補完しなければならない。都市は社会の象徴であり［中略］人と人とのあいだの広範な関係の象徴であり、［中略］そして農村は、神の人間に対する愛と思いやりの象徴である。

――同書、八三頁

ハワードにとって都市と農村は、男と女、経済社会と神の恩寵というコントラストとしてとらえられた。その共存こそが理想なのである。確かにこれでは無産階級による一元支配を標榜したエンゲルスとは、全く正反対のベクトルである。問題意識は共有しながらも、エンゲルスとハワードはその解決法は対照的であった。エンゲルスは処女作において、劣悪な都市環境における農村的「家」が、奇妙なアンサンブルとして成立してしまったことを大きく問題視した。その視点にしたがえば、ハワードの視点はそんな奇妙なアンサンブルを、より矛盾のないように見えるのどかな田園風景に移動したにすぎないともいえるからである。農村への都市的要素の侵入である。乱暴にいえばハワードは、一八世紀以来の古典的啓蒙主義とそれほど変わることはなかった。この田園都市が持つ性格は、マルクス主義的フェミニストにとっては格好の標的となったに違いなかった。予想に違わず上野千鶴子はこのような「調和」的解決法全般について、それを家父長制資本主義とまとめている。[10]

マルクス主義フェミニストは、市場が「近代家族」のメンテナンスのために払った費用を称して、資本制と家父長制の間に歴史的に成立した「ヴィクトリアン・コンプロマイズ（ヴィクトリア朝の妥協）」と呼ぶ。その結果成立したシステムが、「家父長制的資本制 patriarchal capitalism」と呼ばれるものである。このシステムは予め二元的である。家父長制的な近代家族は、あくまでも資本制下の家族であり、逆に資本制は、その補完物としての家族を市場の〈外部〉に前提している。

だとすれば、市場が手を結んだエイジェントとは、実は「個人」ではなく「家族」であった。［中略］共同体が析出したのは「自由な個人」ではなくその実「自由な・孤立した単婚家族」だった。[11]

——『家父長制と資本制』二二九－二三〇頁

そして、社会的単位としての家族と家族における人間関係は、別のセットとして切り離されることによって互いが温存される。彼女によれば、この家族は、成人＝男性だけが貨幣へのアクセスを排他的に独占するという点で「家父長的家族」ではある。しかしその「家父長」は社会の中では一介の労働者にすぎないという二面性を持っている。

ヴィクトリアン・コンプロマイズ＝ヴィクトリア朝的妥協、とはたくみな表現である。ハワードの田園都市は居住形式におけるその典型的解決法であった。上野は、この合意から何が洩れだしたのかを正確に突いている。それは社会からはみ出して、「無限」の資源のように社会から盗まれる「家族」と「自然」であった。「家族」は性という「人間の自然」にもとづいて、ヒトという資源を労働力として社会に差し出した。特に女性は人間製造機として、家に幽閉され、使役された。

> 逆に労働力として使いものにならなくなった老人、病人、障害者を「産業廃棄物」としてアウトプットする。［中略］健康な成人男子だけを「人間man」と見なす近代思想のもとでは、その実、子供は「人間以前」の存在だったのだし、他方で老人は「人間以後」の存在、女性は「人間以外」の存在なのである。
>
> ——同書、一一頁。傍点原文

同様に「自然」はエネルギーや資源として盗まれ、循環後、産業廃棄物として経済の外部へ押し戻されるのであった。ここでハワードの田園都市が、農村との関係において、実は周囲の農村経済を上野の指摘と同様に市場経済的に「盗む」システムを保有していたことは、重要なことである。この都市社会を保たせるための、無限的資源としての「自然」と「家族」という幻想が、二〇世紀の田園都市計画の根本にインプットされていた。一方でこの無限幻想が根底から再考を促されるのは、二〇世紀も終わりに近づいてからであった。しかしこのような状況は資本制にもとづく社会にあっては、不可避であり、その構造は現在まで継続している。

ではポスト革命、あるいは革命なき完全な社会がもし実現したとしたら、それはいったいどのような社会なのであろう。ハワードは先の『明日の田園都市』においてこう述べている。

発展途上にあるコミュニティにおいては、いつでもコミュニティがその集団的能力において所有し発揮するものよりも、はるかに高いレベルの公共精神と公共企業を現わす団体と組織が見いだされるであろう。

——前掲書、一六九頁

来たるべき野蛮

「はるかに高いレベルの公共精神と公共企業を現わす団体と組織」の全貌が一介の野蛮人によって見いだされたのは、「フォード暦六三二年」のロンドンにおいてであった。フォード暦はT型フォードが発売された紀元一九〇八年を元年とした新しい世界のための暦だった。

……フォード暦六三二年のある日、ロンドンの人工孵化工場では、その所長が見習生たちを引率して、新生児の出荷方法を説明していた。所長は最近発見されたボカノフスキー法という、いわば種木への接ぎ木によって人間を誕生させる新手法を自慢げに披露していた。ところが見習生の一人から、その長所の説明を求められたため、所長は不満げであった。

「これはおどろいた！」と所長はその生徒のほうにくるりと向きなおった。「君はわからんのかね？　ほんとうにわからんのかね？」所長は片手を上げた。彼の顔つきは厳粛だった。「ボカノフスキー法こそは社会的安定の肝要な手段の一つなのだよ！」

――オルダス・ハクスレー『すばらしい新世界』松村達雄訳、一一―一二頁

社会的安定の肝要な手段。

標準型男女、均等な一団、ボカノフスキー化された一個の卵子から生まれ出た人間たちで、小工場の全労務員が充たされる。

「九十六の一卵性双生児が九十六の同型の機械を運転するのだ！」その声は熱狂のためほとんど震えていた。「どうだ、今やどういうことになったか諸君にもわかるだろう。まさに前代未聞の出来事なのだ」所長は世界国家の標語を引用した。「共有、均等、安定」す

ばらしい言葉だ。「もしわれわれが、無限にボカノフスキー化できるのなら、一切の問題は解決されるのだが」

——同書、一二頁

フォード暦六三二年、人々ははるか以前の十字ではなく、T字を切って、実現した「すばらしい世界」を祝福するのだった。「共有、均等、安定」こそ、「自由、平等、博愛」にとって代わられた新世界の標語であった。世界経済を安定的に動かすためには、生産と消費との完全なバランスを計画する必要があった。そのためにはその担い手である人間を調和的に出荷することが求められていたのであった。人工孵化工場はその拠点であり、ロンドンの工場は世界に広がったその施設のうちの一つであった。所長に引き連れられた見習生たちは、さらに「階級予定室」へ入っていく。

「八十八立方メートルの容積に及ぶ索引カードです」と、一同が部屋へ入ってゆくとフォスター君がうれしそうに教えた。

「ありとあらゆる関係事項が含まれている」と所長がつけたした。

「毎朝最新の資料を加える」

「そして毎日午後には整備される」

「これを基礎として計算がなされる」

「これこれの性質の人間がこれこれの数だけ」とフォスター君がいった。

「それがこれこれの量において分布されている」

「一定時における最適の出壜率〔引用者註：出生率ではない〕」

「予測されぬ損耗は即座に補充される」

「即座にですよ」とフォスター君は繰り返した。「最近の日本の震災のあとでどれだけぼくが超過勤務しなきゃならなかったか、それをきけばびっくりなさるでしょう！」彼は上きげんに笑って首をふった。

「階級予定係がその数字を受精係に伝達する」

「受精係が階級予定係の要求する胎児を送り届ける」

「そして、ここへ壜が送られて詳細に社会的階層があらかじめ定められる」

「それがすむと胎児室へと送られる」

「さあ、それでは胎児貯蔵室へゆきましょう」

——同書、一六頁

オルダス・ハクスレーによる近未来ユートピア小説『すばらしい新世界』(*Brave New World*)は一九三二年、「フォード暦」一二五年に書かれた予言の書である。ちなみに同小説によれば、西暦からフォード暦への切替は西暦二〇四八年に最終戦争が勃発して九年後の二〇五七年であった。つまり私たちはいま、最終戦争前夜にいるのである。

さて、現在から約五百年後のこの新世界では、人間は人工孵化工場内の操作によって、身体機能や知能の違いによる階級をあらかじめ決定されて出荷されている。指導者階級はα（アルファ）ならびにβ（ベータ）である。単純作業を旨とし社会の安定と再生産に寄与するのがγ（ガンマ）、δ（デルタ）、ε（イプシロン）階級であり、下の階級ほど単純作業をまかせられている。

彼らは壜から生まれる。そのため原理的に彼らの両親は個別的な人間ではない。教育においてはるか昔に、子供は母の腹をいためて出産されたことは知られているが、それは最も汚らわしい、野蛮な行為である。そのようなことを想像するだけでも人々は吐き気を催すほどである。階級分けされた子供たちは集団生活の中で就寝時に条件反射的教育を受け、自ら属する階級が最も幸福であり、そのほかの階級に生まれなくてよかったと擬似生得的に刷りこまれる。

人々はそれぞれの生活に満足している。出壜された彼らに単婚家族はない。結婚はない。子供たちによる性行為もきわめて微笑ましいものとして教育の一環として行なわれている。

またいずれの階級も、あらゆる予防接種を受け、六〇歳程度の寿命まで、一定の若さを保つように作られている。フリーセックスが自然であり、隠し事（姦通や浮気）の前提が消滅していた。まるでモルガン－エンゲルスの規定したプナルア婚の再来である。彼らによって構成される社会は永遠の成長期であり、死はほとんど意識されないのだ。しかし、それでもなお人間の有機性が、心配や、羞恥心や、不快をよびおこす。そのときは「ソーマ」という合法的ドラッグの出番である。完全に無害であり、「楽しい気分」になる。人々は激情に駆られることなく常に安定した精神状態であるため、社会は完全に安定している。「最終戦争」前に、ある層の人間たちが欲した楽園がここに完成しているのだ。

この楽園に亀裂が走ったのは、アルファ階級の恋人たちが、特別に許可されている、ニューメキシコの蛮人保存地区の見学に赴いたときからであった。この地区では驚くべきことに、子供はまだ母体から生まれるのであった。はからずも搭乗していた飛行機の不時着により、蛮人地区の大地に彼らは降り立つことになるが、そこで彼らはジョン・サヴェージという青年と遭遇することになった。

実はジョンは、以前に同様の事故で一人取り残されたベータ階級の女性の母体から生まれ出た人物であった。そのため、新世界への帰還を母とともに願い、実現されることになったのだった。

この小説は実は複雑なプロットを構成している。ジョンは、蛮人地区の住民である。しかしそこに保存されていたシェークスピア全集を座右の書にしており、暗唱することができるぐらいであった。対して新世界ではフォード暦以前の「文化的」書物はすべて消滅していた。つまり文化こそ野蛮の最たるものという逆転現象が起こっているのである。実は読むことは野蛮であり、それゆえ現在の私たち「読者」自体は約五百年後は確実に蛮人地区側の人間だったのだ。ここにもまたきわめてロース的な未開と近代との癒着が隠されている。

さて、文化人たるジョン・サヴェージは訪れた新世界の実情に、次第に嫌悪、そして憎悪の感情を抱いていく。もちろん配給されたソーマを飲むことはない。彼はソーマの配給を妨害し逮捕されるが、連行された先は、この新世界を信託された十人の世界総統のうちの一人、ムスタファ・モンドのオフィスであった。ジョンは総統が、彼と同じくシェークスピアを知り、また消滅していた文化的書物がそのオフィスに保管されていたことを見て喜ぶ。総統はジョンを慇懃に扱い、対等の立場でこの新世界の構造を真摯に説明しようとする。それは文化的帰結の一つであったと。総統の弁明の中に、先に掲げた「つがい」「労働」「恥じらい」という近代的身体――家族に課された克服すべき対象が駆逐されていく過程が描かれている。文化的帰結とはまさにそのプロセスであり、その結果が「すばらしい新世界」なのだ。

「ねえ、君」とムスタファ・モンドは言った、「文明は崇高や悲壮を全然必要としないんだよ。そういうものは政治の貧困の徴候なんだ。わが国のように正しく組織された国では、だれも崇高だったり悲壮だったりする機会をもつことはないのだ。そういう機会が生じ得るには、その前に事態が徹底的に不安定でなくちゃならない。戦争があったり、どちらに忠誠をささげるべきか分らなかったり、抵抗すべき誘惑があったり、戦ったり守ったりせねばならぬ愛の対象があったりする場合――そういうところでは、たしかに崇高や悲壮も何らかの意味があるだろう。しかし、今では戦争などというものはない。人がだれかをあまり愛しすぎないように最大の注意が払われている。いずれに忠誠を尽くすべきかなどということは起らない。人は為さねばならぬことをせずにいられないように条件づけられている。そして為さねばならぬことは概してとても愉しいことであり、たいていの自然の衝動を自由に発揮することが許されているので、じっさい抵抗すべき誘惑など少しもない。そしてまたもし何か不幸な偶然からたまたま不愉快なことでも起ったところで、そのときには、いつもちゃんとソーマというものがあって人に事実から逃避させてくれる。〔中略〕涙を交えぬキリスト教――ソーマはまさにそれなんだよ。

――同書、二七五－二七六頁

「つがい」は人びとがそれぞれに愛しすぎないように最大の注意を払うことによって、「労働」はなさねばならぬことをせずにはいられないようにあらかじめ条件づけられることによって、そして何か不幸な偶然からたまに不愉快な感情、たとえば「恥じらい」を感じてもソーマがそれを忘れさせる。そんな最終戦争後の革命なき世界にいまやジョンはいるのだった。モンドの説明によって、私たちもこの新世界が、対照的であったエンゲルスとハワードが問題とした家族社会のあり方が、一気に止揚、解決されたことを知るのであった。これは著者ハクスレー渾身の予測であった。

この小説が書かれた一九三二年は、二〇年代の世界的繁栄と世界軍縮への方向性が、資本主義経済の恐慌によって逆の方向へ舵を切ったころであった。この小説は新世界を描くゆえ、同時に都市小説としても読むことができる。たとえば蛮人地区へと赴くカップルがロンドンを飛び立って、その周辺を上空から眺める一シーンである。


機体は今やその翼で飛べるだけの前進力を得た。

レーニナは両足の間の床の窓から下を見下ろした。中央ロンドンをその周辺の環状郊外地域から切りはなしている六キロ幅の緑地帯の上を、今まさに飛んでいるところだった。小さく見える人影が、うじ虫のように緑地の上をうごめいていた。遠心式バンブル・パピー競技塔が木立のあいだに光っていた。シェパーズ・ブッシュの近くでは、二千人のベータ・マイナスがリーマン平面式テニスをミックスト・ダブルズでやっていた。ノッチング・ヒルからウィルズデンへかけては、エスカレーター式ファイヴズ競技場が二列をなして街道筋に沿って並んでいた。イーリング・スタディアムでは、デルタの体操競技と共同体讃歌合唱とが今まさに進行中だった。

——同書、七六頁

ここから想像される各階級の都市は、きわめて田園都市の構造に近いことが、伊藤杏奈によってすでに指摘されている。[12] その研究によれば田園都市構想の基本設計の一つであるダイアグラム「区と中心」に示された理想的田園都市の形態は、規模は異なるものの『新世界』の描写と類似点があるという。伊藤にしたがって、たとえばハワードによって描かれた田園都市のダイアグラムから抽出できる特性と『新世界』との、それら類似点をあげてみよう[図3]。

まず、田園都市は中心を持つ。

新世界においては、それらの中心であるロンドンの中心点において庭園が広がり、そこに細いキノコのような姿のT字型塔（以前のロンドンの中心を表わしていたチェアリング・クロスがチェアリングTに変わったのだ）が、光り輝くコンクリートの円錐形を持ち上げていた。

次に田園都市はその中心から放射状の広い並木道を持っている。

新世界にあっても、黒とカーキ色の労働者の群れが「西の大通り」の路面を陶化舗装するために忙しく働いている。

そして田園都市は緑地帯を持つ。

それは先ほどレーニナがロンドンを飛び立つ時に見た風景であった。

田園都市は、周縁に工場地帯を持つ。

レーニナは緑地帯を超えたブレントフォードにテレビ会社の工場が小都市のように光り輝いているのを見たのであった。

そして「新世界」に登場するロンドン付近の場所をプロットしてみると[図4]、ロンドンが一個の巨大な田園都市的構造を持っていたことが判明するのである。[13]

さかのぼってみよう。そもそもハワードによる田園都市は責任ある地位の誠実で名誉ある「四人の紳士」の名前に法律上は帰属するとされた。また発展途上にあるコミュニティにおい

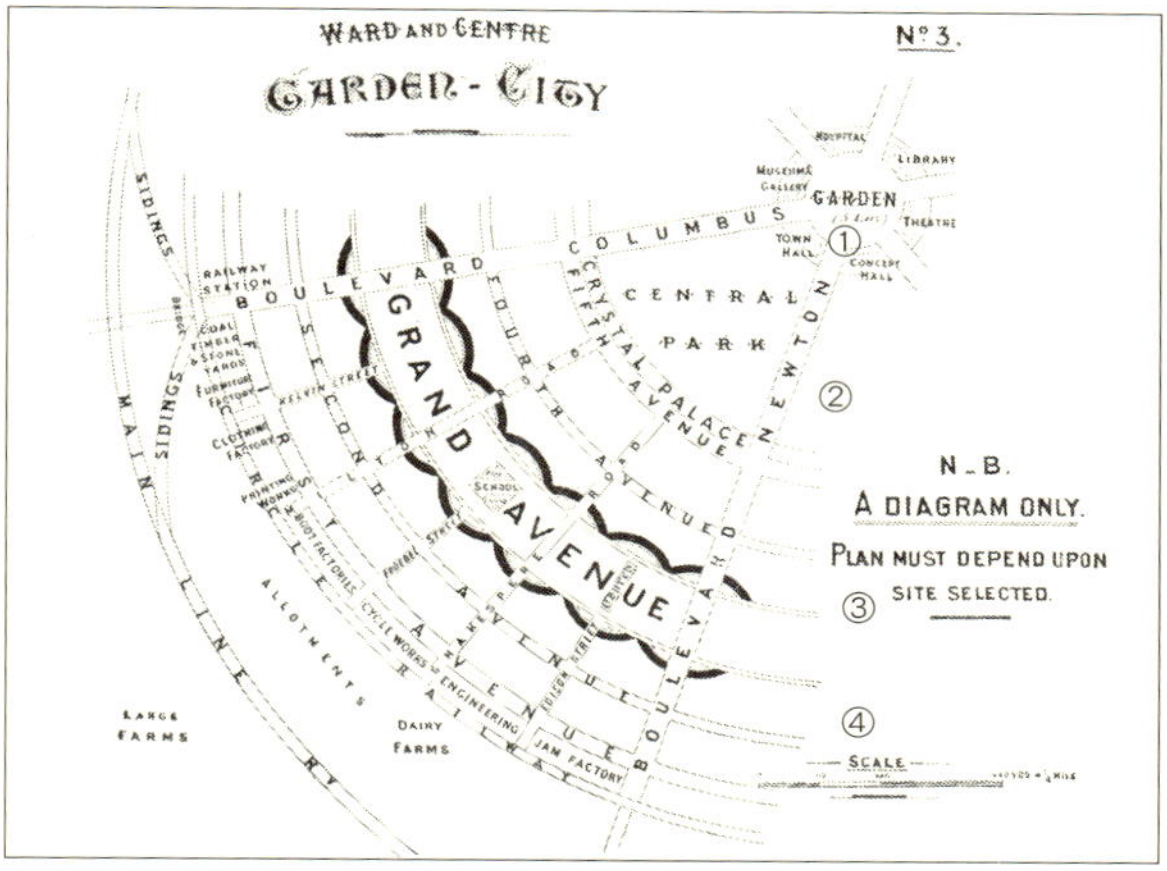

3 ハワード「田園都市の区と中心」ダイアグラムとハクスレー『新世界』の構造の類似点 伊藤杏奈、二〇一二による

「区と中心」図における対応箇所	類似点	『すばらしい新世界』での主な描写（［ ］内は訳書頁数）
①	中心をもつ	ロンドンは眼下に小さくなっていった。テーブル形の屋根を頂いた巨大なビルがたちまちにして、緑の公園や庭園からニョキニョキと生え出した幾何学模様のきのこ畑にすぎなくなった。その真唯中に、細い茎をつけて、もっと背の高い、もっと細いきのこのこのようなチェアリングT塔が、空に向って光り輝くコンクリートの円盤をもち上げていた。［75］
②	放射状の広い並木道	近くでは、黒とカーキー色の労働者の群が、「西の大通り」の路面を陶化舗装するために忙しく働いていた。［76］
③	緑地帯	レーニナは両足の間の床の窓から下を見下ろした。中央ロンドンをその周辺の環状郊外地域から切りはなしている六キロ幅の緑地帯の上を、今まさに飛んでいるところだった。……シェパーズ・ブッシュの近くでは、二千人のベータ・マイナスがリーマン平面式テニスをミックスト・ダブルズでやっていた。ノッチング・ヒルからウィルズデンへかけては、エスカレーター式ファイヴズ競技場が二列をなして街道筋に沿って並んでいた。イーリング・スタディアムでは、デルタの体操競技と共同体讃歌合唱とが今まさに進行中だった。［76］
④	周縁の工場地帯	ブレントフォードではテレビ会社の工場が小都市のように見えた。［76］

4

ハクスレー『すばらしい新世界』に登場する地名のプロット。田園都市的配置
伊藤杏奈、二〇一二による

4

〈『すばらしい新世界』に登場する中央ロンドン付近の主な地名〉

①チェアリング・クロス（小説内では「チェアリングT」、ロンドン市中央部のチェアリング・クロス・ステイションのクロス（＋）がTに変わっている）
②ハムプステッド
③シェパーズ・ブッシュ
④ノッチング・ヒルからウィルズデン
⑤イーリング・スタディアム
⑥ブレントフォード
⑦ストーク・ポージェス
⑧フリート街
⑨ウェストミンスター寺院
⑩ラッドゲイト・ヒルのフォードソン共同体讃歌聖堂
⑪ビッグ・ベン（小説内では「ビッグ・ヘンリー」、ヘンリー・フォードのヘンリーをベンに代えている）
⑫ブルームズベリ
⑬公園街三番地

ては、いつでもコミュニティがその集団的能力において所有し発揮するものよりも、「はるかに高いレベルの公共精神と公共企業を現わす団体と組織」が見いだされるであろうとされていた。この構造もまた、「十人の総統」によって運営調整されている新世界と酷似している。つまり永遠の発展途上階級としてのγ、δ、εたち、そして彼らを調整する公共作業をになわされるのがαならびにβ階級である。そしてそれら全体は十人のはるかに高いレベルの(文化を秘匿する)紳士によって運営されているのであった。

しかしこの小説のきわめて優れた点は、以上のような田園都市の完成形としての未来世界を予期した点にあるわけではなく、むしろ人間的ともいえる総統のキャラクターに集約されている。同種の近未来小説に登場する総統は、ほとんどつねに独裁的である。そのような独裁者的イメージから、ムスタファ・モンドが逃走しえている点がユニークなのである。ムスタファ・モンドは、人間、家族、自然の摂理を熟知した諦観のグルであった。たとえば彼は野蛮人ジョンにきわめて紳士的であり、かつ真摯に向きあい、なお新世界にあらがおうとするジョンに対して、新世界内で勝手に生きることすら認めるのである。ジョンの末期は小説にて触れていただきたい。

さて、モンド総統はなぜこのように奥ゆかしい「総統」であったのか。

それは他ならぬハクスレーこそが、この新世界を発明した「総統」だったからである。

一九三二年当時のハクスレーは批判的に新世界を模索した。と同時に、その後のハクスレーの人生を予想するかのように、そのシステムではどうしても回収することのできない人間の生物的部分にも気づいていた。「すばらしい新世界」でその矛盾を一気に帳消しにしたのが「ソーマ」というドラッグであった。[14]

さて、私が提示したモチーフにしたがえば、ソーマが標的にしたのは、人間の原罪的部分の解消であったとまとめることができる。

人間の原罪的部分は、羞恥心や嫉妬、喪失感という不快な感覚として現れる。新世界において家族、厳密にいえば両親と子供の関係はボカノフスキー法によって計画的に生産されすでに消滅・解決済みであった。しかし不快な感情を惹き起こすものとして未だ残っていた人間の関係形式が愛に基づく関係であった。ハクスレー総統はその解決をソーマという呪文に託し、その後の思考を停止したのであった。

小説内では、男女間の嫉妬心の発生のごく初期にソーマを飲用することが勧められている。もし仮に世界がフリーセックスに満ちていたとしても、性愛関係は彼らだけの対の幻想的関係を保とうとすることによって共同体、社会の論理との間に軋轢を生む。不快な感覚の根源はおそらくここから発生する。ハクスレーの限界はこの軋轢を「ソーマ」の効用によって擬似的に解決したことだ。以降の彼の執筆生活は「すばらしい新世界」からの逃走でもあった。

ハクスレーはこの小説を執筆後、ほどなくしてアメリカに渡り、次第に東洋思想へ傾いていった。一九四四年には大戦下で『永遠の哲学』を著し、大戦後の一九五三年には、当時発見されたばかりであった幻覚剤メスカリン（ＬＳＤ）の被験者となった。そこで体験した世界像を『知覚の扉』として発表し、日常世界を超えた精神世界の存在を報告しようとした。この書が、心理学者でありＬＳＤによる人間改革を提唱したことによってハーバード大学を放擲されたティモシー・リアリーと結びつき、一九六〇年代のサイケデリック・ムーブメントを惹き起こす思想的支柱となったのであった。ただ彼がＬＳＤの被験者となったこと、これをハクスレーのソーマ礼賛と見るのか、あるいはその批判としての被験体験であったのか、それは未だ不明な部分が多い。

シャーレのなかで

完全なるシステムと人間に残された生物的側面との闘争として『すばらしい新世界』を再読しようとする時、先の伊藤は、新世界の対位物として描かれた外部世界である蛮人保存地区という人間の生物的領域が、小説内においてそのまま温存されていたことに注目している。

この小説において、蛮人保存地区、つまりは人間の生物的領域自体が制度的に温存されていたことを検討するとき、もう一人の実在の人物を登場させなければならない。ハワードの一世代あとに台頭した都市計画のパイオニアであるパトリック・ゲデス（一八五四－一九三二）である。ゲデスの業績は、田園都市と並び称されることが多いため、その独自性が見失われていることが多い。しかしゲデスの都市解析と計画の手法は、ハワードとは全く異なり、生物学からの影響が強いこともしばしば指摘されてきた。

確かにエンゲルスとハワードは政策的には対照的な関係であった。しかし彼らを、ゲデスの業績と比較すると、エンゲルスとハワードはむしろ理念的に人間生活を捉え、そのシステムを政策として実行していこうとする啓蒙的方法においては似通っていたといえるぐらい、ゲデスは二者に比べて異質なのであった。それが先の生物学的視点、端的に言えば都市の展開をまるで不定形な生き物のようにとらえようとする彼の方法であった。たとえば彼の代表的著作である『進化する都市（*Cities in Evolution*）』（一九一五）では、イギリスをはじめとするヨーロッパ諸国の事例を援用しながら、都市と地方の境界に残存する郊外の流動性や、都市と都市が自動展開していく有機的結合として〈コナーベーション〉という現象を指摘するなど、都市の持つ生物的ふるまいに着眼した。ここには、ハワードのようなニュータウン建設による新開発的視点はほとんど見られない。

ハワードがプログラムとしての不動の都市構成を構想し、新世界と構造的類似性を持つのに対し、ゲデスは都市の成立・変化・衰亡を、生物学的成長と同様に捉え、歴史的事物の先行を認めるところから都市の発展を構想した。彼は都市計画に、はっきりしない都市形態としての「地域」（リージョン）という概念を持ち込んだ。新たに建設する前に、既に展開している都市のうごめきを地域調査（リージョナル・サーベイ）として分析した。ゲデスは歴史的な街区を改造する際には保存手術(コンサバティブ・サージェリー)という手術の比喩を用語として用いるほど、その生物学的見地は徹底していた。

これによって彼の活動領域はイギリスにとどまることなく、植民地であったインドにおける伝統的都市のリニューアル提案等に展開したのだった。

このような都市改造の方法は、当時の日本にも影響を与えた。たとえばプロローグ、第一章においてその独自性を詳しく紹介した考現学者・今和次郎の学術論文デビューは「都市改造の根本義(一)(二)」(一九一七)であった。民家調査と同時期に進められていた彼のこの都市論では、ゲデス描くところの生物のように成長する都市の図版が理論的要として紹介されていたのだ。

ゲデスは実際には学位を取得していなかったといわれる。ではいったい彼は都市計画の実践者になる前、どのようなキャリアを積んでいたのであろうか。

すばらしき新世界と田園都市の構造の共通性を指摘した先の伊藤によれば、実はゲデスは、ハクスリーの実祖父であるトマス・ハクスリー(一八二五－一八九五)に師事していた。つまりハクスリーとゲデスは実際に極めて近い社会に同居していたのだ。トマス・ハクスリーは、当時まだ十分な理解を得られなかったチャールズ・ダーウィン(一八〇九－一八八二)の進化論の支持者であった。つまりゲデスは、もと生物学者として出発したが、目を患って顕微鏡での微生物の観察に支障を来すようになり、建築保存の世界から都市計画へと進んでいった正真正銘のユニークな人物だったのである。

それゆえゲデスによる都市観察における生物学的アプローチは単なる比喩ではなく、事実であった。彼の目がまだ健全だった頃、顕微鏡から眺めた微生物の成長過程は、その後彼が都市の形態を構想するにあたって、直接的な視覚的イメージとなったのである。この生物学での訓育が、一方ではゲデスに都市計画への応用的視点を与え、他方では生物学者一家に育ったオルダス・ハクスリーに、人口問題や遺伝子工学、都市計画を総合的に捉え得る思想的契機を与えたと考えるべきである。

こうして『すばらしい新世界』によって描かれた実験的都市は、ようやくきれいな像を私たちに結ばせるにいたる。それはシャーレの中の不定形な微生物がうごめく様の中に投与された結晶的な幾何学的都市である。そしてそれらをつなぐのは他でもない、原罪の克服を負った理念的生物としての人間である。その理念は生物的活動の抑圧にただならぬ妄想を抱いてしまっている。

革命のない理想的管理社会である「新世界」、過去を温存させた生物的社会である「蛮人保存地区」という二重性とその併存は、そのまま二〇世紀における都市・住居・家族のあり方についての表裏一体の関係にあった。シャーレの中のうごめき、欲望する微生物の痕跡としての蛮人都市、その上に注意深く、田園都市はパラフィン紙の上にのせられた。そしてその幾何的都市に建設された人工孵化工場、条件反射教育場、その中の微動するゆりかごで、総統からの優しいささやきとともに深く寝入る少年少女たちが、何を夢みていたのか、それはこれから数百年もしくはやや進行が早まった結果、数十年をかけて明らかになるだろう。

第三部　未来のコミューン

6　大地をふり払うこと

コミューンの家政学

家族（ファミリー）のみならず、いかなる共同体にとっても、巷のクラブやサークルにいたるまで、その集まりの存続のためには、成員自体の維持・再生産を目指さざるをえない。その要件は二つある。まずは成員を生き長らえさせることであり、そのために生命持続の手段を獲得することである。さらには、そのシステムの継承者をつくりだすことである。そのためには理念を共有する人々を新しい会員として迎えるか、もしくはその共同体内部での男女による自然的機能としての性的活動とその所産としての子孫の誕生、訓育が必要となる。

この二つの条件は、特殊な理想をめざした共同体、すなわちコミューン[01]ですら逃れることはできない。いや、むしろコミューン運営にとっては根底的な難問となった。なぜ会員の維持・再生産というおこないがコミューン、特にキリスト教的影響圏の中にある理想的共同体にあって難問となるのだろうか。

彼らにとっての目的は、端的には彼らの生活が楽園にかぎりなく近づくことである。しかし成員の維持・再生産には「はたらくこと」がつきまとう。その「はたらくこと」こそ、楽園追放後の原罪的刻印であった。はたらくこととは、すなわち「地から苦しんで食物を取ること」であり、そして「産みの苦しみと夫への忠誠」（創世記3－17）だった。つまり彼らは彼らの楽園を維持する上で、はたらきながらその営みから如何にして離脱するかという人間生活の根本的問題に触れることになったわけである。さらにコミューン内における性活動をとらえるためには、それをむやみに「解放されたもの」としてではなく、逆に「はたらくこと」、つまり成員維持の義務そしてそこからの離脱という命題から取り扱われることがぜひとも必要である。彼らの究極的な到達目標は、同じく創世記を引き合いに出した以下のカントの言葉にいきつくだろう。

人間は、各人がどんな地位にあろうとも、すべての理性的存在者［引用者註：神のこと］との平等という関係に入った『創世記』3・22」。すなわち自己自身が目的であり、あらゆる他の存在者によっても目的として尊重せられ、決して誰によっても他の目的のための手段としてのみ使用せられないという要求に関しては平等となった。人間が人間よりも高次の存在者とさえも無制限に平等であることの根拠は、まさに理性のこの点にあり、単に多種多様の傾向性を満足させるための道具として考察されるような理性にあるのではな［い。］

――「人間歴史の憶測的起源」小倉志祥訳『カント全集』一三巻、一一四頁

いかなる他人をも手段としてのみ扱わないこと。この理念は、共同体の維持・再生産の具体的な方法とは調停がきわめて困難な理念である。

アメリカ＝楽園

本章では、アメリカにおける三つの象徴的なコミューンを検討することで、先の章で検討することとされた近代家族の宿題のひとつ、生産――はたらくことからの解放のプロセスを、前章のような「空想の科学」からではなく、全く具体的な実践から問うてみたい。そして彼らの活動を支えた集住ならびに生産形態の差異を検討することを目的とする。

もちろんコミューンと家族（ファミリー）とを同一視することはできない。しかしコミューンがときに「ファミリー」を名称として用い、そしてそれらコミューンが、既存の単婚制（私有制の単元とみなされる歴史的一形態）の批判によって成立してきたことも念頭に入れるべき

だろう。彼らの多くにおける財産の共有や単婚制の廃止はまさにその批判の実践なのである。それゆえコミューンこそ近代家族の批判的一形態と考えうることも可能であろう。

また本書があつかう地域と時代においては多数のコミューンが存在する。一九世紀から二〇世紀とは、近代家族の時代であるとともに、その批判形態としての「コミューンの時代」ともいえるぐらいである。[02] そのなかで特にアメリカを対象としたのは、その大陸の発見当時の特殊性にかかわってくる。

この島や、私が発見して情報を得た他の島々の住民は、男女とも生まれながらの状態で裸体で歩き廻っている。ただ女たちの中には、木の葉か木綿であんだ網で局部を覆っているものもいる。〔中略〕……彼らは非常に正直で、そのすべての所持品を惜しみなく与えるので、本当にそれを目撃した人でなければ信じられないほどである。もしその所持品を求められたなら、決してそれを断らないばかりでなく、進んで分ち合い、まるで彼らの心を分ち与えるような深い情愛を示すのである。……そうかといって彼らは特に何かの信条を持っているわけでもなく、また偶像を礼拝しているわけでもない。ただ彼らのすべてが、天には力と善が存在しているということを信じているだけだ。

——ロバート・N・ベラー『破られた契約』松本滋・中川徹子訳、三四-三五頁[03]

「このコロンブスの描写は、初期アメリカのインディアンについて記したものの中にも共通して見られるものであって、表面化されてはいないがはっきりと楽園のイメージを暗示している」と、アメリカ人の心性を扱ったロバート・N・ベラーは述べている。[04] この指摘は思いのほか重要である。つまり発見当初のアメリカ大陸は、楽園そのものの再発見として、当時のヨーロッパ人たちがうけとめた衝撃を示唆しているからである。楽園は本当に存在していたのだ！と。これは当時、ヨーロッパにおいて迫害されていた新興宗教団体が、競ってアメリカ大陸をめざすことになった動機の一端を物語っている。それはすなわち実在する楽園への帰還なのであった。アメリカ大陸を切り開き、入植するということは、実際に神に祝福された共同体をつくりあげることを意味していたのであった。[05]

「活動・仕事・労働」と「聖化された労働（資本主義）」

アメリカのいくつかの歴史的コミューンの経営方法を検討していくにあたって、さしあたり有用なのは、いま「私たちがふつうに行っていること」の全体を問うたハンナ・アーレント『人間の条件』である。とりわけ同書で提示された人間の活動類型である。またその対極としての、ウェーバーが指摘した、資本主義的行為の宗教的合理化を可能にしたプロテスタントの倫理観である。いずれも著名なものであるが、本書の目的にしたがって、その要点をまとめてみたい。

まずアーレントは人間の生産活動を、労働（labour）、仕事（work）、活動（action）という三つの段階に大きく分けている。この三つの活動力が基本的だというのは、人間が地上の生命を得た際の根本的な条件に、それぞれが対応しているからであると彼女は述べる。

まず労働labourとは、人間の肉体の生物学的維持に対応する活動力である。つまり人間の肉体的生命と種としての人間の維持にかかわる活動である。[06] たとえば単に食事を作ること、単に出産することがそれにあたる。言われるがままにはたらき食事を与えられることも該当する。労働は人間の生物的側面の充足が目的であるので、理性にとって労働自体は意味を持たない奴隷的はたらきである。

それに比べて仕事workとは、人間として有用である（したがって生物的には不要な）目的をもった工作物を作るはたらきをいう。仕事は器づくりから神殿の建設にいたるまで、自然環境と異なる「人工的」世界を作り出す。そして作られた道具や建築は、それを作った人間のサイクルを越えて、独自の永続性を帯びるようになる。このような仕事の性格をもって、アーレントはそれを労働の自然性と対立した世界性（worldliness）と呼んでいる。

そして活動actionとは、いきなり人前で唱えられた詩の美しさや、予見できない批判、企て、計画の発生といった、それ自体が目的になりうるユニークな状態の発生である。しかしながらそれはそれ自体としては残らず、その様子は仕事（例えば文字化、録音など）によって記録されるしかないとも述べている。この人間のはたらきの階梯は、コミューンにおける活動のあり方の構造としても流用できるように思われる。

一方のマックス・ウェーバーによるプロテスタンティズムへの解釈は、資本主義が過半を占める近代社会制度における代表的な心性として指摘されたものである。きわめて乱暴に要約すれば、蓄財を労働の証＝抽象化された隣人への奉仕の証と同一視することで、本来的に富の蓄積と相容れなかった宗教的救済が連動しはじめたのであった。この連動は、いわば人間のために神があるのではなく、神のために人間があるという彼らプロテスタントの宗教的体質を、人間のために経営があるのではなく経営（資本）のために人間が存在するという資本主義的精神の肯定へと繋げた（荒井直《なおし》）。「神」のための利益追求が目的となる時、人間の労働はここでは「救済のための」手段と化している。父は労働し、母は出産し、子供は家庭の内外で二重に使役される。プロテスタントにおける労働倫理はまさに資本主義社会をユートピアとする正当化であった。このような一連の資本主義精神に流れる「宗教」的合理化は、多くの宗教的コミューンにとっては、その外側から対立的に関係する経済全般の心性としてたちあらわれる。これから検討するコミューンが特に、性差や、子供の扱いに対して注意を払ったことを、資本主義的に聖化された労働との対立として検討することはあながち外れていない。この対立からは、コミューンへのプロテスタント的労働観の侵入がその崩壊の指標にもなりうるという予想が成り立つかもしれないので、これについては後述する。

性を振りはらうこと——シェーカーにおけるコミューン経営の特質

シェーカー・コミュニティ（the Shaker community）は、イギリスにおけるクエーカー派キリスト教徒から一七四七年に派生したグループであった。イギリス産業革命前夜の貧民あふれる都市・マンチェスターで結成された。彼らの信者の家における礼拝は、恍惚による激しい身体の震動や叫び、異音の発生、時には猛スピードで床上を移動するなどの行為を伴った。シェーカーという名はそのような彼らの振る舞いに対する侮蔑的名称であった。[07] シェーカー・コミュニティについての日本での研究は少ない。藤門弘が一九九〇年代初期に各地のシェーカー・コミュニティ跡と家具の製法を報告した書籍[08]も重要であるが、ここで特に紹介したいのは穂積文雄という一経済学者による作業である。穂積はユートピア運動に興味を持つ過程でシェーカー教徒の資料に遭遇し、早く一九六〇年代初期にはそれらを渉猟し日本に紹介した人物である。[09] また当時、シェーカー跡を訪問して貴重な見聞を残している。シェーカーの運営面については、主に彼の忘れ去られていた成果に従いつつ検討したい。

穂積はシェーカーをもってアメリカのユートピアン・ムーブメンツの初源としている。その理由は、その行動がきわめて「人為計画的」だからであるという。その規律は四つ、「ざんげ」、「独身」、「遁世」、「共産」である。彼らのコミューン運営の最大の特徴は、規則正しい日常生活と建設行為を伴うモノづくり、そして独身主義であった。奇妙なことに彼らは生涯独身をつらぬきつつも、男女による共同生活を行なった。男女は共に同じ館で生活するが、その動きは厳格に建築的装置によって仕切られ、制御された。あらゆる性的接触は避けられた。その結果、共同体の維持のためには、常に信徒を外から迎え入れる必要性があり、盛期を過ぎ人口は減少し、二〇世紀後半以降、その宗教活動は表面上停止している状態である。しかしいずれにせよ、シェーカーズというコミューンはその厳しさにもかかわらず運営期間一世紀を越えて三つの世紀をまたがり存続した。日本の明治時代から現在までの歴史より長い、驚くほど長期にわたって存続したコミューンであった。そこにシェーカーズ運営における特殊な「はたらき」が隠されていると思われる。

シェーカーズの基本的教義は、結成当初の時代にヨーロッパ各地に伝染した、天国がすでに実現しそれに見合った社会を構築しようというポスト千年王国到来の機運に連動した内容と、そこに独身という具体的な実践行為を加えた二代目アン・リー（一七三六－一七八四）による戒律によってほぼ説明することができる。

彼らは言う。神のわざは、いま、シェーキング（震動）においてはじまった。それはキリスト教の完全な最後の顕現のための準備と増強とのためである。この特別の作用は、神が根底より震動し、人類の堕落したあらゆる組織と神のわざおよび生物の用と目的についての、彼ら人類の誤った観念を徹底的に粉砕しようとされることの意義あるしるしである。しかし、キリストの最初の降臨の結果は、これらの約束を充分にみたすにはいたらなかった。というのも、事実、震動されるべき世界がいまだ建設されていなかったからである。また、男性の形におけるキリストの降臨も、その目的をみたさなかった。しかしながら、第二の降臨は女性においてあらわされることになった。それは、永遠の母性からの放射であるところのキリストにおける母性の精（Mother Spirit Christ）の顕現によるのである。[10]

千年王国が到来した今、第二のキリストは女性の姿をとって現われるという彼らの待望論の中に登場したのが、二番目の後継者アン・リーであった。その一世紀後エンゲルスがその窮状を告発したマンチェスター、そこの貧困層の鍛冶屋に生まれた彼女は子供の頃から奉公労働を行なう運命であった。家族によって望まれた結婚生活の中で四人の子供を産んだが、いずれも夭折した。この相次ぐ子供の死は、彼女自身の人生観にも投影し、（使役される）子供をこの世にもたらした罰と考えるようになったと推測される。彼女はシェーカーズの一員となり、第三者の告発によって獄中にいた彼女は啓示を感得した。それは「人間は罪の子（man of sin）」であり、人類堕落の根源は最初の女の罪（the transgression of the first woman）によるものであるということであった。その堕落は神のあかしによって完全に感得された。それは堕落の根源としての肉欲に対抗するあかし（testimony against flesh）である。彼女は神からあかしを授かった者としてシェーカーズのソサエティーに迎えられ、女性性を持つ第二のメシア＝マザーとなったのであった。受けいれられてから後も、彼らの公のあつまりにおける礼拝や勤行は、歌唱と舞踊、震動と叫喚、新しい予言をともなう談論を主とした。その結果、この運動に帰依したひとびとは、あらゆる会議、論争を超えて、これこそ地上における女性性としての救済者＝新キリストの統治のはじまりであると確信したという。[11]

この確信は現世のキリスト教と決定的に対立するものであった。迫害を避けるため、ついに彼女たち八人のビリーバーズ[12]は一七七四年にアメリカへと移動した。一七七六年ごろより共同生活を始めるようになったが、この約束の地においても周囲から迫害を受け続けた。国家独立の高揚のさなかでも彼らはクエーカーゆずりの非戦的態度を示したし、以前からの特徴的な「震動」的行為も激しさを増し、そして一番の問題はシェーカー・コミュニティへの新しい帰属者はこれまで彼／彼女が属していた家族を離脱するものでもあったからである。しかし一八世紀後半、アメリカに移住したキリスト教信者たちの間に大規模な潮流として巻き起こった宗教的回心運動「大覚醒」(a remarkable religious awakening)のさなか、アン・リーをキリストの再臨と考える人々が多くあらわれた。シェーカーたちはアルバニー州の北西の荒野に本拠・ウォーターブリートを設立。ニューヨーク州を中心に布教活動をすすめた。アンの死後も、指導者の後継は他のコミューンに比べてスムースに進められ、多くの改宗者を集め、一八三〇年代にはアメリカ東部を中心とした一九のコミューンを運営し、一九世紀の最盛期には五千人以上の入信者がそこで生活していたと言われている。

さて、最盛期のシェーカーズの運営形態を描写した教徒以外の著作により、その様子をまとめてみたい。[13]

村は様々なバイナリー（二部法）によって分けられた二元世界であった。

まず初心者ファミリー（Novitiate Family）と教会ファミリー（Church Family）である。前者はまだ外部との絆を完全に断ち切っていない人々が住むところである。配偶者の一方が共同体に財産を寄付することに同意していないような場合である。後者は完全に世俗を離脱し、接触はシェーカーズのみで外部とは完全に断たれている。財産はすべて共同体に帰属している。

各々のファミリーはいずれも、独立・自足自給をたてまえとし、共同生活を営む。一つのファミリーには二人のエルダー（長老）がいる。一人は女性であり、もう一人は男性である。その下のいくつかの職位もすべて男女の対から成立している。職位にかかわらずすべてのメンバーは平等であり、その能力に応じてはたらき、利害を共にする。みな、なんらかの手仕事に励み、例外はない。

住居は大規模で複数の階を持つ。階上は四人ないし八人を収納する各室に分かれている。各々の部屋には簡易寝台と、洗面設備、小さな鏡一つ、書き物机が一つ備えられ、冬にはストーブが備えられる。椅子はかなりの数があるが、使わない時はさかさにして長押のような横材にかけられている。広いホールが男女の寮をへだてている。階下には厨房、食器室、食料貯蔵室、共同食堂がある。すべての階における平面配置は男女の性差を表わすように厳格に対称形をなしている。男女の階段は別々に並列している。出入り口すら二つ［図1］。仕事場の建物

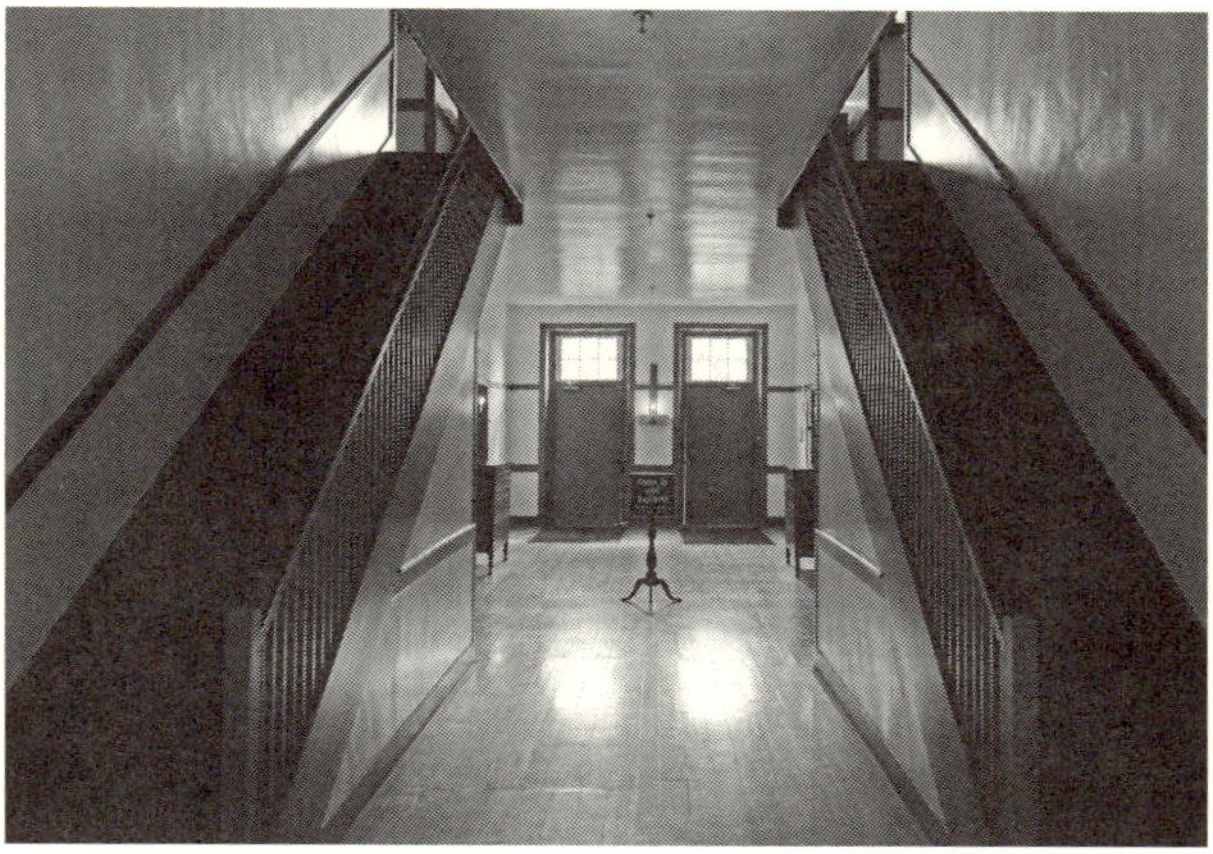

1

1
West Family Dwelling (1821) 正面入口に設けられた男女別の入口、階段。ケンタッキー州、プリーザント・ヒルのシェーカー・ビレッジ
撮影：筆者

は住居の周りにおかれ、仕事の種類に応じて建てられている。女性は縫製、かごづくり。男性はほうき、敷物づくり、洗濯場、厩、果物小屋、機械工場、製材所で仕事を行う。

四時半に起床すると右足をベッドから出さなければならない。その足が触れたところで右膝を落として、祈禱しなくてはいけない。[14]祈禱の時間は限られていないが着替えの時間は十五分なのでそう祈ってばかりもいられない。[15]着替えは背を室の中央に向ける。[16]その後椅子を二脚背中合わせにして、ベッドの敷布を一つずつはいで、ベッドに風を通し、敷布をたたんでいすの背にかける。よごれたものは敷物のないベッドの上におく。[17]窓を開け、便器を室外に持ち出す。[18]

六時になると朝食のベルが鳴る。男性も女性もホールに集合する。小さいベルの合図とともに男女の列を作り、男女それぞれ別の入口から入る。右の入口は女性用である。入るのは男性が先である。[19] 食卓は男女別。皿は手渡しを避けるため四人ごとにならべられる。調味料は天井からつり下げられている。[20] 靴は右からはく、手袋も右から、ズボンも右の足から通す。ダンスは右の足から始める。馬具は右の馬からかける（ということは左右に馬を用意するのだろうか?）。男性はマーチ風に、女性はつま先立ちで歩む。[21]

住居内の整備は、主に外で先に挙げた重労働を担当する男性に代わって、女性が行なう。これらは義務仕事（work duties）といわれる。女性は男性の世話をするが、その関係において対の関係が定められている。室の清掃ばかりではなく、衣料のめんどうをみ、つくろい、洗濯をし、きちんとしていない場合には男性をとがめる。[22]

穂積の執拗な紹介から一部を抜粋してみたが、予想以上の規則性によって生活が律せられていることがわかる。その規則が、男女差に起因するものである他に、清潔さもまた重要な要素であった。特に彼らの清掃は完璧で床に一つのほこりもなく、直に食事が出来るほどであったという。さて、このようなジェンダーによるバイナリー法と異常にすら見える清潔さをどのように考えればよいのだろうか。

俗世のほこりを払うというが、ほこりこそ知らず知らずのうちにおしよせてくる、彼ら／彼女らにしても防ぎきれない罪の大地からの兆しだったのではないか。彼らの震動（シェイク）はその結成初期より罪深き世界を壊すものとしてあらわれ、それが身体を通じても顕現したものだった。その様子はきわめて破壊的なものであったろう。その震動はまさに罪を洗い、これまでの世を振り払う役目を実際にもっていたのだった。

大地は汚れている。それゆえにそのほこりを払ったシェーカーたちはそこから可能な限り、浮いていなければいけない。その意味でかれらにとって清掃は労働ではない。振動するかれら自身を保持する目的性をもったものだった。もちろん前提としての生命維持のための労働作業は必要とされた。しかしその量は資本への転化を意識的に抑制することで、必要な量におさえられた。

さらにシェーカーをシェーカーたらしめているのは、このような罪の大地から浮くという意識が、彼らの工作の特徴にも連動し、結果として彼らの労働作業量を飛躍的に高めたことである。彼らの作るものは彼らと同じくその接地面がミニマムにおさえられる。穂積は指摘する。

> なお、ここでわすれてはならないことは、かれらは、この時代のあらゆる労働を節約する、もろもろの考案を、男性のためにも、女性のためにも、購入乃至建造していたということである。洗濯機、かりいれ機、くっさく機、しごとばの諸設備等が、すなわちそれである。棒状のまるいのにとってかわったひらたいほおき、回転のこぎりの発明の功は、実にシェーカーの女性に帰せられている。　——穂積文雄『ユートピア 西と東』一二四頁。傍点原文

シェーカーを貫徹する回転機構の重要性はすでに岡崎乾二郎が指摘している[23]ところであるが、本論にしたがえば、回転あるいは円形とは物体間の接触（接地）をミニマムにするデザイン方法として集約できる。それによって機構は抵抗少なく動き、結果として生産力を飛躍的に倍増させたのであった。彼らが水車から物理的仕事をとりださずに、直接的にタービンにつなげて電気を供給したことも、このような大地からの飛躍という命題がまず前提としてあったからである。彼らにとってみればそれは基本的な心がけだったのである。

彼らが発明した効率の良いほうきによって、俗世のちりはとり払われた。しかしその結果としてどうしても残ってしまったものが彼らによる工作物であった。彼ら自身が彼らの目的のためにつくった道具や建物や工場である。結果としてこれは二つの側面を持った。

ひとつは男女差をあらわすような指示行為として。これはほこりと同じく、かれらがすでに振り払ったところの疎外物を象徴している。彼らによる住居棟の厳格な対称形のデザインは、いわば建築として外化された性差であった。彼らは男女差を自らから切り離すために故意に出入り口を対称的に作りあげた。そして就寝中の彼らはベッドによってその俗世から浮いている。だから朝ベッドから降りたところで接地してしまった足は、彼らにとっては人間的労働の時間を告げる一瞬の変身である。その行為を懺悔するように、彼らはその足から祈禱を始めなくてはいけなかったのではないだろうか。

そしてもう一つが椅子とその掛け方に代表される、ミニマムな接地を基本とした工作物とそのデザインである。そのシンプルさがモダニズム様式の一源流として好評を博すシェーカーによる家具であるが、その目的は前述の通りであったことを見逃すべきではないだろう。先に紹介した彼らの日常に登場する道具たちが、いかに接地面を少なくするかに配慮が払われていることを知るとき、私たちは愕然としないではおれないだろう。たとえば彼らの発明品であるロッキングチェアも現在は単なる慰労のための椅子として用いられているが、そのデザイン方法は最も注目に値する。ロッキングチェアの大きな真円の一部を用いた湾曲材はさらに床に向けて剣のように削られ、理論的には床面に点としてしか接地しないのである。これに代表されるようにシェーカーの家具、人間から震動をへて楽園へ到達しようとする彼ら／彼女らの用いる家具のほとんどはいわゆるピン構造なのである［図2、3］。

以上、シェーカーの教義と彼らの生活の場であったビレッジでのデザインのつながりを「はたらき」との連関によって考察してきた。彼らの作りあげた独自の浮遊的あるいは回転的とでもいうべき仕事－工作物は、アーレントの言う「労働」（labour）を「活動」（action）へと転化させる「仕事」（work）として存在していたと私は考える。それらは労働を軽減するだけでなく、彼らをこの罪の大地から可能な限り切り離す役目を果たしたのであった。

そしてその「仕事」はさらに、彼らの本来の目的である震動的運動〝シェイク〟によって開かれた真理を書き留める「はたらき」すらもたらした。その実際の様子は、本章の最後に紹介することとしたい。

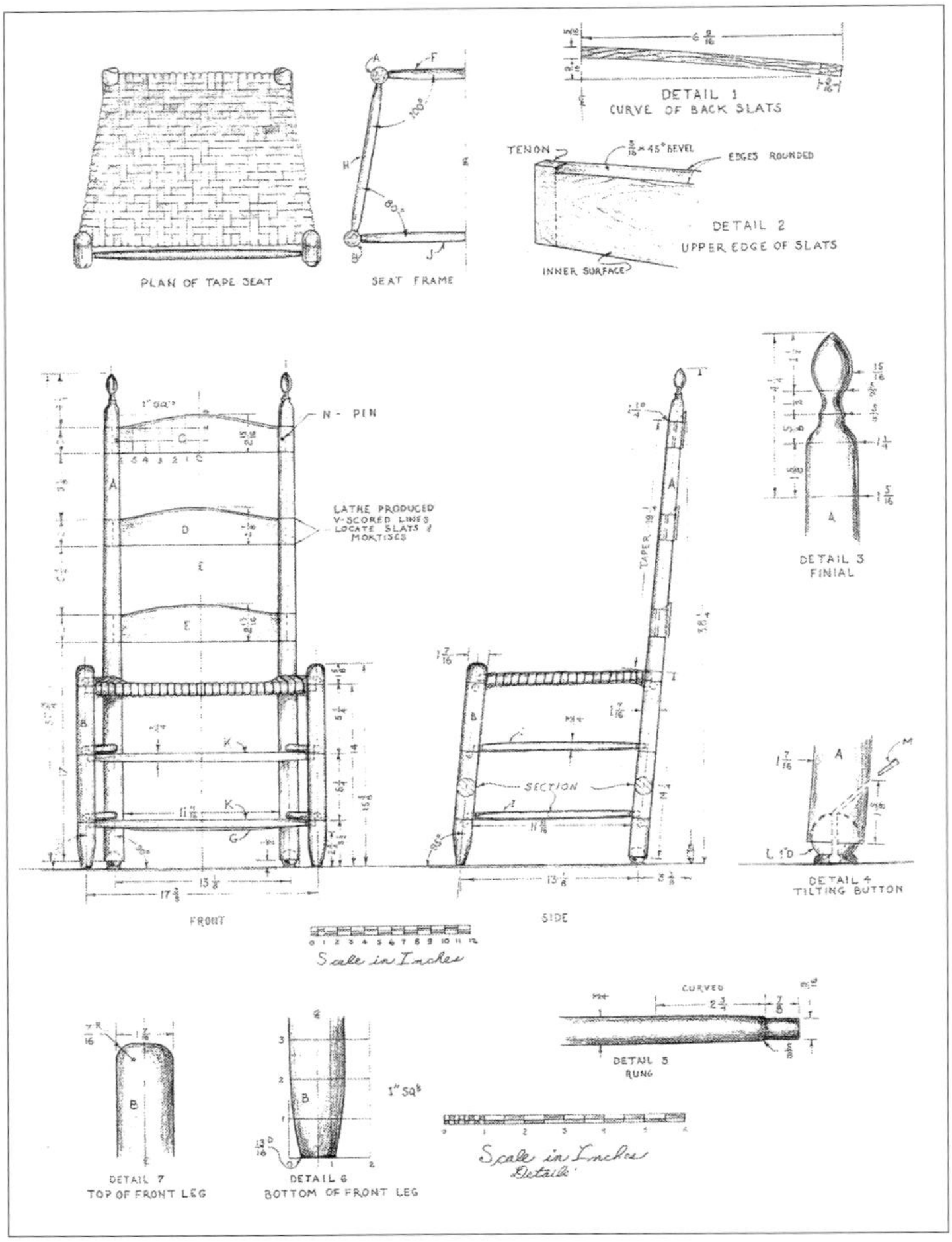
PLAN OF TAPE SEAT
SEAT FRAME
DETAIL 1
CURVE OF BACK SLATS
TENON
EDGES ROUNDED
DETAIL 2
UPPER EDGE OF SLATS
INNER SURFACE
N - PIN
LATHE PRODUCED
V-SCORED LINES
LOCATE SLATS &
MORTISES
TAPER
SECTION
DETAIL 3
FINIAL
DETAIL 4
TILTING BUTTON
FRONT
SIDE
Scale in Inches
CURVED
DETAIL 5
RUNG
DETAIL 7
TOP OF FRONT LEG
DETAIL 6
BOTTOM OF FRONT LEG
Scale in Inches
Details

2

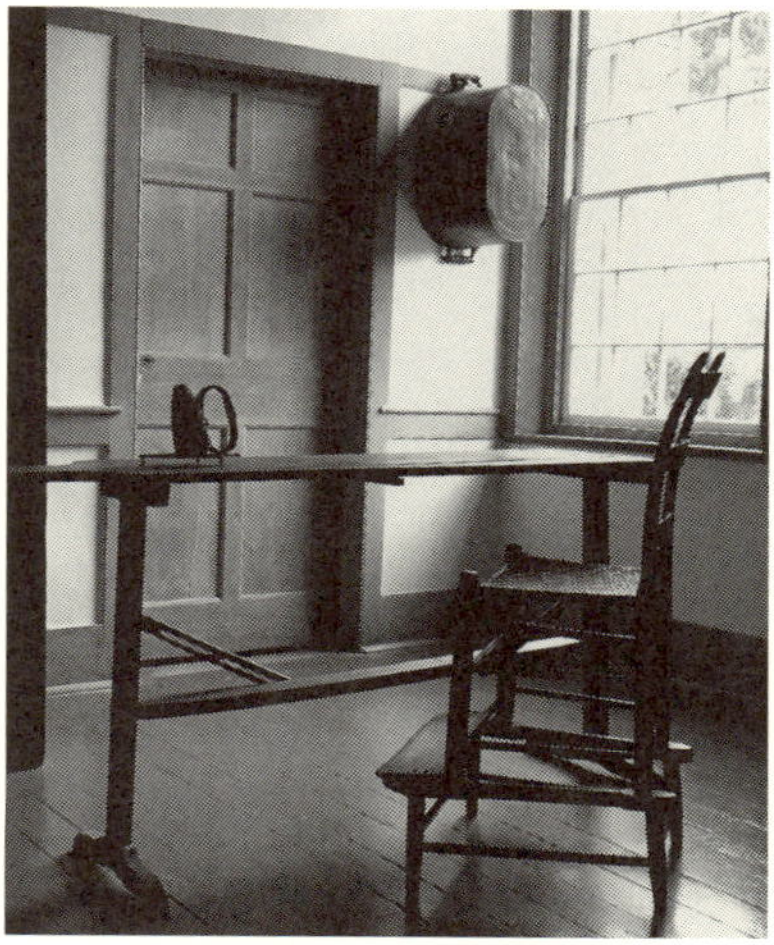

3

2
シェーカー・コミューン（ニュー・レバノン）で用いられたサイドチェアの製作図面。足元のピン構造がよくわかる

3
シェーカー・サウス・ユニオン・ビレッジの一室に展示されたアイロン作業台一式。ピン構造で構成されている　撮影：筆者

オナイダ・コミュニティにおける「良品主義」

さて、私は先にコミューンの変質をはかる指標として、はたらき、特に労働のありかたの変質をあげてみた。アーレントのギリシャ語源分析にもとづいた人間の活動観、それはいわばコミュナルな理念の階梯としても適用できる。であれば、ウェーバーがあげた資本主義社会とプロテスタンティズムとを連結させることに成功した労働観はその階梯にたいするまさしく逆さ、対立的な主流として考えることができる。労働が神（資本制社会）への奉仕となるからである。そのような労働観がユートピアに湿潤する過程を次の問題としたいのである。これから二つのコミューンをあげる。まずは複合婚を実行したオナイダ・コミュニティである。[24]

オナイダ・コミュニティは、人間にはもともと聖性が宿っているというパーフェクショニズムPerfectionismを主張した、元牧師ジョン・ハンフリー・ノイズ（一八一一―一八八六）を教祖とする宗教的コミュニティである。一八四八年に活動を開始し、内部対立後に一八八〇年に解散したが、後継者の一部によって結成された株式会社オナイダ（Oneida）は現在においても銀食器のメーカーとして世界的に知られているところである。創設時は八八人、最盛期において二九九人（一八七九年）の参加者がいた。[25]

オナイダ・コミュニティに関する研究は乏しい。日本においての主な研究は、倉塚平『ユートピアと性――オナイダ・コミュニティの複合婚実験』のわずか一冊と言ってもいい。原資料にあたった倉塚のこの労作から、とくに「はたらき」の観点からコミュニティの特異性を再検討してみたい。

倉塚がオナイダ・コミュニティを理解する背景として述べるのは、ポスト千年王国説という、同コミュニティ結成当時に主張されていた世界論であると言う。

ところが後千年王国説［引用者註：ポスト千年王国説のこと］になると、この時間関係が逆転する。それは千年王国実現主体が入れ替ったからである。主なるキリストが千年王国実現の決定的なアクターだったのだが、アメリカでは人間が千年王国をつくる主体になり、キリストはせいぜいその共同参加者になってしまった。

――『ユートピアと性』一五頁

つまり千年王国は既定の事実として、実際の人間社会につながり、いまやその主役はまさしく人間となるのであった。この傾向の最もラディカルな一派がパーフェクショニズムであった。パーフェクショニズムは一八世紀末の宗教リヴァイバル運動のなかで形成された。「熱狂的聴衆の中から、罪人でありながら信仰によってその罪の赦しをうるという正統派的信仰形態から大きく逸脱して、罪それ自体からの解放を求め、もはや罪を犯すことのない一〇〇パーセントの真の信仰者となったと称する」（同書、二一－二二頁）パーフェクショニストたちがあらわれてきたのであった。この波を完全にくらったのが後にオナイダ・コミュニティの教祖となったノイズであった。二十歳過ぎに回心し、牧師への道を歩もうとしたが、彼の強迫的な完全さの追求によってパーフェクショニズムを説くようになった。自分がすでに無罪性を帯びた完全者であることも神秘体験の中で獲得されたという。そして禁欲主義を貫いてきた彼は一転して、婚姻制度を批判するようになった。一八三〇年代の後半、ノイズはこう記している。

神の意志が天でなされるごとく地でもなされる時、結婚は存在しないであろう。子羊の婚姻の祝宴では、どの皿もすべての客たちのものである。独占、嫉妬、喧嘩はそこでは起らない。……聖なる共同体では食べたり飲んだりするのと同じく、法によって性交が禁じられたりする理由はないし、同じくそれを恥じる必要もない。……私はある女を妻と呼ぶ。彼女は諸君たちの妻であり、キリストの妻である。キリストにあって彼女はあらゆる聖者の花嫁である。

——同書、四三頁

そのおよそ十年後の一八四七年九月のパーフェクショニストたちの会合では、ノイズのさらに完成された主張を伺うことができる。

われわれは、この世の大衆が置かれている孤独と利己主義を突破する道を切り開き、天地の前でこの世の家族関係や金銭関係を足下に踏みにじりうる地点に到達することができた。個別家族、排他的所有をわれわれは廃棄した。わが協会はこの世の制度とあらゆる点で対立する原理に立脚しているのである。

——同書、六六‐六七頁

理念は自然を変える。この高邁な演説の前後、ノイズはパーフェクショニズムの理念をもって共同体内の性交渉を、管理の下ではあるが複合的に行なうことを試みはじめた。そして彼をリーダーとする八八人はコミュニティ建設に着手した。複合婚実践の噂によって、それまで生活していた村を追われたからであった。一八四八年のことだった。本拠地は元インディアンの土地・オナイダ、ニューヨーク州。

オナイダ・コミュニティを物語る最も有名なシステム。前章にも述べた複合婚である。それを可能にさせたシステムがメイル・コンティネンス（男性側の自制）であった。ノイズはパーフェクショニストとして人間の性愛を天上の愛と同様に認めた。それゆえに男女の性交渉も大いに肯定されることになるが、大きな問題が残った。前章でエンゲルスが空想の科学者と化した出産－子供の問題である。出産の苦しみは人間に与えられた報い、原罪の一つでもあったからである。と同時に、女性を単に手段として使う可能性のある性交は絶対に避けられなければならなかった。しかしメイル・コンティネンスによる射精の抑制によって、女性は上記の問題から解放され純粋な「愛」の交流のみの性交渉が可能となったのであった。もちろん興味本位の性的機関としてオナイダを考えた訪問者は、コミュニティからその入会を固く拒絶されたという。

コミュニティでは子供を含めすべて共有財産であった。子供を私有することは私有制の萌芽でもあったからである。一四、五か月が経過すると子供たちは母親から切り離されて、男の子は一二歳、女の子は一〇歳まで「子供の家」で生活した。一八五一年ノイズ夫妻の最初の性的パートナーの一方であったメアリが、子供たちが手作りの人形をかわいがっているのを見とがめて人形の焚刑式が催されたという。これもまた特定の人形を愛することが独占欲の萌芽となることを懸念したからであった。

以上のように「自由な性交渉」も「子供の共有制」も原罪をすでに克服したポスト千年王国の天上の生活を運営するという強い宗教心をもって行われたことが理解できるだろう。これらのシステムは当然、コミュニティの運営にかかわることである。つまり先に私が提起したように、性の営みですら神に近づきつつある人間の「はたらき」として検討する必要があり、当然それはオナイダ・コミュニティの運営にかかわる労働一般の特性にも関わってくる。

財政の厳しかったコミュニティの財政を救ったのは一人の鍛冶屋とその発明品であった。妻にしたがってついてきたその男は、オナイダ湖周辺の狩りの名手であった。彼は当時の罠の残酷さに心をいためた、動物に、より苦痛を与えないスプリング付きの罠を発明した。コミュニティは彼からその製法をなんとか聞き出し、一八五五年から大量生産化に踏み切った。この罠はアメリカとカナダの市場を独占するまでにいたった。この罠の成功によってコミュニティの運営資金は一気に潤沢なものとなった。ここで先に紹介した倉塚はコミュニティ内における労働の変質に気づき特に章を割いている。つまりその後、コミュニティ内で花開くことになる「楽しい労働」は、実はコミュニティが他の場所で経営するところの工場に雇われたコミュニティ外の労働者たちによって成立したのである。つまり「楽しい労働」は外部の賃労働という奴隷的労働によって成立していたということである。コミュニティ内部においても外部の人間を手段とすることに対して反対の意見があがったが、結局はこのアーレントの描いたギリシャ的労働の鏡のような「はたらき」の階層構造が現実のものとなったのであった。しかし外部の労働者たちには馬車による送迎など当時としては破格の待遇があったという。倉塚は次のように指摘する。

ノイズの技術革新信仰も近代的合理的工場経営を欲したわけではなかった。彼は「賃労働は奴隷労働よりちょっとよくなっただけだ」といい、家庭が崩壊し冷やかな社会となり大量の孤独な群衆が出現した時、そのような経営もまた出現すると見ていた。神からの人間の疎外、人間同士の疎外の結果なのである。だから彼はオナイダ・コミュニティを小さなエゴイズムに凝り固まった小家族の集合の代りに、性と財産を共同にした一大家族にしようとし、それをファミリーと呼び、自分は家父長をもって任じていた。

——同書、一一〇-一一一頁

エンゲルスやハクスレーが空想した社会が、労働生産を共同体の外に置くことによって成立した。潤沢な運営資金を得た彼らの「はたらき」の特徴を簡単に述べると、単調な毎日のリズムをくずすための起床時間の突発的変更などの「律法主義への奇襲」、好意を持った男女ペアによる労働、厳格な職場規律の不在、休憩時間におけるダンスなどを含んだスポーツ的労働などである。一般的な労働時間は平均六時間であったという。またすでにパーフェクショニストであるがゆえに宗教儀礼は廃止された。毎日が聖なる日であったのである。

4

4 オナイダ・コミュニティのニュー・マンション・ハウスと成員たち

まるで一世紀後につくられたドラマ『プリズナーNo.6』のようなディストピアであったともいえるだろう。

一八七八年に潤沢な資金によってつくられたニュー・マンション・ハウスはまるで同ドラマのひな形とでもいうべき非在的な楽園性を漂わせている[図4]。コミューン成立当初の一八四八年に建造されたオールド・マンション・ハウスの寝室はテント部屋(Tent room)と呼ばれメイル・コンティネンスによって女性を高みに上らせていくまるで薄い蚕小屋のようであった。しかし新しいマンション・ハウスは建築教育を受けてきた成員によって設計された豪華なものであった。今でも現存するその平面図を見ると、古いマンションが有していた建築的異様さは減少しており、寝室は仕切られつつある。それはあたかも子供の頃から終生をおくる設備完備の「老人ホーム」のようでもあった。

この新しいマンション建設の背景には一八六八年に優生生殖が開始されはじめたことがあった。それは優秀な子孫を残しコミュニティの運営を担当させるため、委員会がカップルを決定し、子孫をつくらせるというものであった。彼ら優秀な「子孫」は、外部の優秀な教育を受けるべく有数の大学の高等教育を受けることになるが、この体験がその「子孫」たちによる同コミュニティの運営にたいする批判を生んだと倉塚はまとめている。

コミュニティに戻った「子孫」たちは、公然とコミュニティを批判し、複合婚ならびに優生婚への異議と単婚の復活を望んだ。ノイズはその過程で姦通罪を恐れカナダに逃走した。やがて一八七九年にコミュニティは複合婚を廃止し、一夫一妻制に復帰した。二年後の八一年一月一日から共産制も廃棄され株式会社に移行した。

シェーカー・コミューンは独身性を貫き、しだいにその勢力を減らしていったが、オナイダ・コミュニティは短期間で「楽園」を築き上げ、そして自壊した。その最も大きな理由は優生生殖によって生まれた「子孫」たちの倫理的な世俗化であった。つまり本章でいう資本制社会を支えたプロテスタント的倫理からの侵犯である。私はここに、アーレントの言う「労働」を外部に委託し、そしてその共同体の運営を良品主義によって選別された後継に託すというその特殊な倫理の湿潤をみる。前期コミュニティを支えたのは楽園的生活を実践しようとして絶対的な家父長制を敷いた父であり、後期コミュニティの崩壊を後押ししたのはその絶対的世界に疑念を差し挟んだ子であった。子たちによって運営されたオナイダは今も健全な資本主義に則った株式会社として運営されている。

ギャベージ生産様式

次の舞台はそのおよそ一世紀後である。現在も継続しているヒッピー・コミューン、ホグ・ファームがウッドストック・フェスティバルを成功させたのは一九六九年八月一五日から一八日にかけてであった。インディアン共同居住区内の牧場で開催された同コンサートでは、一万人規模という当初の予測をはるかに越え、当時のニューヨーク・タイムス紙八月二七日発行版によれば四〇万人を越える来場者を数えた。いわゆるフラワー・ムーブメントの頂点と終焉を迎えた出来事であった。

アメリカの六〇年代に発生したヒッピー、そしてそのコミューンの歴史的意義はいまだに客観化されていない。しかしこの運動が、二〇世紀後半までの、ユートピア的共同体の宗教的、文化史的影響を意識、無意識双方の面から受け継いだ坩堝であったことは疑いようがない。一九世紀の文化的共同体をめざしたブルック・ファームを率いた一人マーガレット・フラーの家系はその二代後に発明家バックミンスター・フラーを生んだ。バックミンスター・フラーはヒッピーの新しい家として愛用されることになるダイマキシオン・ドームの技術を提供した。またフーリエ主義者からエンゲルスを経て再び「家族の解放」がここでも追求された。その一端が「フリーラブ」である。彼らの最上部分が目指した人格の向上のためのＬＳＤの使用は『すばらしい新世界』でソーマを発明したハクスレー渡米後の経歴に直接的な影響を受けている。またヒッピーの特異なスタイルと放浪は過去のビートニクを経由して、スイス・アスコナの、若きヘッセが心酔した放浪者グスト・グレーザーを原型にしている。また彼らのテキスタイルには抑圧された先住アメリカ人たちへのシンパシーと後ろめたさが漂っている。そして彼らの最も偉大な文化史的貢献は、意外にも電気的増幅を用いて強烈なグルーブをともなった楽曲と高揚の空間をつくりだしたことであった。それは本章でいえばアーレントの言うそれ自体が目的である「活動」actionをやや矛盾めいてはいるが、社会的生産様式としてシステム化したことであったともいえる。そしてこれらは一流の音楽、映像のプロフェッショナルの「仕事」workによって記録化され、今でも利潤を生み出しているのである。

しかしこのヒッピー・ムーブメントも、ドラッグの乱用や「抑圧された」社会生活を無視する不潔な生活や空間が彼ら自体を弱体化させたといわれている。いくつかの文献をひもとくかぎり、彼らの多くに欠けていたのは社会に代わる規律であるという印象を受ける。にもかかわらず、そしてその動きのピークが一九六七年から六九年というたった三年であったにもかかわらず、労働を放棄した彼らが生存し得たのも事実である。これはいかに可能であったのだろうか。一つの理由には先のウッドストックが音楽の祭典とともにドラッグの祭典であり、裏側では巨額の金銭が動いたことも挙げられるであろう。

ここに私はもう一つの理由を付け加えたい。それは一九六〇年代までのアメリカ黄金時代の生産様式が生んだ不要な余剰——それは社会からすればゴミにすぎないのだが——による恩恵である。それはギャベージ（ごみ）生産様式と呼ぶべきものだ。ヒッピーたちは原野で自らの手で生物的機能を維持させるための開拓的労働をする必要はなかった。彼らは幾分くたびれてはいるが、いまだ充分に潜在力のある都市のインフラを前提に住んでいたからである。「働くヒッピー」は語義矛盾である。その意味で彼らは「都市的狩猟民」の原型ともいえるであろう。セックス・ドラッグ・ロックンロールに付け加えなければいけないのは、ギャベージである。ポスト千年王国下、セックス・ドラッグ・ロックンロール、そしてごみとしての都市的剰余、そんな状況下でコミューンの「はたらき」はどのように変質したのだろうか。

ヒッピーたちの都市的拠点となったのが一九六六年ごろのハイト・アシュベリーである。同地はサンフランシスコにおいても特にリベラルな雰囲気を持った住宅街であった。そんな環境の中、ビートニクたちが移り住むにつれ、部分的にヒッピーたちを迎え入れる素地は出来上がっていたといえる（もちろん抵抗する商店主、住人も多かった）。

これらの状況の中で、初期の注目すべき自治的活動として「ヒッピーの反実利主義者の自由奉仕組織[26]」であるザ・ディガーズが生まれた。ディガーズはサンフランシスコの劇団のメンバーや禅に影響を受けた詩人によって構成されていた。彼らの名前も象徴的である。その名は一七世紀のロンドンの千年王国的宗教コミューンからとられたのであった。[27]

彼らの活動について当時記録された内容は、彼らヒッピーの「はたらき」を検討する上で貴重である。登場する固有名はすべてディガーズのメンバーだ。

「われわれにあるのは、無料の共同パッド、無料の衣服、無料の食べ物、ドラッグによる不当利益を阻止する無料のＬＳＤだ」ロン・デービスが言った。「しかし、グローガンは外へ出て行って行動した。朝の四時に卸し売り市場へ出向き、食い物をただでくれと言うと、そこの人たちは彼になぜだと訊く。彼は飢えている者がいるからそれが必要だ、あんたたちはそうすべきだからそうしろと言うんだ。そんなわけで、食べ物が与えられるってわけだ」

実を言えば、大量に与えられるので捨てざるをえなくなるのを恐れて、ディガーズは倉庫と冷蔵庫を探し始めた。グローガンが頭を殴られるという奇妙な事件もあったが、通常卸売り市場へ行けば、それなりの量の食べ物をもらえ、ときにはばかばかしいほど量が多い。［中略］

毎日午後四時にパンハンドル地区で食事が提供された。長髪と髭の連中だけでなく、腹をすかした者全員に提供されたのである。食事の場に必要なものは自分用の皿やカップ、

スプーン、フォークだけ。毎日、古着を着た少なくとも百人の若い男女が施し物をもらおうと共有地へ集まってきた。［中略］

食べ物は、ハシュベリー［引用者註：ハイト・アシュベリーのこと］のいくつかの地点にディガーズが設けたコミューンの大鍋で煮たきされた。ボランティアの女たちとディガーズの何人かが、共同炊事場で何時間もかけてシチュー作りをした。この仕事は初期のディガーズだったら喜んでしたはずだが、あろうことか食べ物を欲しがる者の大半は働くのを拒否したり、生きるためのパンを供給する社会になんらかの面で参加するのを拒絶しているということが、このディガーズの面々には面白くなかった。コミューンのメンバーは今や社会革命家でも、クエーカー教徒でも、エクセントリックな神秘主義者でもなかった。報道機関が作ったラブ・ジェネレーションでも、フラワー・チルドレンでもなかった。そのメンバーはぶしつけな言い方をするなら、無知で無分別な脱落者、十代の家出人、ドラッグ常用者、過密状態のスラム街で身を寄せ合って暮らしている精神病者だった。

――バートン・H・ウルフ『ザ・ヒッピー』飯田隆昭訳、九八―一〇〇頁

働かないことを主義とするヒッピーたちを食わしていたのが、必要に応じて活動を余儀なくされた、ドラッグ常用者や精神病者たちであった。両者の姿は双方とも興味深い。というのもヒッピーたちが主義としてはたらかないのを目指すのであれば、それは本書第二部が検討し

てきた、労働を原罪とみなす意識が彼らに通底していたことは自明である。そしてまた奉仕活動が、慈善家によるものではなく、ドラッグ常用者たちや社会的弱者である精神病者たちがやむにやまれずなした行為だったことである。そして結果的にその活動が当初の目的を超えた活動の枠をもってしまったことである。六七年のハシュベリーのいくつかの界隈はこのような無産者たちの奇跡的なバランスによって保たれていたのではないか。そしてそれを保証したのが、ギャベージ＝都市に集まる余剰であった。

チャーリーのファミリー

一九六七年三月二一日、チャールズ・マンソンという、白人成人男性からすると小柄な体格の男が売春幇助疑惑（後に却下）と小切手偽造に関する七年の刑期を終えて出所した。その間に世界は激動した。彼はその流れから完全に取り残されていたが、刑務所の中で、魔術、催眠術、サイエントロジー、自我《エゴ》ゲーム[28]、そしてギターを一生懸命練習していた。チャールズが向かったのは、何か奇跡的なことが起こっているらしい、サンフランシスコ・ハシュベリーであった。彼は本物の〝ヒッピー〟の持つ魅力で、迷える子羊としてのヒッピー予備軍を誘惑し、コミューンめいた、もしくはハーレムめいた〝ファミリー〟を急速に形成させるにいたった。

マンソンのもとに集まってきたヒッピーたち、〝ザ・ファミリー〟が一九六九年八月に起こしたテート－ラヴィアンカ惨殺事件のような、アメリカの負の部分をここでことさら紹介することがこの章の役目ではない。むしろそのような猟奇的な顚末をかっこにくる過程でみえてくるマンソン、そして彼の〝ファミリー〟における特異な生産様式とその結末こそが、この章での検討に貴重な示唆を与えてくれると思うのである。マンソンたち〝ファミリー〟の行状を最も早い時期に詳細な記録にまとめたエド・サンダースは、今でも第一級の資料である『ファミリー』(*The Family*, 1971) の冒頭で執筆に向けての心情を吐露している。「ところが、ロサンジェルスにはじめて飛んだとたん、私はそのあと一年半継続することになる、昼夜の別もない狂気のような取材活動に首までどっぷりつかってしまったのだ。[29]」

エド・サンダースはビートニクであり、著名な詩人であり、かつ六〇年代当時人気のあったアンダーグラウンドのロックバンドThe Fugsのリーダーとしても活躍していた。すでに当時そのような一定のカリスマ的評価を築いていた彼がこのファミリーたちの行為とその結果に憑かれてしまったのは、それらに対して、エド自身にも胚胎していたアメリカのコミューンのネガティブな根源性を認めたからに他ならないであろう。

マンソンに教義めいたものがあるとすれば、自らをキリストと悪魔とを合体させた異端の黙示録主義者だったということであろう。彼はファミリーによく黙示録からの引用を語ったというが、その主張は彼らの行ないが集団逮捕によって収束する一九六九年一〇月に近づくに従い激しくなっていった。たとえば黒人蜂起説である。マンソンに拠れば、虐げられてきた黒人たちが、数百万の白人を殺害し、現政府の統治を転覆する。さらに四、五十年後、黒人は自分たちが世界を統治するのに不適当なことに気づき、マンソンに政府を譲り渡すことになるというものである。まず殲滅されるべきは金持ちのキリスト教徒のアメリカ人であった。キリストであると同時にデヴィルであるマンソンは再臨を成し遂げるだろう。彼は金持ちのアメリカ白人を白ブタ（Pig）とよび、それはファミリーの行った殺人現場につねに書きつけられる合い言葉になった。そしてマンソンはビートルズのホワイトアルバムに収録されたハードロック、“Helter Skelter”[30]を最終戦争の曲として受け止めた。そして彼はデス・バレーで発見し命名した〝デヴィルズ・ホール〟の洞穴の中で、市街地の黒人と白人が戦い、黒人たちが勝利をかちとる日まで暮らすつもりであった。[31]ホピ族インディアンの伝説に「第三世界からの出現」と呼ばれる神話があり、それは広大な地下世界にまつわる記述であった。一九六八年のある時より、マンソンはこの穴の探索に取り憑かれた。その地下世界であれば、ファミリーが暮らせるのではないかと。その結果彼が推測したのは実在するデヴィルズ・ホールであった。そこは底なしの巨大井戸であった。こここそが地下世界の封印された入口であり、排水の可能性さえ検討したという。[32]現に、彼らが一九六九年一〇月、集団逮捕された場所はデス・バレーにある、その〝ホール〟付近であった。彼らは、今後の戦いに備えて特別に装甲したデューンバギー車に載って、時たま都会に赴き略奪を繰り返す計画を立てていたのだった。八名の子供の他に二七名の男女で編成された盗賊団の跳梁はこの日停止した。

以上のような狂信的妄想に幾ばくかの検討に値する内容があるとすれば、それはアメリカ白人たちに深く刻まれた、これまでとは全く別の原罪の意識であった。先に紹介したアメリカ人の心性を扱ったベラーは以下のように述べている。

インディアンたちは新移住者によって、自らの文化を理解・尊重さるべき人間本来の権利を奪われたばかりではない。土地や生計手段、さらにはしばしば生命さえも、無情に剝奪されたのである。これこそアメリカの社会の根底に横たわる原初的罪悪であった。

移住初期の数十年間に、この原初的罪悪はもう一つの大罪と混りあうこととなった。ヨーロッパ的夢の外に住むもう一つ別の人びと、つまりアフリカ人たちに対する仕打ちである。［中略］このようにアメリカ社会のごくはじめにおいて、二重の罪悪が犯されたのである。そしてその数えきれないほどの影響が、未だにこの地をおおっている。ところが、実に永い間、そして実にまた多くの人が、そうした罪悪の行なわれたこと自体に気づかずにきている。今日ですらそうである。白人アメリカの夢の何かが、そうさせているのだ。

——ロバート・N・ベラー、前掲書、八三－八四頁

その白人たちの夢とは、アメリカの宗教的白人移住者たちに蔓延していた選民思想であったとベラーは述べている。彼はアメリカの影を描いた劇作家ジェームス・ボールドウィン（一九

二四–八七）の言葉を引き合いに出しつつ、説明している。

アメリカ人の生活の中で一般的に行きわたっている考え方の中には、梯子を一段一段上ってゆけば、何かとてつもなく望ましい状態になるということが含まれているからである。もし人生をこういう風に考えるなら、梯子の一段をすべり落ちるということは到底できないことは明らかであろう。もしそうなったら一段すべり落ちるどころか、渾沌無秩序へ落ちこむことになり、もはや自分自身が誰であるかもわからなくなってしまうからである。正にこの理由、この恐怖こそが、この国において黒人が何故あのような地位に置かれているか、その本当の理由を示唆しているように私には思われる。

——同書、一五二–一五三頁

これはマンソンが、父無し子で、娼婦であった母にも捨てられ、一二歳以来若い頃の多くを少年院で過ごした最底辺の白人だったという事実にそのまま直結する回路である。彼は当時台頭しつつあったブラック・パワーを本質的に恐怖した。彼が見つけた安住のアンダーグラウンドとしてのホールは、まさに白人の階梯を失った彼によって構築された奈落の現実化でもあった。彼が啓示を受けたザ・ビートルズの"Helter Skelter"はこんな感じの出だしである。ドラッグの経験を巨大なすべり台（Helter Skelter）になぞらえた歌ではあったのだが……。

When I get to the bottom I go back to the top of the slide
Where I stop and I turn and I go for a ride
Till I get to the bottom and I see you again.
底まで行き着いたら　すべり台のてっぺんに戻って
足を止め　向きを変えて　またすべる
底までもどって　またおまえに会うんだ……

それは、中産階級より上の出身が実は多かったと言われるヒッピーたちに比べ、マンソンの〝ファミリー〟の構成員の多くが社会階層の低い人々で構成されていたことにも共通しているだろう。彼は自らの歪んだキリスト教的心性を悪魔と合体させる方法で、黒人に擦り寄り自己正当化を果たし、最終的には黒人を騙そうとするのであった。エド・サンダースがマンソンの中に見たのは、このような抑圧されたアメリカ白人に眠る原罪的無意識であったと推測される。マンソンはアメリカを築き上げた心性の一つでもあったポスト千年王国の幻想を終わらせ、もっと卑屈な別の幻想で書き換えようとしたのだった。

ファミリーたちの生き方はまさに〝ギャベージ生産様式〟だった。ファミリーの女性たちに与えられた仕事はまず夜中の残飯あさりであった。都市のゴミ箱はまだ食べられる食料の宝庫だったのである。男たちに与えられた仕事はマンソンの犯罪歴の側面を充分に活用したクレジットカード偽造、そして自動車泥棒だった。偽造クレジットで必要なものを買えるし、もしくは盗んだ自動車に乗って、スーパーマーケットのウラへ残飯をあさりに行く。確かに明瞭な犯罪であり、通念上のバランスを著しく欠いているが、生存の一方法である。しかしファミリーは外部に何の施しをも与えなかった。滅ぶ運命であるところの都市的インフラからの飽くなき収奪が彼らの生産様式であった。マンソンの吹き込んだ「ゴミ捨て場（GARBAGE DUMP）」という曲からその一節を紹介しておく。

Oh garbage dump oh garbage dump
Why are you called a garbage dump
Oh garbage dump oh garbage dump
Why are you called a garbage dump
You could feed the world with my garbage dump
You could feed the world with my garbage dump
You could feed the world with my garbage dump
That sums it up in one big lump
When you're livin' on the road
And you think sometimes you're starvin'

Get on off that trip my friend
Just get in them cans and start carvin'
おお、ゴミ捨て場、ゴミ捨て場
なんでゴミなんていうのかい
ゴミ捨て場から世界を養える
積み上げられたそのひと山から
路上で生活していて
時たま腹が減ったとき
そのふたを持ち上げ
中のものを詰め込んで、切り分けろ

［JASRAC 出 1812401-801］

ファミリーたちの棲んだ「ハコ」も同様である。彼らの強固な信念を持ってすればどのようなハコ、場所でも家となった。ファミリーが大きくなった後のまず第一のハコは窓まで真っ黒にペイントされたスクール・バスだった。彼らは原野を点々とし、鍵のかかっていない別荘を見つけたり、半ば脅迫同然、あるいはファミリーによる身体的サービスと引き換えに他人の家を占拠した。そして終局へといたる一年前の一九六八年八月以降、デス・バレーの〝ホール〟へといたる道のりまで彼らの定住場所となったのがスパーン牧場という、元西部劇撮影用のセ

5

5
マンソン・ファミリーのスナップショット。根城であったスパーン牧場近くで
撮影：Michael Hearing. Herald Examiner Collection, Los Angels Public Library 所蔵

ットが組まれた寂れた観光地であった［図 5］。これはファミリーのハコがどのようなものであったのかを語る象徴である。そのハコはすぐにでも打ち捨てることのできる仮設のセットであった。用がなくなったらそこを立ち去ればよい。彼らは場所に崇敬のみじんもない利己的な遊牧民たちであった。

ファミリーたちによる富裕な白人層を標的にした惨殺事件は、一九六九年七月からはじまる。これは先にも指摘したような六八年以降肥大化していった黒人対白人の闘争時代の預言と併行していた。しかし本章で考察した人間の「はたらき」からファミリーを批判的に検討することからは、もう一つの重要な伏線があらわれてくる。それはマンソンのロックンロール・スターとしてのデビューの失敗であった。この失敗はマンソンにおける人間としての最も主体的な活動（action、アーレント）が社会から拒否されたことを意味する。もし彼がデビューを果たしていたら、マンソン・ファミリーには別の生き方があったとも思えるぐらいである。

六八年の五月ごろ、彼とそのファミリーはひととき、アメリカのロックグループであるザ・ビーチボーイズのデニス・ウィルソンと親交を持った。出会い方は不明だが、ウィルソンが演奏旅行から帰ってくると、黒いバスが家の外に止められ、居間は二五人の主には女性のファミリーに占拠されていたという。[33] マンソンたちは彼の邸宅に滞在し、レコーディングを行なっている。この録音群は今ではitunesでも購入できる。ウィルソンは彼の才能（特に詩）を認め、ビーチボーイズのシングルのB面に採用している。ウィルソンはレコード・プロデューサーのテリー・メルチャーにマンソンを紹介した。しかし最終的にメルチャーは彼と契約することはなかった。ここで彼の大きな夢は挫折することとなった。これ以降に、殺人兵器と化したファミリーの活動が始まったのだ。

一九六九年七月二五日、彼の命によってファミリーたちが赴いた先はメルチャーの家であった。しかし彼はとっくに引っ越しており、そこに住んでいたのが、夫のロマン・ポランスキー不在中のシャロン・テートと彼女の仲間たちであった。

さて、そのマンソンの夢とは何だったのか、それはヘルター・スケルターの歌詞を用いれば「底まで行き着いたら　すべり台のてっぺんに」戻ることである。つまり歌という自律的な「はたらき」によって、世界の頂上に一気に上り詰めることであったと思われる。彼は彼の歌によって世界が覚醒すると本当に信じていたに違いない。そして可能であれば、そこから利益を得ること。つまりはスターになることであった。そうしたら「足を止め　向きを変えて　またすべる　底までもどって　またおまえに会うんだ」。しかしそれは果たせなかった。マンソンにとって、歌は大変重要なものであったらしく、二〇一七年一一月に亡くなるまで、獄中で生存していた彼は、自分の歌から一切の利益を得ることを拒否していた。私がオンラインで購入した彼の曲の利益はどこに行ったのか不明である。

マンソンによる反社会的行為は中断したが、彼らの行為がアメリカ白人に与えた心的インパクトは相当なものであったろう。それはエドもマンソンらの起こした事件に取り憑かれたように、占領民としてのアメリカ白人の原罪的側面に大きくかかわっていたからだ。彼らのつくった〝プロット〟が、その後、特にハリウッド映画、音楽産業に与えた影響は数知れない。彼らの事件を知って以来、私ですら七〇年代以降のアメリカ映画の見方を変更せざるを得なくなった。砂漠を舞台にした恐怖劇、深遠な思想を語るシリアルキラー、そして占領民としては同じ抑圧された原罪を共有しているであろうオーストラリアでつくられた『マッドマックス』(一九七九)。彼らが人々に与えた恐怖は、商業映像、音楽を通じていまでも再生されている。

とりわけ後味が悪いのは、彼らの行為を漂白し、その家父長的カリスマとそれに従う女性たちのファミリーをつくりあげたと考えられるプロットである。一九七六年、ABCテレビジョンは「チャーリーのエンジェルたち」“Charlie's Angels”というアクションドラマを放映しだした。

この冗談めいた題名のドラマは匿名の男性エージェントの指令に従い悪を殲滅させていく華麗な三人の女性たちの活躍を描いたものである。彼女たちと男性エージェントには明らかな階層的断絶がある。彼女たちは彼の本当の正体を知らないが、固い信頼で結びつき決して命令に背くことはない。つきるところこれは、〝チャーリー〟マンソン・ファミリーにおける、人を使役し、使役されることにアイデンティティーを見いだしていった彼らの隷従原則のみを男性側の都合に合わせて書き直したプロットである。そしてこのプロットがおぞましいのは、彼らと敵とが完全に敵対している点である。その勧善懲悪は、簡単にお互いをひっくり返すことができる。つまりはデューン・バギーを用いて収奪を繰り返そうとした、信頼で築かれたファミリーと全くおなじ心性がそこに、きわめて健全な社会的衣装をまとって再現されているのであった。

資本制社会は、マンソン・ファミリーが彼らの生んだギャベージ（ごみ）であることをよく理解し、それを安全に再生産することに成功したのであった。

シェーカーという学び舎

つまり、マンソンの極限的な事例を除外したとしても、シェーカー以外の多くのコミューンが最終的にもち得てしまったのが、社会的規律に代わる絶対的規律としての父性であった。規律のないヒッピーたちに悪魔的な父という規律を与えたのがマンソンであった。そして実はこの父性は、先に紹介した上野千鶴子の指摘した「家父長制資本主義」にも親和性が強かった。一般社会におけるマンソン事件の消費のされ方から、私たちはそれに気づくことができるのである。さらに共同体の主である王、その交代にかかわる王殺しは、古くは一九世紀のフレーザーによる『金枝篇』が主要モチーフとしたごとく、生産を義務とし、力強い共同体の維持発展を願う古代社会以来の儀式的テーマである。結局私たちはそこをぬけだすことができないのだろうか。いや、おそらくシェーカーのみが、それを静かに越えることができたのだと私は思う。先にシェーカー研究者として名を挙げた穂積文雄は、絶滅寸前のシェーカー教徒たちが、きたるべき教徒消滅後のために行なった解決策を紹介している。

それはシェーカーの残した建築施設そのものを学校機構に譲り渡すことであった。それが彼らの聖地に今なお現存し運営を続けているダロウ・スクール（Darrow Shool）というカレッジである。そのスクールの沿革について、先の穂積はこう記している。

ニュー・レバノンのチャーチ・ファミリー、シェーカー・シスター・エンマ・ニールは、シェーカーのひとびとの「消えて行く」——かの女は、そう表現した——のをみ、シェーカー・ビリッジの将来について、思案をめぐらした。かの女は、それについて、かの女のよき友、いま一人のシェーカー・チーチャーのシスター・アメリア・カルバーと、はなしあった。そして、少年たちのための学校こそ、シェーカーの施設を有効に利用し、シェーカーのなんらかの伝統を保存するに最適であるとの結論に到達した。一九二九年、かの女たちはヘイト氏と会談し、学校創立のことを引受けることを説得した。かれは、シスター・エンマの理念《アイディア》を実行するに、まさに好適の人であった。……かれは、その特性の情熱をもって、ただちに活動をはじめ、シェーカーに関心をいだくひとびとのグループを結成した。

……一九二九年・一九三〇年の困難な不況時代に、基金がつのられた。そして、四〇棟の建物と三〇〇エーカーの土地が、シェーカーのひとびとより購入された。一九三二年九月、……レバノン・スクール (the Lebanon School) が開校された。

——穂積文雄、前掲書、一五六頁

シェーカーがその施設を学校に譲り渡したことはきわめて本質的な行為であった。というのも、学校は良識のある規律にささえられつつ、常に成員は更新されつづけるからである。シェーカーと学校の親和性は高かったのである。シェーカーはいま学び舎として成立した。ダロウ・スクールをはじめとして多くのシェーカー・ビレッジ跡は、訪れてみればわかるが、単なる観光地とは思えない。常に何らかのワークショップが開かれ、シェーカーとは何であったのかをそれぞれが問う学び舎として機能し続けているように思える。なぜ彼らは、これ

6

6　ハンコック・ビレッジにあるシェーカーの共同墓地内の石碑（一九四三年建立）。死（＝性差終了）後の単一の収納場所　撮影：著者

ほどまでに厳格な対称性を保った建築をつくり、すべての家具は大地から決別する意志を持ち続けているのか。訪問者は、シェーカーのひとびとが不在の〝ビレッジ〟において、彼らの残した建築物、家具を見ながら自問せずにはおれない。彼らの建築物はつきるところ、彼らの疎外物であり、そしてそれはまた同時に彼らによって疎外された罪深き人間たちの形見なのであった［図6］。

彼らはその疎外物を舞台に、踊り旋回し、どこからともなくやってくる歌や言葉が自らの身体を通して発露していく回路をつくりだした。それはきわめて純粋な「はたらき」だったのではないかと思えるのである。

先に紹介した女性作家ジャイルス（Janice Holt Giles）は、資料に基づいて構成したシェーカーを題材にした小説 *The Believers* の中で、初期（一九世紀初頭）の彼らから歌が生まれそれが記録される様子をえがいている。

ブラザー・ベンジャミンに指導を受けた時、彼は私たちを席に着かせ、それから教典を読んで聞かせた。すると彼は突然歌を歌い出し、激しく身体を振動させるダンスにみなを先導した。振動《シェイキング》もまた、適切なやり方があった。それは手首の力を抜いて手をブラブラさせることから始まる。振動は前腕に移り、そこから肩へ、ついには体全体をめぐり最高潮に達する。指導の最中に、シスター・スーザンが歌をさずかった。どんな賜物もすぐに享受するのがシェーカーの流儀なので、歌のあいだ、私たちはダンスを中断して彼女の周りを囲んだ。その顔はさずかった歌と喜びで輝いていた。ブラザー・ベンジャミンはすぐにその歌がすばらしいものだと悟り、ノートをさっと取り出し書き留めた。みんなその歌を気に入った。私は今でも歌詞を諳んじられる。

O calvini criste I no vole,
Calvini criste liste urn,
I no vole vinin ne viste,
I no vole viste vum

——早稲田大学中谷礼仁研究室"The Believers"ゼミによる翻訳

どこからともなくやってきた言葉。高揚する空間によって生まれた歌のはたらき、人間にとって最高のはたらき。それを書き留める「仕事」はすでにシェーカーにおいて完成されていたのだと、私たちは知るのである。

7 家――コンテクストを動かすかたち

かたちとコンテクスト

家という存在の意味を、そこに住む人間側から問うてみたい。しかしその人間は不変の確固たる存在ではなく、社会的関係の中で不断に規定、変転する事物的存在としてとらえることが、この章の新しい視点である。

また事物一般がそれ自身として持つかたちは、そのかたちを要求したコンテクストによって説明できる。そう定義したのは、集合論から出発し、後に人間環境を包括的にとらえようとしたクリストファー・アレグザンダー（Christopher Alexander, 1936–）であった。

形とは、我々がコントロールできる世界の一部分であって、その世界の他の部分をそのままにしておきながら、我々が姿を与えることのできる部分である。コンテクストとは、この世界に対して要求を提示する部分である。この世界で形に対する要求となるものはすべてコンテクストである。

——クリストファー・アレグザンダー「適合の良さ」『形の合成に関するノート』稲葉武司訳、一五頁

まず、彼の言うかたちとコンテクストについて若干考察を加えたい。たとえば彼はヤカンという事物をデザインする手続きを引き合いに出している。そのかたちは、「ヤカン」に要求された諸性能によって決定される。たとえば、水をたくわえ、沸かし、注ぐ動き、コンロや机に置いたときのその安定性、人が操作するための柄の持ちやすさ、社会経済性を考慮した製作方法の選定などである。それらはヤカンをとりまく要求の重合であり、それら全てがコンテクストである。ヤカンがヤカンであること、それはヤカンへと向けて注ぎ込まれる具体的な関係要求によって決定されている。たとえば、ヤカンを取り巻くコップと手と机。そして、それぞれのかたちに対して、その他はコンテクストである。その意味でかたちとコンテクストとはこの世界の身分けなのである。さて、このヤカンの位置に「人間」をほうりこんでみたらどういう人間像が描けるだろうか。

適合性とは、形とコンテクストとが相互に受け入れあう関係のことである。デザインの問題では、互いに相手に向ける要求を満足してやりたいと我々は願う。我々は、コンテクストと形がたやすく接合する、すなわち摩擦なく共存することを望む。 ――同書、一五頁

確かに私たちは人間社会全体から個別のコミュニケーションのレベルまでおしなべて、この「かたちとコンテクスト」が相互に受け入れあい、共存することを望んでいる。また一方で、人間は地球上に生息する生命体であることは疑いえない。それは自然環境のコンテクストによってつくられたプライマリーなかたち、限界を持つ。それを前提としてなお、人間と生物一般を分かつのは人間特有の工作的、世界的側面(worldliness)である。[01] つまり人間的発露が新たに生じるのは、生物としての人間個々のかたちと私たちが築き上げてきた世界＝社会的コンテクストとの摩擦においてこそなのである。

その上で人間と社会とを矛盾なく共存させようとするとき、私たちは個人的に、まず「その世界の他の部分をそのままにしておきながら、我々が姿を与えることのできる部分」としての自らをこそ変えようとしてしまう。

なぜならそれが最も摩擦を生まない「共存」の方法だからである。これが冒頭で述べた、人間を社会的関係の中で不断に規定、変転する事物としての側面から検討したいことの理由である。

もちろんアレグザンダーも強調するように、共存状態になりうるかたちとコンテクストとの関係のデザインは一つではない。[02] しかしながら、自らを変えることによって要求に適合させる以外の方法は、結果として自らに要求される社会的コンテクストを変革しようとする膨大な労力を必要としてしまう。「この高度に交錯していて複雑な現象は、任意に選んだ一つの境界においてどのようにして適合を達成するかが分かるまでは、理解することが望めないので、我々は、さしあたり最も単純な問題を扱うことにせねばならない」（同書、一五頁）というわけである。このプロセスに人間を位置づけるとき、人間特有の精神に関連する「病」が生じることを発見する。人間的病とは自らのかたちをコンテクストに応じてみずから歪めていったことの結果に他ならない。

ここで示したいのは、家とはこのような人間的病をいったん保持しつつ、人間が自らに対して要求されたコンテクストを、徐々に変更してゆくことのできる待機所になりうるということである。その意味でこそ、家は人間にとって最も重要なデザイン要素の一つであり、とりわけ自ら家を改修、カスタマイズすることは、自らのかたちとコンテクストとの境界を動かすことに直結している。ケア環境の重要性についてはすでにいくつもの専門書籍において唱えられている。しかしその経験をかたちとコンテクストというデザインの考え方から再検討し、その結果がケアのみならずわたしたちの生活全体に意味あるものとして訴えかけてくるものであることを、より具体的に示してみたいのである。

人間を改造可能な〈かたち〉として扱うこと

まずはいくばくかの試みをふりかえってみたい。現在はさまざまなアプローチが試みられている結果として影は薄まりつつあるが、これまでの人間の「改修」方法は端的には悲惨な歴史であった。ここでは二つの対照的歴史をあげたい。一つはロボトミーに代表される人間的発露を器質（かたち）的問題として扱おうとした近代の精神外科の方法である。もう一つは精神病の根源を社会問題に反転させようとした潮流である。本論の観点からまとめれば、前者は人間を改造可能なかたちとして扱いすぎた行為であり、後者は逆に人間が具体性を伴うかたちとしてまず存在していることを重視せず、改造可能なコンテクスト（社会的要求）の集合体として強調しすぎた運動である。

端的に精神外科（psychosurgery）とは、脳に外科手術を施して精神疾患を治そうとする試みのことであった。やや回り道をすると、その始まりは一九三五年のポルトガルから始まった。のちにノーベル生理学・医学賞を受賞したエガス・モニス（Egas Moniz, 1874-1955）らによるものであった。[03] 八回目の手術で彼らが確立した方法は、頭頂部の左右両側に中空の細い管を挿入し、脳の白質内で回転させて神経束を切断、微量の白質を拭取するものであった。[04] さらにアメリカの精神外科医ウォルター・フリーマン（Walter Freeman, 1895-1972）によって一九三七年に開発されたのが精神外科の代名詞となったロボトミー（Lobotomy）である。彼の施術対象は三〇〇〇人を超えたという。一九四〇年代から第二次世界大戦後にかけて、さらに複数の医師が方法を競い、施術の野放図な拡大を招いたとされている。フリーマンらの方法は、上瞼の奥の穴に細長い器具を槌で打ち込んで神経束を切断する施術跡の目立たない経眼窩式に至った。[05] 周知のようにロボトミーは社会生活に不適格な行動が顕著な者に「最後の手段」として取られた措置で、死亡例も当時の記録で数パーセント、施術後しばしばてんかん発作、人格変化、無気力、抑制の欠如などの重大な副作用が認められた。[06] 椨島《ぬでしま》次郎によれば当時ロボトミーが正当化されたのは、精神疾患の原因が、大脳の前頭葉前野と奥にある基底部の相互作用の不具合にあると認識されていたからだった。それゆえにその間をつなぐ神経回路を断てば、治療効果が得られるという理論であった。この因果説に基づいた最たる方法がロベクトミーであり、これは前頭葉の前部をすっかり取り除いてしまうものであった。[07] 再生不能な器官である脳にメスを入れるこのような外科手術が大きく批判されはじめたのは、六〇年代後半から七〇年代はじめにかけての大都市郊外で多く発生した暴動の主体者への施術が暴露されたからであった。椨島はこの経緯をロボトミー手術が「治療目的というより、社会防衛的な意図が強まった」（『精神を切る手術』五〇頁）ことによって批判を受け、下火を迎えたとしている。しかしながらこのようなまとめが、ロボトミーによる「治療」自体も社会防衛の一種であることを見逃している点は注意しておくべきだろう。

日本でもロボトミー手術の歴史は早く、四〇年代から五〇年代にかけてさかんに行なわれたが、それらの問題性が一般化するのは、同様に犯罪者への施術が問題視されたことにあった。[08]その後脳外科手術は衰退した。[09]それは復元不能な器質破壊を伴っていたからであり、その背後には第二次世界大戦中に行われた人体実験を象徴例として、非常時における人格の軽視、科学的探求心の優先が、継続した常識となっていることへの批判があったからであった。しかしながらこれらの行為を可能にする前提は、人間の心脳に関わる科学的アプローチが存在するかぎり無視することはできない。認知科学が急速に進む現在において、むしろより新しい形で反復される課題である。[10]

人間を改造可能な〈コンテクスト〉として扱うこと

ロボトミーが都市暴動者にまで施術されたことが明らかになっていった頃、一方で全く対照的な運動が誕生しはじめていた。それは六〇年代末を頂点とした、従来の社会システムに対する批判的運動と重なるように発生した。

イタリアでは一九六一年、これまでの研究職からいきなりトリエステ・ゴリツィア地方の精神病院院長に就任したフランコ・バザーリア(Franco Basaglia, 1924-1980)が、精神病院事業改革を急進的に敢行し、続々と長期入院患者を退院させ始めた。その動きは一九七八年五月一三日に公布された世界初の精神科病院廃絶法に結実した。それは原則として精神科病院の新設、すでにある精神科病院への新規入院、再入院を禁止し、予防・医療・福祉は原則として地域精神保健サービス機関で行なおうとするものであった。

日本でも、三枚橋病院の全開放化（一九六八）を最初期の例として、精神病院を閉鎖病棟から開放病棟へと順次変更していく動きが始まった。これが画期的だったといわれるのは、それまでの日本の精神医療が患者の社会隔離を前提としていたからであった。[11] 同年にはWHOが、日本の精神医療に対して「過剰収容による利益追求が大きな人権蹂躙につながる恐れ」を指摘し、翌年の一九六九年の日本精神神経学会金沢大会では、若手精神科医を中心とした従来制度に対する告発が展開された。[12] このような潮流の中でとりわけ象徴的な存在になったのが東大病院精神神経科病棟（通称赤レンガ）の占拠／自主管理であった。[13] 一九六九年九月、前年に発足していた東京大学精神科医師連合（精医連）による神経科病棟の自主管理状態が生まれ、対立する東大当局側の教授陣は外来担当のみに退くことになったのである。この状態が、一九九六年までの約三〇年間も保持されたことは、以上のような日本の精神医療の課題が長期にわたって存在していたことを浮き彫りにしている。[14]

かたちとコンテクストの間に発生した軋轢＝病を、かたちではなく、むしろコンクテクストの方へ投げかけてみること。このような問い返しの極点は、哲学者ジル・ドゥルーズと協働した、フランス、ラ・ボルド精神病院の医師フェリックス・ガタリ（一九三〇－一九九二）の政治的言説に顕著である。改めて紹介するまでもないが、彼は精神分析療法の分析形式を社会＝資本主義システムに結びつけようと企てたのである。彼の論点は意外にも、先のアレグザンダーの定義に対応させる読み方も可能である。まずドゥルーズ＋ガタリの人間観を最もよく表す「器官なき身体」そして「機械」という定義について検討したい。

> 結びつけられ、接続され、また切断されるもろもろの流れに、器官なき身体は、自分の未分化な不定形の流体を対抗させる。音声学的に明瞭なことばに、器官なき身体は、分節されない音のブロックに等しい息吹を対抗させる。
>
> ――『アンチ・オイディプス――資本主義と分裂症』宇野邦一訳、二八頁

一方で〈機械〉とは、そのように未分化であったはずの身体を社会的に分節し、ついで接続することによって社会的に有意な意味を生産させるシステムである。彼らはそれゆえにその機械が生得的なものではなく、歴史的、社会的に規定されたものであることを訴えた。さらにフロイトの提起したエディプス・コンプレックス、つまり精神療法の始源を、精神病を資本主義に規定された家族関係[15]に幽閉させる〈機械〉の一つとして批判したのであった。

> ひとつの機械は、ひとつの切断のシステムとして定義される。……切断は変化する様々

な次元において、考察される性格に戻って実現される。まず第一に、およそ機械はすべて連続した物質的流れ（つまり質量）［引用者註：器官なき身体のこと］とかかわり、機械はこの流れを切りとるのである。機械はハムを切断する機械として作動する。切断は連合する流れから何かを採取する働きをする。

——同書、七三頁

さて、アレグザンダー流に簡潔に表現してしまえば、彼らの「器官なき身体」とはいわば「かたちなきコンテクスト」という錯視である。ガタリたちにおいては欲望＝要求たるコンテクストが未分化のまま横溢する状態が、人間の初源として、同時に歴史を経て再び取り戻されるべき永続的な状態として規定された。しかしその初源の人間はかたちを持っていない。一方でそれを身分けする機械はシステムであり、かたちである。結果としてガタリの主張した「横断性」という行動様式は、かたちとコンテクストとの境を不断に流動化させ、その都度、態度を決定する「永続革命」を標榜せざるをえない。[16] 彼らによる社会分析の有意性について論じることは本書の範疇を超えるが、ガタリによる提言の多くは例えば以下のようにかたちのない全体性を帯びている。[17] つまりガタリにはデザイン＝かたちを決定、限定することが欠如している。

私たちはスキゾ［引用者註：分裂症］分析を欲望の生産のあらゆる《戦線》における政治闘

争だと考えています。唯一の領域に集中するという問題ではありません。分析の問題は革命運動の問題なのです。そして革命運動の問題は狂気の問題であり、狂気の問題は芸術的創造の問題で……等々といったしだいです。横断性というのはまさしくこの《戦線》の越境性《ノマディズム》を言いあらわすものにほかなりません。

——ガタリ「フェティシズムの終焉」（一九七二年のインタビュー）『分子革命』杉村昌昭訳、九頁

このような動きを総括して、当時の流行語であった「反精神医学」（Anti-Psychiatry）という言葉を用いたくなる。この用語の立役者はD・クーパーやA・エスターソン、S・ブリスキンを含むR・D・レイン（一九二七－一九八九）たちであった。彼らは、当時のイギリスにおいて統合失調症（「分裂病」）を、患者の器質的素因によるものではなく、患者がふくまれる家族間コミュニケーションにおける論理倒錯が主な起因となっていることを主張、解明しようとしたのだった。当時ガタリは彼らをライバルとしてみなしていたらしく、その方向性を一部支持しつつ、[18]彼らの家族分析については容赦のない批判を加えた。

レインやクーパーの主導した潮流に私が差し向けたいもうひとつの批判は、彼らの思想が精神病についてのかなり還元主義的（一面的）な観念に信任を与えたということです。あの有名な精神病は彼らにとって家族内の紛争の帰結のように理解されていたのです。

「ダブル・バインド」（二重拘束）の理論が一般化したのもこの時期です。「患者」が家族からの矛盾したメッセージ（「私はあなたにこれをしてもらいたいと思うが、ただし、内心ではこれとは逆のことをすることを望む……」のような）〔引用者註「「私の命令を聞くな」という命令」など〕を受容することによって深刻な行動錯乱が生み出されるというわけです。これは明らかに精神病の原因を単純きわまりないヴィジョンに還元したものです。

——ガタリ『精神病院と社会のはざまで——分析的実践と社会的実践の交差路』杉村昌昭訳、一〇七‐一〇八頁

フロイトによるエディプス・コンプレックス分析を、器官なき身体を資本主義的家族のいわば「内輪もめ」に収納する方法であると批判したガタリにとってみれば、必然的にレインらの家族分析もその亜流である。レイン一派の主張は、レインが六一歳の若さで他界して以降、ガタリよりもさらに忘却の彼方にある。しかしながらレインの残した主著を検討する限り、その分析は、少なくとも先のガタリによるまとめよりは展開可能な具体的方法を含んでいる。

家族というサブセット

レインにとって家族とは何であったのか。まず彼は「一」つきの家族を登場させた。「家族」

とはある成員に内在する幻想的構造である。それが内部をつくりだし、外部に分有し合わない異なった秩序をつくる。その結果が家族である。彼はその幻想をもちろん普遍的なものとは見なさず、「摂り入れられた関係セット」のような任意的な集合であることを強調している。[19]

このセットは、家族各人のパースペクティブをそれぞれに生み出す。しかし、それは家族の中で一定しているものではない。それはむしろ互いに分裂している。

ジルは父と母と兄をもっており、みんな一緒に住んでいると仮定してみよう。家族の外での人間としてはもちろんのこと、家族の一員としての彼女の完全な姿を描きだしたいと思うなら、次のすべての場合に彼女がどのように体験し、行動するかをみることが必要であろう。

ジルだけの場合
母親といる場合
父親といる場合
兄といる場合
父母といる場合
母と兄といる場合
父と兄といる場合

父と母と兄といる場合

——R・D・レイン、A・エスターソン『狂気と家族』笠原嘉・辻和子訳、一六頁

つまりたった四人という核家族の中でも、そこに所属するジルには八つもの役が与えられている。その上、家族の外においてはジルにはさらなる役割が与えられ、それは家族にさらに間接的な影響を与える。これらが家族の各成員に同時に発生するのである。この複雑な関係構造のなかでジルは関係に応じて全く違った、あるいは矛盾した役を演ぜざるをえない場面に遭遇しかねない。

この研究では主として家族であるが、もしわれわれが明らかにしようとしている問題と特に関係が深い場合には、家族のメンバーがもっている、家族外の人間関係網にも及ぶことがある。言いかえればわれわれは家族連鎖《ファミリー・ネクサス》とでもいうべきものに興味があるのである。

——同書、一七頁

つまりレインは家族に、社会の坩堝を見いだしうるかたちとコンテクストの境をみたのである。[20] その意味でレインの家族分析の定義は先に紹介したアレグザンダーによる「かたちとコンテクスト」分析の便宜的な解法に近い。つまり「この高度に交錯していて複雑な現象は、任意

に選んだ一つの境界においてどのようにして適合を達成するかが分かるまでは、理解することが望めないので、我々はさしあたり最も単純な問題」である家族というセットを扱うことにせねばならないというわけである。

その初期作業の集大成である著作『狂気と家族』(一九六三)は、一九五八年から二つの精神病院で始めた、患者のみならず患者を含む家族の全成員から聞き取った録音テープに基づいた症例二五組のなかから最初の一一組について紹介したものであった。そこでは上記のような家族の成員のセットごとで食い違う言説を紹介し、配置し、患者とみなされた人々の置かれるコンテクストの錯綜状態を明らかにしている。

また六〇年代末期にレインは、これまでの研究報告や実存哲学的な家族批評とは全く趣の異なった、『結ぼれ』(一九六九)、『好き? 好き? 大好き?』(一九七〇)など、一見詩集めいたシリーズを発表した。しかしこれは『結ぼれ』の序で彼も述べているように、家族間コミュニケーションの膨大なデータ量を圧縮した論理式に近い製作物であった。

彼らはゲームをして遊んでいる。彼らはゲームをして遊んではいないふりをして遊んでいる。彼らが遊んでいるところを私が見物しているのを、彼らに見せつけようものなら、私はルール違反をすることになり、そして彼らは私を罰するだろう。

私がゲームを見物しているのを見ないでいるのが彼らのゲームなのであって、私は彼らの仲間に入って遊ばなくてはならない。

——R・D・レイン『結ぼれ』村上光彦訳、五頁

これはレインによる端的な家族ゲームのルール分析である。さらには以下のように狂気へと至る論理的反復が、論理階層（ロジカル・タイプ）の誤謬分析に似た形式で明らかにされている。

わたしにはわたしの持っているものを持つだけの資格がないのだ
だから、わたしの持っているものはなにもかも盗んだものだ。
もし、それがわたしの手に入ったのだとすれば、
そして、わたしにはそれを持つだけの資格がないのだとすれば、
わたしはそれを盗んだのに違いない。
なぜなら、わたしにはそれを持つだけの資格がないのだから。

［中略］

さもなくば、それは特別の恩恵として
だれかそれを持つだけの資格のある人から、わたしに与えられたのだ
そこでわたしは、持っているあらゆるものにかんして、感謝の念を抱かねばならないこととなる。
なぜなら、わたしの持っているものは、

盗んだものではなくて、与えられたものなのだから。［図1］

——同書、五八－五九頁。傍点原文

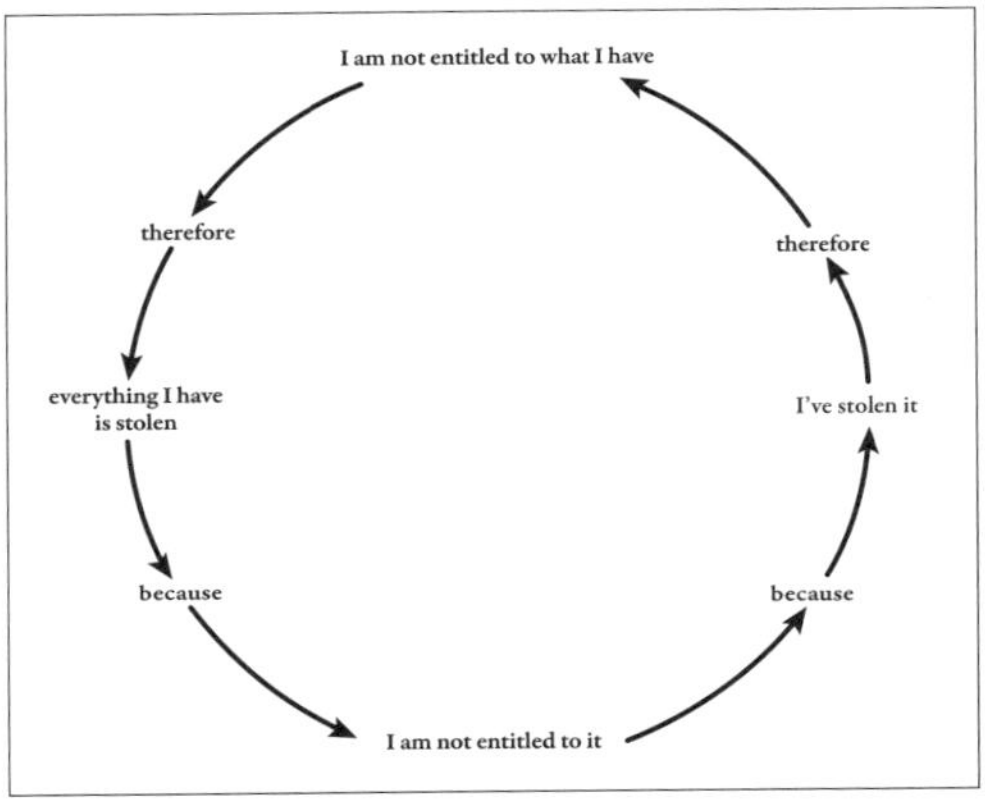

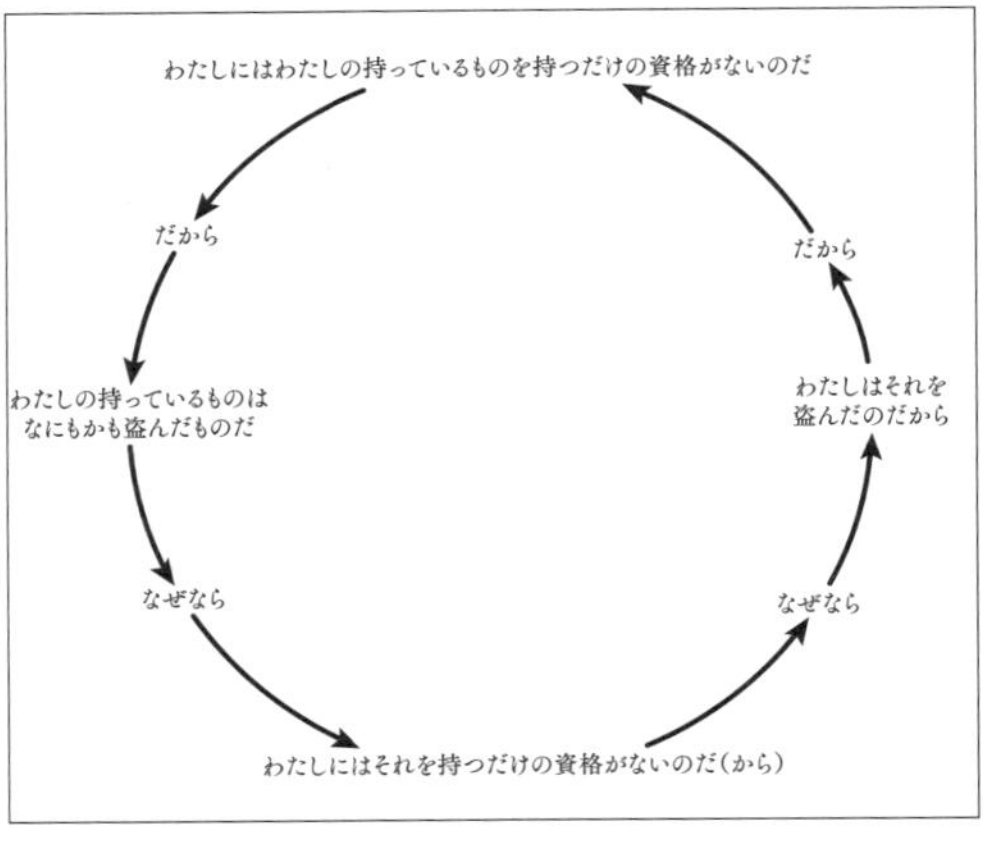

1

1　レインによるダブルバインドによる論理倒錯の分析ダイアグラム［上］『結ぼれ』六〇頁。［下］同書、六二頁をもとに作成レインは家族を有限の成員の発話によりながら、それぞれの成員を取り巻く複数のコンテクスト間の対立もしくはパラドックスを含む、社会のサブセットとしての家族に病の発現の場を見出そうとしていたのである。

このようにして、固定されたエディプス的親子関係を家族間のコミュニケーション論一般に展開したレインたちは、実は医師と患者という関係が、親と子と同質的な共依存関係を持っていることに気づくことになる。

この発見が彼らをして最もユニークな実験的活動に駆り立てた。それがキングズレイ・ホールという家＝〈反治療施設〉だった。

饗宴とその終わり——キングズレイ・ホールの住人たち

そこはレイン一派が作り上げた、同居人それぞれの社会的範疇（患者、医師、見学者など）を外した〈仮住い〉であった。

二〇一二年、イギリス人写真家のドミニク・ハリスが、彼のロンドン東部のスタジオ近くにあった建物キングズレイ・ホールを全くの興味本位で撮影しはじめて以来、そこであった出来事にのめり込んだような記録集を自費出版した。*The Residents*（『住人たち』）というタイトルはその内容を端的に表している。それは単なる写真集であるのみならず、一九六五年から一九

2

2 ドミニク・ハリスによるキングスレイ・ホールを舞台としたインタビューを収録した写真集 *The Residents*, 2012

七〇年まで存続していた同ホールの短期から長期まですべて含んだ延べ滞在者数一一九人から一五人の元居住者（レインのガールフレンドや、研修医の職業をもち入居してきた人、地域住人も含む）たちを見つけ、キングズレイ・ホールの実態を新しくヒアリングし彼らの名前と現在のポートレイトを加えたものである［図2］。

キングズレイ・ホールについてはガタリによる意外に好意的な解説も含め、様々な著作、関連記録映像がすでに発表されてきた。しかしながら、同ホールには後に「天才」的画家としてデビューすることになる、当時統合失調を患っていた看護婦メアリー・バーンズ（一九二三－二〇〇一）がホール内でいくたびも生死の境をさまよう自壊行動を行っていたり、週末の夜にはたくさんの学者や有名人が尋ねにくるディナー・パーティーが開かれたりといった、ロンドンのヒップなコミューンのイメージが強く付加されていた。ガタリはなかでもバーンズの「器官なき身体」ぶりを読み取って、レインたちの活動の中では例外的にこの施設を成功例としている。[21] しかしその一方で、他の住人たちの声がほとんど記録されておらず、ハリスの作業はその欠落を埋めてくれる。またその他に、キングズレイ・ホールの当時の具体的様子を、運営メンバーの一人であったS・ブリスキンから一九八四年の時点で聞き取った精神科医・門眞《かど》一郎による貴重なレポート[22]が残っている。そのレポートはホール設立経緯についてもよくまとめているので、以降それに従いつつ、*The Residents* からのヒアリングを適宜付け加えて、その様子を紹介することにしたい。

一九六四年頃、レインたちは、どのようにして「病院を超えて共同社会へとステップを踏み出すか」を模索して、毎週集まってはディスカッションしていたという。

門のヒアリングによると、その席上で「突然ブリスキンが、自分でも思いがけず「俺の家でやってみないか」と言ってしまった。まさに言葉が勝手に口をついて出てしまったという感じであり、彼は帰る道々「自分もついに気が狂ったのではないか」と思い、それからの一週間というもの「自分は大変なことを言ってしまった」とものすごく悩んだそうである。しかしいったん言った以上は実行に移すことに決め、当時D・クーパーがいたシェンレイ精神病院のコミュニティ・ミーティングで志願「患者」を募ったという。このようにしてブリスキンの家で共同生活が開始されたのであった。ブリスキンは以下のことをルールとした。それは医師と患者という役割を双方が放棄することを目的としていた。

・記録（メディカル・レコード）はとらないこと。
・自分のことは自分ですること（ただし彼［ブリスキン］に手助けを求めることはかまわない）。
・彼の書斎と寝室以外は共同利用できること。

これらは、キングズレイ・ホールでも基本的な方向性となった。

ブリスキンにとって最初、最も苦しかったのは、同居人たちに干渉しないことであったという。「彼ら三人は、ブリスキンには全然あいさつもせず、全くその存在を無視し、しかも真夜中に電気掃除機を使ったり、煙草の吸殻をジュータンの上に遠慮なく捨てたりという状態で、全く精神病棟の生活そのものであった。しかし、そこで口を出してしまえば「母親の役割」を演じてしまうことになると考え、彼はじっと我慢して黙っていた」。

しかしある晩、事態が急展開した。夜の一〇時頃、三人のうちのひとりが初めてブリスキンに口をきいたのである。「今からパブにビールを買いに行くが、おまえの分も買って来ようか」という。「イエス」と答えると、「つまみも買って来ようか」ときく。再び、「イエス」と答えた。するとしばらくして帰って来て、ビールやいろいろな食べ物を食堂のテーブルの上に並べ、三人とも集まって来た。そこで彼らが言うには、「三人のうちの一人に職が見つかったので、これからそのお祝いをするのだ」と。それ以後、彼らとブリスキンとの関係や家の中の雰囲気は一変し、残る二人も次々に職を見つけ、その後二人はブリスキンの家を出てアパートに移った。そういう形で、誰かが出て行くと、再びシェンレイ病院から志願者を募るということをして、ブリスキン宅での共同生活は続けられていった。

そこでは「治療」は行われなかった。薬が必要な時は、外部で診療を受けることは自由であった。「精神病」の「症状」のために近所の人たちとのトラブルも時たま起こったが、ブリスキンは、一軒一軒個別訪問してまわり、自分たちのやっていることを説明していった。すると意外にも近所の人たちは温かい反応を示し、そのうちの何人かは自分の親戚にも「精神障害者」がいるといった打ち明け話を始めたりしたそうである。その結果に自信をつけて、レインー派は「自分たちの目指していることが自宅で実行可能ということは、この地上のどんな場所でも実行可能だ」という確信を抱いた。そして約一年後にふたつめの場所としてキングズレイ・ホールを探し当てたのであった。キングズレイ・ホールはロンドン東部にある地域のコミュニティ・センターで、設立者が、レインたちの趣旨に賛同して強力に支持してくれたため、キングズレイ・ホールの理事会は、一九七〇年五月まで、彼らに同ホールを貸す契約を結んだ。その後強力な支持者が他界したことによって理事会の承認を得ることができず、貸借契約の更新ができなかった。しかし、当時すでにロンドンには他にも同様の派生的コミュニティ・ホームが三か所あり、門がブリスキンに会った一九八一年五月の時点でもいくつか存続していたという。[23]

ハリスが掲載したキングズレイ・ホールの平面図［図3］を見ると、その建物はなかなか快適な様子だったようである。それは一九二七年に建築家チャールズ・カウルズ・ヴォイジー（一八八九―一九八一）によって設計された、地下一階、地上三階建レンガ造の建物で、当初より地域のコミュニティ・ホールとして計画され、様々な活動を許容していた。一階は通りに面して横に小チャペルが設けられ、そこを過ぎると舞台を持つメインホール、別の入り口からもう一つの別室があった。その上の二階には、ゲーム・ルーム、ダイニング・ルーム、キッチンが配置され、そして三階には屋上と部屋の両方を外部に開いた眺めのいい宿泊室が並んでいた。三階のフラットの一部はレインがたまに使う事務所として占有した。居住者たちはだいたいその部屋の使い方通りに住みこなしていたようだが、一階の別室は瞑想室となった。また地域の人々も使うため、時には地元の若者のバンドが二階のゲーム・ルームで練習を行っていたよう

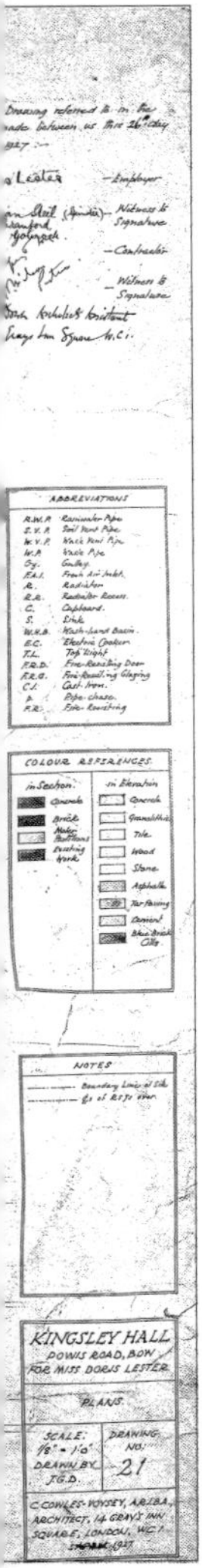

3

3—キングズレイ・ホール各階平面図とレインたちの使用時の部屋名

撮影：Dominic Harris

2F 3F

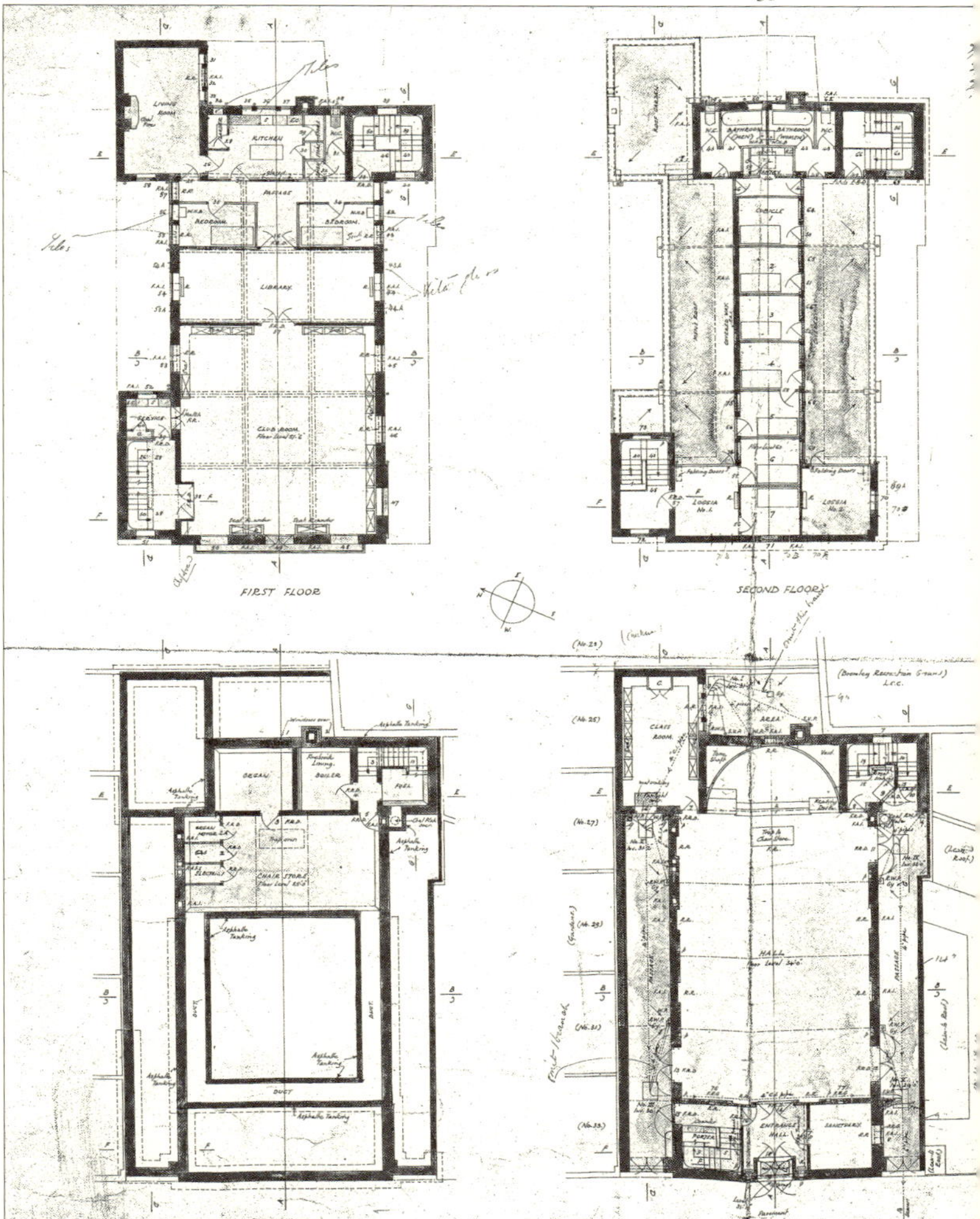
FIRST FLOOR
LIVING ROOM
KITCHEN
PASSAGE
BEDROOM
BEDROOM
LIBRARY
CLUB ROOM
SERVICE
SECOND FLOOR
BATHROOM (MEN)
BATHROOM (WOMEN)
CUBICLE
LOGGIA No.1
LOGGIA No.2
BASEMENT
ORGAN
BOILER
FUEL
CHAIR STORE
DUCT
GROUND FLOOR
CLASS ROOM
AREA
HALL
ENTRANCE HALL
PORTER
SANCTUARY
PASSAGE

地下 1F

である。[24]また、先のバーンズによれば、ホールにおけるチャペルの存在が、その建物を特別なものにしていたという。

さて、さしあたり紹介したいのはハリスがヒアリングを行なった居住者たち[25]のその後である。

・ジョセフ・バーク（Joseph Berke）一九六五－七〇居住ならびに訪問者：アメリカ出身、レインと協調。メアリー・バーンズの理解者としてキングズレイ・ホールで活動。その後、精神療法士、教師として著名。

・ノエル・コブ（Noel Cobb）一九六六－六八居住、六八－七〇訪問者：ノルウェイでのマリファナを用いた実験で追放後、レインに合流しマネージャーを務める。その後、インド、ネパールで東洋哲学を学び、一九八一年からイギリスで心理療法士として開業。二〇一五年逝去。著書多数。

・フランシス・ジレット（Francis Gillet）一九六六－七〇居住：妄想型統合失調症患者として居住。その後、別のコミュニティ・ホームを転々とし、現在はオックスフォードの高齢者用住宅在住。

・ジェームス・グリーン（James Greene）一九六六－六八訪問者、一九六八－六九居住者：グレアム・グリーンの甥。レインの元患者として入所後、その後精神療法士となる。ロシアの詩と戯曲の翻訳者。ロンドン北部在住。

・ドロシー（Dorothee Von Grieff）一九六六－六七居住：ドイツ語の美術学校卒業後、ホールに居住。現在写真家。チベット仏教研究家。ロンドン北部在住。
・エイドリアン・レイン（Adrian Laing）一九六五訪問者：レインの息子、聞き取りに参加。
・ジュッタ・レイン（Jutta Laing）一九六六－六七まで居住：レインのガールフレンドとして居住、その後二番目の妻となり二男一女をもうける。一九八八年に離婚。現在ロンドン北部でヨガ教師。
・パメラ・リー（Pamela Lee）一九六七－六八居住：一七歳で両親を亡くしロンドンで一年に三〇回引っ越した後に居住。その後、別のコミュニティ・ホームで生活。現在、ロンドン北部在住。
・レオン・リドラー（Leon Redler）一九六五－六六居住者、六六－七〇訪問者：レインらと協調。現在心理療法士。
・モートン・シャッツマン（Morton Schatzman）一九六五－六七訪問者、六八居住者：レインらと協調。現在心理療法士。ロンドン北部在住。
・ヴィヴィエン・シャッツマン（Vivien Schatzman）一九六八居住者：モートン・シャッツマンのパートナー。
・クライトン・トマゾース（Criton Tomazos）一九六五訪問者：ウエストミンスター大学で建築学を専攻後、六〇年代に複数の前衛グループに参加、その後、芸術家、各種の芸術監督。

・ポール・ジール（Paul Zeal）一九六六－六七居住者、六七－七〇訪問者：統合失調症で居住。その後精神療法士の訓練を受ける。現在障害者教育の教師、トレイナー。

キングズレイ・ホールの全滞在者一一九人のうち、「以前に患者と分類されていた」者は七五人であったから、このヒアリングがその割合を反映していないのは否めない。一方で当時の「患者」がその後、精神療法士に転化している例が多く見られる点はこのホールが人々に何をもたらしたかをよく伝えている。そのほかレインの血縁、協調者、芸術的関心による訪問者など、滞在者はバラエティに富んでいた。彼らの発言からキングズレイ・ホール内部の実際を幾つか描写してみたい。

キングズレイ・ホールでは週末夜に恒例の夕食会が開かれた。これはホールの中でも最も重要な催し物で、夜を徹して続けられることもあった。ハリスの聞き取り記録によると、二階のダイニングルームでは最大二〇人が座ることのできる長いテーブルがしつらえられ、参加自由であった。破格に低額な参加料に対して、どこからか用意されたそれに全く見合わない大量の料理や飲み物が用意された。引く手あまただった当時のレインの講演料などによりおそらく充当されたのだろう。レインがホストになり同席した。

居住人以外にも、各地からの訪問客がひっきりなしに参加した。レインはこのディナータイムを単に食べるだけでなく、居住者による詩の朗読、論議の応酬や、様々な遊戯、突如のアクシデントといったあらゆる出来事をうみだす集中的な場所として周到に準備していたようである。ある訪問者はこの時間について、レインは古代ギリシャのシンポジウムのアイデアを実践しようとしたものとコメントしている。[26] レインが食事の盛られた皿を回すと、それを皆が次々に回していった。ニーナ・シモンやボブ・ディランの「ブロンド・オン・ブロンド」などたくさんの当時のヒットチューンが流れていた。「以前に患者とみなされていた」居住者たちの多くもこの時間を楽しんでいるようだったが、幾人かは部屋に閉じこもっていた。[27] 特に部屋に閉じこもっていた時のメアリー・バーンズは、会場に彼女の汚物をぶちまけることでこの時間を台無しにしようとしたこともあったという。[28] 饗宴から狂宴へ、「治療共同体」を提唱したマクスウェル・ジョーンズがこのテーブルに招かれた時、「患者たち」の横でブルブルとふるえて何も食べることができなかったという。[29]

精神医療関係者のみならず、チベットの高僧や、数学者など、世界中からこのホールの様子を見に多数の人々がやってきた。ある統合失調症の居住者がとりわけ覚えていた訪問者は俳優のショーン・コネリーであった。彼は宴のたけなわで、隣のゲーム・ルームでレインとインド式レスリングに興じ皆をびっくりさせたり、その翌朝の朝食での彼の振る舞いにも居住者たちとの隔たりはなく、後日、彼は招待してくれたことのお礼を言いに再びホールへ足を運んだという。[30]

「患者たち」と有名人たちを共にあてなき旅を続ける開拓者として平等に扱い、自分たちの住まいを最新の実験場所として居住者たちに意識させ、彼らを取り巻く社会的コンテクストを、まるで彼らが有名人の一員にでもなったかのように一変させること。レインのこの理念は、メアリー・バーンズの例のように部分的には実現されたと考えてよいようである。しかしながら一方で、それには多大な代償を必要とした。それは他ならぬレイン自身にふりかかってきた。

彼はそこで常にカリスマを演じつづけた。ホールを訪問したある文化人類学者は彼の行動をシャーマンとさえ定義した。彼はホールのメンバーに向精神薬の代わりにＬＳＤを与えた。レインは当時まだ合法であったＬＳＤの最も純度の高いバージョンを手に入れる資格を持っていたのである。その場所を保持するために、自らも参加し、多量に飲み、レスリングをし、議論をした。結果としてキングズレイ・ホール末期に至って、彼はすでに燃え尽きていた。彼は交錯するコンテクストを一手に引き受けるこの場所を保持するための結び目を演じつづけ、どちらかというと思索的であったレイン自身を歪ませてしまったのである。ホールのリース期限が切れると共に彼は活動を退き、元居住者たちとその協力者は、より地道なコミュニティ・ホームの継続に努めていった。[31]

彼らがキングズレイ・ホールを去った時、地域に居住していたある人物は、もぬけの殻になったホールに赴いた。なぜならそれはもともと彼らのコミュニティ・ホールであったからである。そこで彼はホールの地下室全体が水たまりになり、打ち捨てられたクズで満杯になっているのを見て憤慨した。[32] それはキングズレイ・ホールの饗宴を成立させるためにホールが歪められていた結果であり、またそれは同時にレインの歪みの所産でもあった。

未来のコミューン

ではなぜキングズレイ・ホールはこのような代償を伴いながらも必要とされたのだろうか。まずあらゆる「病」には、人間社会が作り出した世界性＝非自然性（worldliness、アーレント[33]）が刻印されている。その状態の由来がなんであれ、病は社会との不適合において見出される。そのような社会的コンテクストが発露させたかたちとでもいうべき「病」には、そのコンテクストからの過酷な適合への要求を逸らすための、別の共同性が確保されざるをえないからである。

さらに病の具体性、実際性は、いささか反語的だが唯物的な宗教性を帯びる。つまり彼ら（「患者」だけではなく、レインのような求道的な「医師」も含まれる）はなんらかの助け、答えを物理的にも精神的にも、そして空間的にも必要としている。しかし、それらは従来の社会や血縁的家族の内部のみによってはまかないきれない。その時彼らは、彼らの集まる場所＝サブセットを、別に、もしくは現状に加えて確保しようとするのだ。これはあらゆる宗教の始まりの状態に似ている。だからここでの「病」は、逆にコンテクストにはたらきかける契機にもなりうる、経過的なプロセスでもある。その意味で「病」は、キングズレイ・ホールのようにオルタネイティブな幻想の共同体をかたちづくる主因となりえたのである。

この共同性を物理的に守ってくれるのが、なによりも彼らが集ったホール、家であった。家は「病」と社会、いわばかたちとコンクストとの関係を徐々に調節しうる存在として必要不可欠なのである（第一章「化モノの家」参照）。

そして冒頭のアレグザンダーの定義からすれば、かたちとコンテクストの関係は相互に反転する。たとえば、「ヤカン」を取り巻く「コップ」と「手」と「机」がある。それぞれのかたちに対して、その他はすべてコンテクストである。[34] この関係は家の深奥に位置するナンドが、社会を裏打ちするように持続する人間的時空を正確に確保していたのと同じである。それらはお互いにかたちとコンテクストを構成している。

さらにシェーカー教徒が実践したように（第6章参照）、家、社会がそれぞれに含む要素の境界は注意深く再定義しうる。なによりも自らが望むべき両者の平衡状態に向けて、かたちとコンテクストの閾をほぐし、あきらめずに境界線を見いだし、再び集合し、新しく空間を確保すること。これが未知の、そして未来のコミューンである。

そしてその家の存続は、レインの場合のように、カリスマの犠牲を贖ってのみ実現されるわけではもはやない。キングズレイ・ホールをこえて、むしろ普通の道程を歩むこと、より柔軟に家が生まれ出ずること。それはいかに可能なのだろうか。

エピローグ――庭へとつづく小径

街に棲む当事者たち

東京・池袋に、「べてるの家」の精神をうけついだ東京での活動拠点があることを知った。池袋にあるので「べてぶくろ」というらしい。

以前「べてるの家」の活動を知った時、目を見開かされる思いがした。それは一九八四年に設立された、襟裳岬にほど近い北海道浦河町にある精神障害等をかかえた当事者たちの地域活動拠点である。一九七八年に浦河赤十字病院出身のメンバー有志が浦河教会の旧会堂を拠点として活動を開始、一九八三年、教会の片隅で昆布の袋詰めの下請け作業をはじめ、一九八四年に当時浦河教会の牧師から、「べてるの家」と命名されたのであった。その名はドイツの街べーテルで、人々が友として暮らしていた障害者たちをナチスの優生学的虐殺から守った出来事に由来しているという。現在べてるの家は生活共同体、働く場としての共同体、ケアの共同体という三つの性格を有しており、一〇〇名以上の当事者が地域で暮らしている。[01]

彼らは自らのことを患者ではなく、当事者と表現する。その意味は自ら事に当たる状態、つまり彼らは課せられた事態に対処する方法をすでに自ら探っているからなのである。

彼らの中のいく人かはその体験を社会に臆せず、多数の書籍、テレビプログラム、映画など様々なメディアを用いて発表し、病を得たままの人格の回復、かつ活動資金の一部もそれによって充当させることができた。フリーメディアに多数アップされているそれら諸活動の様子を確認すると、実名で当事者たちが登場し、自らの幻聴とそれへの対策法などを熱く語り合っている。そこではこれまでの「患者たちのプライバシー保護」を名目にしたモザイク・フィルターが取り払われており、このモザイクこそが患者を作っていたことを最も生々しく感じる映像群である。彼らは年に一回、浦河で多くの訪問者や有名人を招いて「べてるまつり」と呼ばれる催しを開催している。そこでは「幻覚妄想大会」などユニークな企画が行なわれる。そのステージではたとえば自らの幻聴を「幻聴さん」と客観化した上で、その困難な交流を面白く、つまり他人に共有可能なように語ることが評価される。患者が当事者になることによって言葉を持ち、それによって問題が共有化され、結果として当事者にこれまでの匿名性とは真逆の有名性が付与されているのだ。

この患者から当事者への移行に、私は《ポスト・キングズレイ・ホール》としての、べてるの家の可能性を感じた。移行による当事者たちの持つ明瞭なキャラクターの付与には、理事であるソーシャル・ワーカー向谷地《むかいやち》生良《いくよし》氏たちのプロデュース能力が大きく関与しているものの、レインのような強烈なカリスマ性が必ずしも必要ではなかったからである。すでに当事者研究はシステムであり、特定の個人の属性から自由になっていた。その関連組織が東京の片隅に場所を作ったのだった。それが「べてぶくろ」であった。

べてぶくろは向谷地氏の長男である宣明氏を発案者として、二〇一三年に活動を開始した。池袋でのホームレス支援を皮切りに、様々な精神障害等を抱えた人々の共同住居やグループホームの運営や当事者研究などの学習会を行ってきている。

べてるの活動が過密な都市住居の隙間の中で展開されることに、私は魅力を感じた。なぜなら都市に自らの居場所を見つけることには過疎地域とは別種の困難があるからである。その狭隘な居場所は決して心地の良いものとは言えないかもしれない。むしろ街に棲む当事者たちはその困難を、これまで言葉にせず引き受けてきたはずである。彼らからその棲み方の改善方法が提案されたのであれば、それは共有可能かつ示唆的なものになるのではないか。

学生の一人が協力と進行担当を申し出た。二〇一五年冬、私は宣明氏に次のような手紙を書き、べてぶくろに通う当事者たちと家の改造を検討するセッションを提案した。

べてぶくろの皆さんに協力してもらい、自分たちで家の改造を検討してみるワークショップを開くことをご検討ください。

家のかたちをつくりあげるのは、社会の要求と同時に、そこに住む人たちの要求です。両者が拮抗して妥当な家ができあがります。しかしながら、現在、日本での家づくりは専門家や行政の作った法律によって個人の手から相当離れたものになっています。特に防火が義務付けられている都市であればなおさらで、居室の仕様は法律によって事細かく決められています。定量的に窓の最低限の大きさまで決められています。世の中のマンションがみな同じ間取りをしているのもそのためです。

むしろ、からだの要求から家のかたちを変え、それが何であるかを社会に述べなければならない状況に来ていると思います。

それではどのような人々が、そのような家を建て、それを言葉にすればよいのか。

その筆頭は、社会からの要求を一方的に内面に溜め続けすぎた人々です。

またそれは、まず専門的な技術ではなく、普遍的で簡明な、図面すらいらない技術によって建てられるべきだ、と私は思います。

べてぶくろの有志の方々と、そんな家の改造の検討を一緒に行なうことはできないかと思った次第です。

宣明氏からの返事にはべてぶくろの空間の改造の必要性を自分でも感じていることが記されていた。とにかく実行に移してみることになった。またその実現にあたっては、七章で紹介した、クリストファー・アレグザンダーによるパタン・ランゲージの方法を応用してみようと思った。

普通の家づくりにひそむ可能性に、はやくから気づいたのもアレグザンダーであった。彼はコンテクスト相互の適合－不適合関係を表し解消していく方法を模索していた。しかしこの組み合わせ論では、単純な機能であるヤカンの分析ならまだしも、街、いや家ですらその検討項目数は爆発的に増加するに違いなかった。この方法はレインらの家族分析の処理数の多さに類似していた。当時のアレグザンダーはこれらをコンピューター処理によって行なおうとしたのであるが、あまりにもばからしくてやめてしまったという。

その後十年以上を経て、その解決策として公開されたのが、『パタン・ランゲージ』（一九七七）であった。パタン・ランゲージは人間の環境活動にかかわるすぐれた類型（パタン）を、人が普通に用いている自然言語（ランゲージ）として提出する試みである。すぐれたパタンとは、スナップ写真に撮りたくなるような街角の風景であったりするが、それは周囲の環境の特性を十分に示していると同時に、ダイアグラムで書き表せたり、言葉として伝えたくなるようなものだと考えれば分かりやすい。

アレグザンダーらによってそれらは大規模な都市計画単位から窓辺の施工単位に至るまでの

階層を持つ二五三のパタン言語に集約された。「モザイク状のサブカルチャー」、「都市の子ども」、「見え隠れの庭」、「天井高の変化」、「自分を語る小物」等々、魅力的な言葉が並んでいる。それらは大まかなレベルから詳細に至るまで相互にリンクづけられ、それらを組み合わせることで具体的なイメージを持ちつつ、建築を作り出すことが期待されている。この提案のかげには、これまでのアレグザンダーの方法論が煩雑であったにもかかわらず、達成される形――ダイアグラム――には共通性があるという、彼の気づきがあった。彼はそれを共有しうる経験的パターンとして提出することにしたのであった。

さらに興味深いのはアレグザンダーがそのランゲージ集の増補を奨めていることである。以前私は、この方法が本当に誰でも使えるものなのかどうかを確かめるためのワークショップを行なっていた。[02] 幸いにも良い結果を得られたので、べてぶくろ版パタン・ランゲージによる家の改造を目指してみたのだった。そもそもべてるの家は、彼らの理念のキャッチフレーズ化に長けていたからである。たとえば、以下の通りである。

・三度の飯よりミーティング
= Meeting is more important than eating.
・安心してサボれる職場づくり
= We want a workplace where you can goof off without fear.

・手を動かすより口を動かせ
= More your lips, not your hands.
・幻聴から幻聴さんへ
= From "auditory hallucination" to "Mr. Voices."
・弱さを絆に
= Weakness binds us together.
・公私混同大歓迎
= We welcome the mixing of public and private.

彼らにパタン・ランゲージを作ってみてもらいたかったのだ。

「てぶくろ組」のこころみ

べてぶくろは、池袋付近の住宅街である要町の借家を本拠としていた。要町の駅を降りて、幾つも分岐する路地をさまよいながら、その一角にあるべてぶくろの借家にたどり着いた。その、街への奥まり方がまず心地よかった。二階建ての木造、焦げ茶色の板張りの外観である。築四−五〇年は経過していたが、その外観から柱の立て方は整っていた。筋がよいのだ。おそ

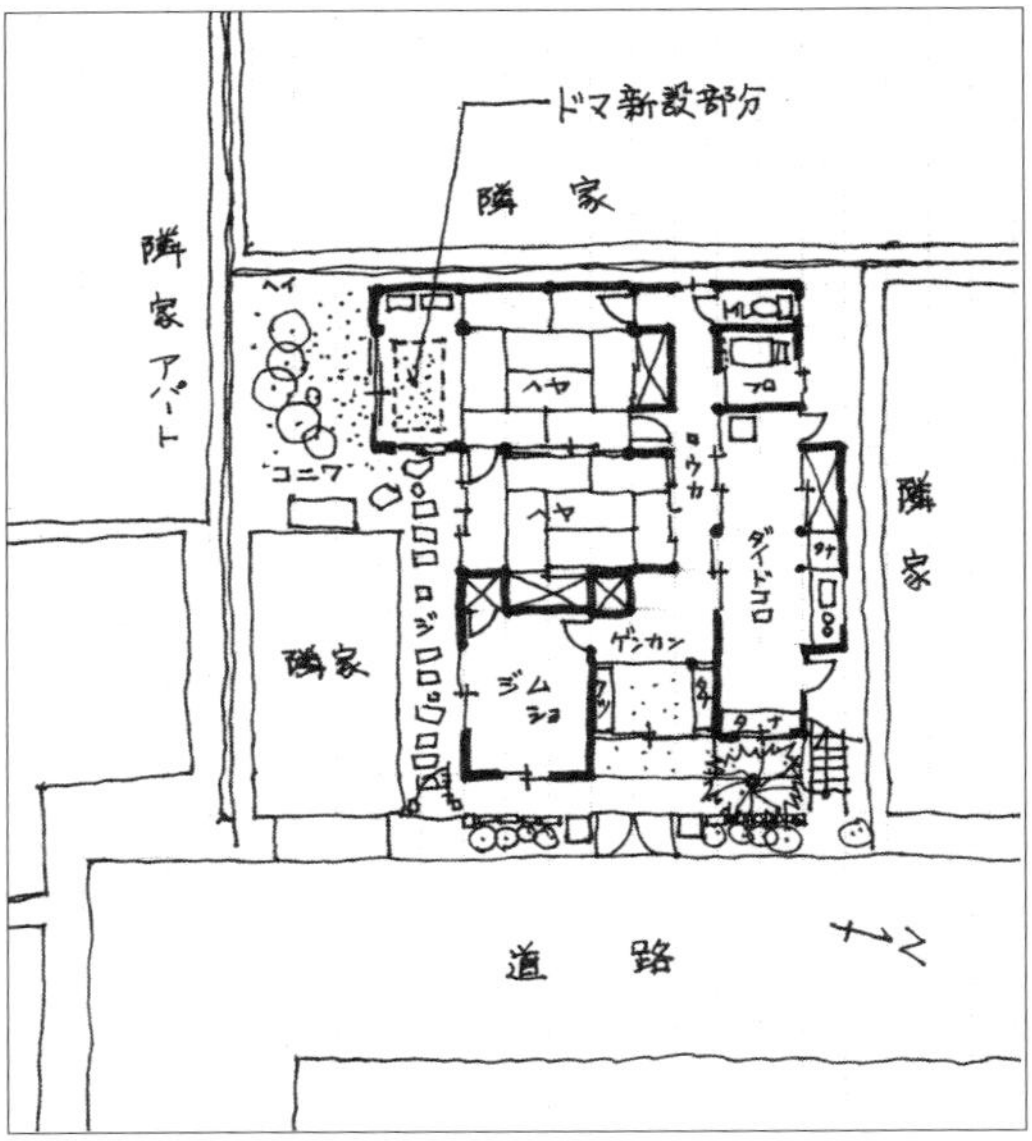

1

らく地域の工務店が真面目に作った結果であろう。べてぶくろはその一階を借りていた。貸すために庇を付け足し、下にフローリングの部屋を付加していたが、小さい庭を余計に圧迫していた。またその僅かに残った庭も、周りの家が建て込んでいくことで半ば打ち捨てられていた。しかし玄関周りは品良く、扉を開けると懐かしい中廊下式の住まいであった。こういう家

1
べてぶくろが使っている借家の間取りスケッチ
作図：著者

は、改善可能な潜在力を秘めている。今は使われなくなった空間はむしろ家の冗長さを高めていた。ちょっとしたことで空間を見違えるようにできる可能性があった［図1］。

パタン・ランゲージをつくるワークショップの当日は、学生が司会となり、べてぶくろに通う人々のなかで興味を持った一〇名近くの人々が誘いに応じた。

そのいずれの人もが、通常の社会的生活もなんとかこなし、相応の生きる技術、知識を持っていた。ドイツ語を話せる人、ウェブデザインに長けた人、建築現場の管理をしていた人、しかしながら彼らは同時に生きづらさを抱えている人々だった。私ももちろんその一人であった。

都内のいくつかの有名な住宅作品を見学した後、何回かのミーティングを経てから、皆が集うべてぶくろの、そしてそれぞれが住んでいる場所から考えた言葉を提出してもらうことにした。試しに家全体を語っているものからミクロなレベルへ、そして家の末端を指す言葉まで、以下のような言葉が並んだ。

「シャバの青空」、「内外の間にある家」、「勇気のいらない玄関」、「家の駅」、「縁側＝屋根（ネコ）」、「つなげるはまじきる」、「意味のある段差」、「銭湯ミーティング」、「立体花壇」、「なで肩のタナ」、「毛深いカベ　うぶ毛カベ」、「表と思えば裏、裏と思えば表」……

予想以上に言葉ができあがっていた。

「シャバの青空、いい言葉です。これはどういう状態ですか」

「自分の住まいの入り口がアパートとアパートの間を通った路地の先にあるので、その玄関を

2

2　べてぶくろ流パタン・ランゲージとそのリンク付けの様子
撮影：著者

あけて外へ行く時の空の見え方です」

「勇気のいらない玄関、というのも実に勇気づけられる言葉です」

「べてぶくろに入りやすかったのは、この家の入り口の周りの植物とそれほど高くない高さが絶妙だったことを思い出したんです」

このように全ての言葉に鮮やかなシーンが隠れていた。

私たちは、その言葉を含め、その時に突然出てきた言葉もカードにして、意味や効果の近さ、遠さによって並べるようにしてみた。複数のカードのリンクによって玄関から家の裏側にいたるまでをとりあえず描くことができた。

「意味のある段差」、「銭湯ミーティング」、「立体花壇」、「べてるの庭」あたりに一つの中心ができていた。これはべてぶくろの参加者が無意識に気になってきた改善場所を指しているのだった。べてるの庭の横、庭をスポイルしている空間、ここに段差をつけて庭と連続させれば、もっと気持ちの良いミーティング空間ができるに違いない。その標的は先の庇下のフローリング空間に違いなかった。せっかく庭に面しているのに、庭を縮めてしまい、さらに内部空間としても使い道がなく雑然とした物置になっていたところであった。

「このカードの集中した部分の言葉を読んでいると、みなさんは、このフローリングに段差をつけて緩やかに庭に接続したいと思っているのでしょうか」

何人かが自信なくうなずいた。

「では、その空間を特別な言葉ではなく普通のよくある部屋の名前になおしてみませんか。縁側とか、そういうよくある名前をあてればイメージをより共有できます」

ひとしきりの沈黙後、誰かが「ドマかな?」とつぶやいた。同意の輪が声もなく広がった。気持ちの良い瞬間だった。

そのような経緯で、べてぶくろは貸主に同意を得て、そのフローリングの床を抜いて、その部分を庭と地続きの土間に改造することにしたのだった。知り合いの腕利きの若手棟梁が近所に偶然事務所を開いていた。彼に連絡をして施工当日に指導役を買っていただくことになった。これで大きな間違いはないはずであった。ホームセンターを行き来し材料を集め、道具は家から持ち出し、フローリングを剝がし、柱に床框《かまち》をいれ、土間周りが完成した。露出した地面には白い玉石が敷かれた。誰かがその土間に机を置いた。皆が土間周りの框に座り始めた。夏の日だった。蚊取り線香の煙が鼻の穴からたなびいた素焼きの豚が机の上に置かれた。一人が言った。このワークショップに名前をつけましょう。そして私たちのなまえは「てぶくろぐみ」になった。

土間は完成した。皆が集う居間と庭が、土間を通じて繋がった。棟梁も驚くくらいの仕上がりとなった。

しかし同時に失敗もあった。一人に負担がかかりすぎていたのだった。彼は双極性障害であった。しかし建築現場の管理面を担当した経験もあり、用具の準備や動き方、メンバーの動かし方まで経験的にわかっていた。棟梁にその面を見抜かれ、現場の責任者になったのだった。時として施工は共同で力を出し合い、仕事を時間通りにこなしていくことが必要になってくる。連関する工事予定をうまく組み合わせないと、いつまでも片付かなくなってしまうからだ。その場合の組織はややミリタントなものになる。

その結果として、土間完成後、彼がうつの不調を訴えはじめた。その影響は協力メンバーに敏感に伝わり、このプロジェクトに対するネガティブな反応が出はじめた。共有するＳＮＳから次第にメンバーが消えていった。再検討すべき点は、私がてぶくろに集う人々の時間に通常の施工的な時間を、不用意に持ち込んでしまったことだったろう。「てぶくろぐみ」という名前はできたものの、その成長はメンバーの様子を見て進めることに決めた。

一年が経った。私はしびれを切らして、べてぶくろを訪ねた。通された先にあった土間は健在だった。机の上にはノートが置かれ使われていることがわかった。新しい材だった土間まわりの框もいいように飴色になって、さも昔からあるかのような存在になっていた。すると現場の責任者だった彼が現れた。今はべてぶくろのスタッフとなりソーシャル・ワーカーの資格を身につけている最中だという。そしてさらに新しいスタッフが現れた。居間を教室仕様にすることを考えているという。今の雰囲気を損なわないように、来年の春ぐらいにこの場所で勉強会ができる程度で、てぶくろぐみでだんだんと考えていきましょうかと、土間を介して三人で話した。そこは「意味ある段差」であり「銭湯ミーティング」であり「立体花壇」であった。それらの言葉（ランゲージ）は家、そしてそこに集う人・モノの範疇をもしだいに変えてゆくだろう。

「べてるの庭」がもう少しでできつつあった。それが庭へと続く小径であった。

註

プロローグ――家の口

01　柳田国男は神隠しについて幾度か触れている。とりわけ「山の人生」には「私自身なども、隠され易い方の子供であつたかと考へる」（『定本柳田国男集』第四巻、八〇頁）とある。

1章　化モノの家

01　ただし例外も相応にある。いちばん最深部にある空間のはずが客間になっている場合があることである。たとえば残存する日本の民家のうち最古といわれるものの一つである箱木家千年家（室町時代、兵庫県）の復原前平面がそうである。しかしこれは以前、主屋に隣接して西側に独立的に建てられていた客人用の離れが、江戸期に母屋と一体的に改造されたことなどから発生したものである。現在当初の平面に復原され、再び分離して、むしろ筆者が紹介したマトリックス構成を見事に表現した間取りとなっている。

02　邦訳：ロクサーナ・ウォータソン『生きている住まい』布野修司監訳、学芸出版社、一九九七。

03　前掲訳書、二一六頁。

04　同書、七五頁。

05　同書、二三三頁。

06 とはいえそれを論じるにはいくつかのハードルがある。そのひとつは今の間取り解釈が後の研究者達によって乗り越えられ、その後のより精緻な成果を無視することができないことである。しかしこれについては今の間取り論をその後の成果のエッセンスによって補強することでむしろ役立てることができる。ふたつめはさらにやっかいである。それは日本の民家には竪穴式住居と高床式住居双方、あるいはその後の大陸建築を淵源とする貴族住宅の影響が混在していることである。それらの複雑な影響関係を検討考察することはここでは割愛せざるをえない。とはいえ日本の民家が接地式であった竪穴住居を土台として展開してきたことはほぼ大方の認めるところなので、日本の住居形式の混在問題とそこでの化モノ空間の発生の有無の検討を、本章では先のように簡略した問題の立て方によって試みてみた。

07 またこれについてはより精緻な考証が井上充夫によってなされている。『日本建築の空間』SD選書37、三三―三六頁。

08 今の執筆当時においては当時現存していた民家の新旧を検討するだけの蓄積がなかったためだろうか、今による間取り論はその後現存する民家の主要な間取りのみについてとりあげざるをえなかった。そのため江戸時代も後半になって整理されたいわゆる田の字型平面という間取りを基本としたバリエーションが主に論じられることになった。この点が後の民家研究者から編年的でないとして批判されることになったのだった。しかし繰り返すが、ここでの私たちの興味は、民家の間取りの変遷の妥当な理解をふまえた上での、化モノ空間の時を超えた遍在にある。

09 佐藤浩司の紹介によればインドネシア・レンバタ島のケダン族の穀倉においては、「儀礼用の道具類や穀霊の依代である玉蜀黍の初穂などの神聖な品々が保管され、田植えの前には、この暗い霊的な空間の中で、早乙女が一夜をすごすのであ」った（佐藤浩司「建築をとおしてみた日本」『海から見た日本文化』〈海と列島文化〉10巻、小学館、一九九二、五六二―五六三頁。佐藤の典拠は以下。Barnes, R. H., *Kedang, A Study of the Collective Thought of an Eastern Indonesian People*, Clarendon Press, Oxford University Press, 1974)

10 民俗学者の宮本常一はつい最近公開された彼の未発表稿の中で、ナンドにおける出産について異議をはさんでいる。この異議は最終的に本書に言う化モノ空間の存在を弱めるものではないのであるが、以下に付記しておく。

もともと子供を生むのは寝間とかぎっていたわけではない。〔中略〕土間で子を生む風もあったし、別に産小屋を造って、そこで子を生む風習も伊豆の島々をはじめ、熊野、瀬戸内海東部などにはつい近頃まで広く見られたのである。

――「寝間と家の神」『日本人の住まい――生きる場のかたちとその変遷』一一一頁

確かに先に紹介した伊豆大島においても、島誌によれば女性が月経の時や出産の時は家とは別の小屋で過ごす風習があったことが指摘されていた。その一般的な理由について宮本は、子を生むことは尊いことであったが、子を生む時にでる血やエナはけがれたものと考えられた、このけがれが家につかないために産室を別にするのだと指摘している。逆に宮本はナンドで出産が行なわれていた例も紹介しているので、ドマで出産が行なわれた事例をもあえて指摘したことが重要である。この指摘には、民家に対する宮本の「ドマvsユカ抗争史」とでもいうべき基本的な民家史観が隠れている。宮本はドマで出産が行なわれた事例をいくつか挙げ（同書、七一頁）、むしろ出産の場所をより原始的な大地（ドマ）での行為に強く関係づけようとしたのである。宮本によれば民家に板ユカがはられるようになったのは、仏教の侵入によるものである。ユカが先に紹介したデイのように仏間や僧侶を招くためのものであった事例を紹介し、板敷のユカが、地続きのドマとは異なった象徴的な位相を持つ新たな空間であったことを示唆しているのである。そのため仏教的観念によってけがれを伴う出産行為はドマで行なわれたことを指摘し、それによってユカとドマとの対比をさらに明瞭にしているのだ（同書「土間住まい」の章参照）。ナンドでなくドマで出産が行なわれた例は、最近のことだが、私が民家を研究していることを聞きつけた対馬出身の女子学生が自分の家の祖母の時代の思い出として教えてくれたことからも明らかである。つまり宮本の指摘やその女子学生の報告に従うなら、化モノ空間としてのナンドにひそむ原始性はユカ上にあることでその勢力を殺がれてしまうことになるが、宮本の結論はそうではなかった。

私の聞き取り調査によれば、幕末の頃までは都会をのぞいて、西日本の民家の大半は竹簀張りであった。だから、産湯はこの竹簀の上からそのまま流せばよかったので、他の間が板張りになっても寝間だけは竹簀張りになっているところをいまも所々に見かける。

　先般も多摩丘陵をあるいていて、解体中の家を見かけたが、ナンドだけは竹簀張りになっていたが、そこが竹簀張りであるのは子を生むためだと語っていた。

——同書、一一二頁

つまりナンドだけあえて古式が残された。竹簀張りにして水をかけて、それによってけがれを清められるからである。ナンドはいわばユカ部分にぽっかり空いた穴なのである。

　このようにして宮本の異論によって見いだしえたのは、むしろ近代になっても根強く残存していたナンドの始源性である。他の部屋が板張りや畳敷きになっていてもナンドだけが竹簀によって大地と連絡している。理念的に大地に接しているのである。そして先の大河の指摘において天井のないナンドもあるのだとすれば、ナンドはまるでインドネシアの高倉のような大地と空との垂直性をも持ち合わせていたということになりはしないか。以上のようなナンドにおける原始性のかくれた保持は、もはやその化モノ空間としての完成度をほとんど完璧なセットとして実現していたのだと私には思える。

11　参考:「鶴女房」(一)柳田國男編『佐渡昔話集』〈全国昔話記録〉第一編、三省堂、一九四二年。採話者:鈴木棠三、話者:道下ヒメ女。

12　ナンドを想起させる大きさである。また薩摩での採集例では「戸棚に入る」など、いくつものヴァリアントが存在するが、少なくとも閉鎖された密閉空間であることにかわりはない。

13　ヴァリアントとして子供のいない老夫婦の家へ養女のような立場で侵入してくる場合もある。この場合老夫婦はすでに隠居しておりナンドでの生産活動とは切り離され、むしろこの性的に成熟した女がナンドの占有者になっていることが推測される。

2章　レンガを積む者――神の子の家

01　原題は MICKY MOUSE PRESENTS SILLY SYMPHONY in TECHNICOLOR "THREE LITTLE PIGS" UNITED ARTISTS PICTURES. なお邦題は「三匹の子ぶた」である。

02　ただしアメリカにおいては stick style というハーフティンバー様式を板壁との組み合わせで簡易に模した初期木造建築がすでに存在しており、当時のアメリカ人であればそれを思い浮かべたろう。だからこれを大きく木造建築の象徴、あるいは開拓以来の古くからの一般住宅のイメージととらえることも可能かもしれない。

03　図像解釈には多くの余地、可能性が残される。しかし繁雑になるので、本論の主題に関係する以外はここでは割愛する。

04　Fuller Brush は一九〇六年創立で今も現存するブラシ会社である。当時、いぶかしく見られていた戸別訪問を積極的に展開して、マーケティングを行ない急成長した。

05　常にブタを欺こうとしていること、ユダヤ人風の服装に顕著に表現される。

06　むしろ「オオカミ」側に感情移入の余地を与えることになった、ジョン・フォード監督の『怒りの葡萄(The Grapes of Wrath)』の製作そしてアカデミー賞監督賞受賞は、ニューディール政策にたいする見直しの時期とも重なる六年後の一九四〇年のことであった。

07　1st published in 1890 by David Nutt in the Stland, London. 同書の序文において、ジェイコブスはイギリスのジプシーからの聞き取りが最も実り多いものであったと述べている。また、ここに収録された民間伝承や昔話は、支配的な上層階級文化と労働者階級とのギャップによって、著書にまとまるまで明るみにされなかった話が多いことを彼自身指摘している。また同書における「三匹の子ブタ」を「原書」として扱っている研究書は、以下の通りである。新宮輝夫「『三匹の子ぶた』について」(『三匹の子ぶた』解説、講談社、一九九九)、谷本誠剛「『三匹のこぶたのお話』――昔話と児童文学」(日本イギリス児童文学会編『英米児童文学ガイド――作品と理論』研究社出版、二〇〇一。

08 原題は"Le tre ochete", Domenico Giuseppe Bernoni 編纂による"Tradizioni popolari veneziane", 1873 に収録されたもの。後に Thomas Frederick Crane 編訳 "Italian Popular Tales", 1875 で英訳され紹介された。

09 和訳にあたっては英訳のバージョンを使用した。また必要に応じてイタリア（ヴェネツィア）語版との対照を行なった。対照作業にあたっては神羽登氏の協力を得た。

10 英訳版では hay、イタリア語原書では fien。

3章 パイピング建築論——家を貫く聖と俗について

01 ファンズワース邸の配管設備については、Liz Leber and Tony Webster 執筆による http://www.columbia.edu/cu/gsapp/BT/GATEWAY/FARNSWTH/gen.html を参照［二〇一八年七月二五日閲覧］。

02 次男・白井昱磨氏（白井晟一研究所）からの聞き取りによる。

03 原爆堂計画案の今日的意義については岡崎乾二郎による言及が示唆的である。参考：「建築が思想を持つ条件」『建築と日常』No. 1、二〇一〇に所収。

4章 装飾と原罪——イチジクの葉っぱ建築論

01 「装飾と犯罪」は彼の得意の講演題であった。残存する最も古い講演記録は一九一〇年（http://www.nakatani-seminar.org/loos/ の出典リストを参照）である。『にもかかわらず』加藤淳訳、みすず書房、二〇一五に収録。

02 ロースの初期を代表する論考の一つ。その「ポチョムキン」とは、南方領土の実情について女帝エカテリーナとその客を欺くために、宰相ポチョムキンがドニエル川に沿って急ごしらえしたといわれる描き割りの居住地、通称「ポチョムキン村」のことを指す。一九世紀末のウィーン都市をポチョムキン村にたとえている。『ポチョムキン都市』加藤淳訳、みすず書房、二〇一七に収録。

03 同社はその後一九二一年、特にウィーン応用芸術派に対する攻撃的文章によってドイツ、ウィーン周辺では出版中断となっていた、いわくつきのロースの第一著作集 *Ins Leere Gesprochen* の刊行に踏み切ったのであった。

04 『虚空へ向けて』(「アドルフ・ロース著作集1」アセテート、二〇一二)、『にもかかわらず』(前出)、『ポチョムキン都市』(前出)、中谷研ホームページの書誌情報 http://www.nakatani-seminar.org/loos/ 参照。

05 初出不明。*Neue Freie Presse*、一八九八年八月二一日、*Dokument der Frauen*、一九〇二年三月一日付記事の二説あるが未確定。詳しくはアドルフ・ロース『虚空へ向けて』の一六八頁の訳注を参照のこと。同論は海外の研究において、ロースが建築以外の世紀末的文献への精通を直接に示す証拠としてよく参照されるものである。

06 あの一七世紀以来のヨーロッパの男性の正装たるカールのついた白いカツラは私たち日本人にとっては異様である。同様に江戸時代の格式によって形が事細かく決められた武士のまげと剃髪の風習はヨーロッパ人には異様にうつるであろう。またいずれのヘアースタイルも現在の目からみれば異様であり、そのうえ二百年後には、私たちのそれもまた異様に見えるであろう。

07 たとえばトラークルにおける原罪意識の存在を否定した批評家オットー・バージルでさえも、この一つの性への希求というテーマについては同意している。「トラークルの妹グレーテは、興味をひく人物、いやそれどころか異様な人物である。彼女の性の陰鬱な輝きが、詩人の魂を明るくしたし――あるいは暗くしたのである。詩人の生活の舞台上と、空想力における女主人公なのである。トラークルはグレーテを伝説的形姿に変え、神秘化した。文学的比喩の中に両者の魔神的官能性を隠し、おのれとグレーテをあらゆる性的なものを除去した一人の双性人間に融合した。例えば青年と若き女、異邦人と異邦の女、修道士と修道女である。死に至るまでトラークルは彼女に《忠節を通した》――最後の詩作品もなお彼女に呼びかけ、彼女を魔術で呼び出している。トラークルが生涯思いめぐらし、賛嘆していた彼の神に見捨てられたのがわかったとき、この神がガリシアの屠殺場で無の中に溶解したとき、彼に残されたただ一つの意味を持つ現実は妹だった。トラークルの終末にあるのは、虚構ではなく一人の人間なのである。」――オットー・バージル『自己証言と写真記録の中のゲオルク・トラークル』[原著出版一九四八年]

08 田中豊訳。参照 http://appleorange.cafe.coocan.jp/ ［二〇一八年七月三一日閲覧］。田中豊氏によるエルヴィン・マールホルトの邦訳「人間と詩人――ゲオルク・トラークル」に、マールホルトについての、イグナーツ・ツァンゲルレによる次のような記述がある。「一九〇〇年インスブルック生まれ、哲学博士。一九二五年一二月二二日、若い命にみずから終止符を打ち、クリスマスの日、インスブルックで埋葬された。トラークルの抒情詩は、これまでその構造的輪郭をめぐって、かなり徹底した広範囲に及ぶ解明がなされているものの、やはり根源的感動という敬虔空間におけるマールホルトの記述は、詩人とその作品を初めて詳細に把握したという点で、価値を有する」。原文は Erwin Mahrholdt, „Der Mensch und Dichter Georg Trakl", Erinnerung an *Georg Trakl Zeugnisse und Briefe*, Otto Müller Verlag, Salzburg, 1966. Dritte, erweiterte Auflage, 1966, S.21-90)。参照 http://appleorange.cafe.coocan.jp/ ［二〇一八年七月三一日閲覧］。

09 『みっともない人体』加藤秀俊、多田道太郎共訳、鹿島出版会。一九七九年、八四頁周辺を参照のこと。

5章 近代家族

01 私たちが「家」のイメージの中に抱いている封建的な雰囲気とエンクローズという単語の類縁性もまた指摘できるだろう。

02 一八九八年という説もあり。詳細は前章註05参照のこと。

03 絶対的に無理であるが故に、ひとつになろうとする欲動。それゆえに原罪的であり自然ではない欲望。

04 ロースのフラジラントへの言及と類似している。

05 特にフランス革命、産業革命における生産様式の大変革以降、ブルジョア知識人階級にあって、過去、伝統は断絶すべきもの、あるいは〈やり直さなければならない〉歴史としてたち現れる。このような認識はほとんどの社会改良運動に通底している。そのような意識は、自ずと人類の過去を原罪とし、未来をそこから救済しようとした。それによって〈現在〉の動きが決定されたのである。

06 一方で、エンゲルスが提起した家族の発達史は、その後マリノフスキーやレヴィ＝ストロースなど多くの人類学者たちからその不正確さを指摘され、あるいはマルクス主義陣営からもその理論を批判され続けている。そのまとめとしてたとえば青木孝平『コミュニタリアニズムへ――家族・私的所有・国家の社会哲学』社会評論社、二〇〇二年、一五六－一八四頁があげられる。

07 「ハワイのプナルア婚集団を顧みると［中略］数人の直系および傍系の姉妹が、彼らの夫を共有せる習慣の女性の支流に限られている。これらの姉妹は、彼らの子供および女系の子孫とともに、太古的形式の氏族の正確な族員を供する。系統は、子供の父親は正確には判然しなかったから、必然に女性を通じて辿られた。」（モルガン『古代社会』荒畑寒村訳、彰考書院、一九四七、四六八頁（第三編　家族の観念の発達　第三章　プナルア婚家族））。

08 ちなみにエンゲルスは、この労働者独占による性愛ユートピアの歴史的先例をプナルア（親友の意味、ハワイの言葉、モーガンによる）婚という集団婚にみていたと思われる。「プナルア家族は、われわれの知るかぎりでは、集団婚の最高の発展段階である。」それは「共産制的共同体のすでにかなり固定的な定着を前提とし、つぎのより高次の発展段階に直接つながるものである。」（『家族・私有財産・国家の起源』戸原四郎訳、岩波文庫、一九六五、六二頁）

09 岡田愛「田園都市の都市連鎖的考察――田園都市を成立させる根源的条件について」大阪市立大学大学院都市系専攻修士論文、二〇〇五。

10 上野千鶴子『家父長制と資本制』八三頁。

11 彼女は返す刀で、日本の「家」制度についても以下のように言及している。彼女のまとめにしたがうことにするが、「家」は近代的発明物であった。そしてその成立過程は、どこかエンゲルスが処女作において見いだした近代家族とその「家」の成立を彷彿とさせる。「家族という自律的な単位が、伝統社会の遺制どころか近代の産物であることは、すでに多くの研究者によって指摘されている。日本ではそれは「家」制度という明治政府の発明品のかたちをとった。「家」制度を封建遺制と呼ぶのは正しくない。それは確かに封建制下の武家の伝統に端を発しているが、身分制社会においては武家の伝統は「常民（柳田国男）」の伝統と同じではなかった。「常民」の世界に武家の伝統を持ち込み、「家」の概念を確立したのは、明治三一年の帝国民法である。」（前掲書、二三〇頁「家の発明」）

12 伊藤杏奈、中谷礼仁「SF小説『すばらしい新世界』（一九三二）とイギリス近代都市計画の近親性 —— エベネザー・ハワードとパトリック・ゲデスを対照として」二〇一二年日本建築学会大会梗概F。

13 前掲梗概参照。

14 言い換えれば、「すばらしい新世界」のプロットが崩壊しないのは、ソーマに万能的効果があたえられているからである。

6章 大地をふり払うこと

01 コミューンとは本来、フランス、イタリア、スイス、ベルギーなどの「自治体」の最小行政区分をさしていた。歴史的には、一七八九年のフランス革命時、パリ市民がバスティーユ牢獄を襲撃し、その後革命的自治組織を組織し、これをコミューン（commune）といった。また英語では、共通の宗教を奉ずる仲間たちの群に言及するとき、コミュニオン（commuion）またはコミュナル・グループ（communal group）が用いられる。これは「宗教団体」とも訳される。参照：村田充八『コミューンと宗教 —— 一燈園・生駒・講』行路社、一九九九。

02 とりわけ一九世紀末から二〇世紀初頭にかけての、オーエン、フーリエ主義者らの全西欧にわたる活動はもとより、ドイツのワンダーフォーゲル運動や、ウェーバーら知識人を主とした解放区としての中央ヨーロッパ、スイス・アスコナ周域、その結果としての現在まで続くナチュラリズムは重要である。これら活動と二〇世紀建築のアバンギャルド活動との隠れたつながりを再検討していくことは、今後重要な史実をもたらしてくれることと推察する。

03 この一節は Howard Mumford Jones, *O Strange New World*, Viking Compass, 1967, pp. 15-16 からの引用である。

04　ロバート・N・ベラー『破られた契約』松本滋・中川徹子訳、新装版、未來社、一九九八、三五頁。

05　『破られた契約』四四 - 四八頁より、以下に引用する。

幸いなことに、今までにまとめてきたさまざまな観念を、見事に表現したアメリカ史初期の史料がある。それはマサチュセッツ湾植民地の初代の指導者であったジョン・ウィンスロップ（John Winthrop）が、一六三〇年、新世界に上陸する前に、航行中の船で行なった説教である。［中略］これについて、ペリー・ミラー（Perry Miller）は次のように述べている。「［中略］ウィンスロップこそわれわれ［アメリカ人］の意識を最初に表わした人であった。」［中略。引用者註：以下、ウィンスロップの船中での説教］

この船を難破から守り、子孫を養う唯一の手段は、正義を行ない、人を許し、へり下った心で神と共に歩もうという預言者ミカのすすめに従うことである。この目的を果すために、我らは仕事に協力して一体となり、互いに兄弟愛で接し合い、他人が必要とするものを与えるために自分の贅沢をいましめ、柔和で優しく、忍耐と寛い心で親しく取引きをし、互いを楽しみ、他人のことは我がこととし、共に喜び悲しみ、共に働き苦しみ、いつも我らの仕事の中の一つの任務、一つの体としての共同体を忘れず、平和の絆のうちに心の一致をもたなければならない。そうすれば主は我らの神となり給い、今よりさらに深く神の英知・力・善・真理をさとらせるために我らを御自分の民とされ、我らの中に喜んで住まわれ、すべてにおいて我らを祝福される。［中略］人びとは我らの植民事業の成功について語るであろう。主はそれをもって新しい英国《ニューイングランド》となし給わんことを。何故なら我らは丘の上の町となることを考えなければならず、すべての人の目は我らの上に注がれているからである。

［中略］彼は大西洋横断を紅海とヨルダン河の横断に見立て、マサチュセッツ湾が約束の地であるとの望みを提示した。植民地に向う殆んどの人びとは、内的改革・刷新によって深く改心した男女であった。

06　用語の用い方等、部分的に荒井直「「労働」観——キリスト教文化と古代ギリシア」山梨英和短期大学紀要30, 17 – 35, 1996 – 12 – 10のまとめに従った。ここで「生存」とは何かについて、別に問うてみたい。現日本国憲法にいう「生存」権には、アーレントの言う活動・仕事・労働すべてが含まれている。つまり生きること（機能）＋存すること（実存）である。しかしながら現実的にそれは生活保護法などに代表されるように、最低限の社会的生命維持の権利として存在している。ゆえに、生活保護を獲得するには、様々な面でその立場に見合った行動の制約を受ける。それを受け入れたくなければ、彼らは働く義務を被る。

しかしながら彼らの多くは、不安定な賃労働者に回収される。もちろんそこに、仕事を通じた人生の充実があるかどうかは保証されない。つまり「生存」における、実存的側面は脱落している。無一文者が生存における実存的側面を獲得するには、現時点の日本ではホームレスになり、行政権力の隙間をぬって、自ら知恵を絞らなければならない。しかしそこでは、一方の生きるという機能的側面は保証されることはない。もちろん理想的コミュニティの生産においてこのような状態はあってはならないことだった。すべてのユートピア構想者が心を砕いたのは、そのコミューンにおいて、いかに生産を高貴なものとするかであった。つまり、労働は避けるべきである。しかし成員を生きながらえさせるために労働は不可欠である。もしくは労働を「仕事」や「活動」にまで高められるような意味付け、システムをつくること。これがユートピア成立にかかわる労働的側面の必要条件である。

07

「[引用者註：一七六六年ごろ]ソサイチーのつとめ（public devotion）は、「創始者のジェームスおよびジェーン・」ワードレイ夫妻がとりおこなっていた間は、聖霊と神の力のさまざまなおこないで、それは、かれらのそのときどきの感応にしたがって、おこなわれたものであった。かれらは、よくいっしょにあつまり、しばらくすわってしずかに瞑想したあと、大きな震動にとりつかれ、そして震動しながら、罪に対する神のいかりを口にした。またときによると、神の力の下に、大きな震動を感じた。またときとしては、うたったり、さけんだりして、大風に吹きまくられる雲のように迅速に、床の上をうごきまわった。これらの奇異な行動から、このひとたちはシェーカーズの名を得た。また、ひとによっては、かれらをシェーキング・クェーカーズともよんだ。」穂積文雄『ユートピア　西と東』法律文化社、一九八〇、三八頁。

傍点原文。本書は同氏のユートピア研究についてまとめたものである。

08 藤門弘『シェーカーへの旅――祈りが生んだ生活とデザイン』住まいの図書館出版局、一九九三年。

09 穂積文雄が主な典拠としたのは以下の文献である。“Testimony of Christ's Second Appearing, exemplified by the principles and practice of the true Church of Christ: history of the progressive work of God, extending from the creation of man to the “Harvest,”—comprising the four great dispensations now consummating in the Millenial Church: Antichrist's Kingdom, or, churches contrasted with the Church of Christ's First and Second Appearing, the Kingdom of the God of Heaven” published by the United Society called Shakers, No date, Van Benthysen, printer, 1864, 4th ed. これは少なくとも一九世紀初頭には書かれていたシェーカー教徒の〝バイブル〟とも呼べるものである。

10 穂積文雄、前掲書、三九頁。

11 穂積文雄、前掲書、四五頁。

12 シェーカー教徒が彼ら自身をさす名称。

13 以下の内容紹介も穂積に従う。穂積は、シェーカーの日常生活、共同体運営の他者からの証言については、一九五七年に出版されたシェーカー教徒を主題にしたJanice Holt Gilesの小説 *The Believers*, University Press of Kentucky, 1989を主に参考としている。穂積によればこの小説はフィクションではあるが、その序文が示す通り、現存する一次資料から構成されたもので、部分部分における描写は正確であるという。そのほかオナイダ・コミュニティ（後述）の創始者John Humphrey Noyes, *History of American Socialism*, 1870, Macdonaldによる記録、Charles Nordhoff, *The Communistic Societies of the United States*, 1875, Everett Webber, *An Escape to Utopia*, New York, 1959を用いている。

14 E. Webber, *An Escape to Utopia*, p. 57. ［以下、穂積の挙げた原書への参照は、入手不能であった註19を除いて註22まで著者が再確認した］

15 J. H. Giles, *The Believers*, p. 121.

16 E. Webber, *op. cit.*, p. 57.

17 J. H. Giles, *op. cit.*, p. 121.

18 E. Webber, *op. cit.*, p. 57.

19 J. H. Noyes, *History of American Socialism*, p. 600.

20 E. Webber, *op. cit.*, p. 58.

21 E. Webber, *ibid.*, p. 59.

22 C. Nordhoff, *The Communistic Societies of the United States*, 1875, p. 140.

23 「発明の射程」『10＋1』15号、ＩＮＡＸ出版、一九九八年。

24 オナイダ・コミュニティは宗教的にはすでにいったん解散したコミューンである。しかしその派生的活動は継続中である。またコミュニティ時代の錯綜した史実については、その第一次資料が意図的焼失によって消滅しているので完全な復原は困難である。と同時に、それらについての誠意ある復原作業も進行中である。シラキュース大学オナイダ・コミュニティ・コレクション：https://library.syr.edu/scrc/collections/digitalasset/oneida.php［二〇一八年八月二三日閲覧］。

25 穂積文雄、前掲書、七二頁。

26 バートン・H・ウルフ『ザ・ヒッピー――フラワーチルドレンの反抗と挫折』飯田隆昭訳　国書刊行会、九三頁。同書はヒッピームーブメントがまだ隆盛の一九六八年における聞き取りを中心とした貴重な記録である。

27 そのオリジナル・ディガーズの目標は「この世を天地創造以前の状態に戻し［中略］そこから得た利益を貧しい者に配る。飢えた者には食べ物を与え、裸の者には衣服を着させ［中略］人の財産に干渉せず、共有地の未耕作地を実り豊か」（『ザ・ヒッピー』九五頁）にすることであった。ディガーズ（掘る者たち）は荒野を開墾していく彼ら自身をさしていた。共有地の拡大を危険視する既存勢力から敵視され、焼き殺され、殴打され、一七世紀の中頃に消滅したという。この活動が後にシェーカー・コミュニティの源流であったクエーカー教の発生の類縁的萌芽として認められていることも、きわめて象徴的である。

28 LSD教のティモシー・リアリーが唱えた多数派社会の活動や労働や組織を侮蔑、軽視する言葉。エド・サンダース『ファミリー』小鷹信光訳、草思社、一九七四、一六頁を参照。

29 サンダース、前掲書、二－三頁には次のように記されている。

そこで私は、七〇年の一月に、マンソン・ファミリーに関する資料の収集をはじめることにした。まったくの個人的好奇心にほかならなかった。そのあと私は、ファミリーについての本を書こうとした。三カ月か四カ月あれば充分だろう、その仕事が終わったら、また昔どおりの詩と平和の静かな生活に戻ればいいと考えたのだ。ところが、ロサンジェルスにはじめて飛んだとたん、私はそのあと一年半継続することになる、昼夜の別もない狂気のような取材活動に首までどっぷりつかってしまったのだ。

［中略］毎日の資料レポートに加えて、私はいくつかの選択的な項目についての資料ファイルをつくった。［中略］さらに重要なインタヴューの録音は文章に直し、それぞれのファイルに挿入した。［中略］調査を開始してから数カ月後には、私は文字通り一万ページにおよぶ資料の山を渉猟することになった。

毎日の資料レポートと選択項目のファイルから、私は一九六七年から一九六九年までの月間資料ファイルを作成した。この月間ファイルには、ファミリーに関する各週ごとの歴史もふくまれていた。この編年史的な資料ファイルをもとにして、私は本書をまとめた。

その手法は事件の興奮が醒めていなかったであろう当時にあってきわめて冷静であり、歴史を紡ぐ筆者の倫理性をよく保っている。私はエドのこの冷血な態度に、むしろ彼が感じたこのファミリーに対するアメリカ人たちの心性に強く訴えたはずの歴史的重要性を間接的に知る。

30 もとは遊園地の巨大螺旋滑り台のこと。マンソンはその本来の意味を知らなかったという。

31 エド・サンダース、前掲書、一二五頁。

32 同書、一〇四頁。

33　同書、四七頁。

7章　家――コンテクストを動かすかたち

01　第6章一八二‐一八三頁参照。

02　「形の適正さは、それぞれの場合の、形がアンサンブルの残りの部分と適合する度合いによって決まる。／アンサンブル［引用者註：共存可能な状態のこと］を形とコンテクストに分ける方法は、一つだけではないことを知るべきである。一つの分け方の間の適合は、アンサンブルの内的な結合の一例にすぎない。他の多くの分け方も等しく意義がある。実際、非常に多くの実例では、幾つかの異なった、そして重複するアンサンブルの分け方を同時に考慮することがデザイナーにとって必要になる」（『形の合成に関するノート』稲葉武司訳、一三‐一四頁）。たとえば足と床の接触に快適さを求めるとき、床面全体にカーペットを張ることと、足にスリッパをつけることは同様にその目的を達成している。違いは労力の多寡と、他の要求内容である。

03　以下、精神外科の歴史については、橳島次郎著『精神を切る手術』岩波書店、二〇一二を参考にした。

04　彼が翌年に発表した成果によると、対象疾患はうつ病、不安症、統合失調症、結果は「治癒七例、改善七例、変化なし六例」であった。橳島、前掲書、一九‐二〇頁による。

05　一九六〇年代までの精神療法が見直される契機を作ったケン・キージー原作の映画「カッコーの巣の上で」において、主人公のマクマーフィーが最後のシーンで施されるロボトミーはこの経眼窩式である。

06　フリーマンら自身による追跡調査によると、標準式ロボトミーでは術後五〜一〇年で、統合失調患者の七〇パーセント、うつ病患者の八〇パーセント、神経症患者の九〇パーセントが病院外で生活。経眼窩式では術後六年までの間に、それぞれ八〇パーセント、九〇パーセント、九〇パーセントが病院外で生活。有害事象はそれぞれ六〇〇例をあげて標準式では手術による関連死が一六件、痙攣発作一四三例、自殺企図一例、経眼窩式では関連死七例、痙攣発作六例となっている（ただし同数値の分析抽出は橳島次郎による。なお同書は精神外科に対して初期の結果を批判しつつも、その当時の科学的限界性も考慮しつつ、現在の日本における精神外科についての絶対否定を批判している。この本のベクトルを示す方向として考慮されたい)。

07 同書、四〇頁。

08 具体的にはロボトミー殺人事件(一九七九)。一九六四年に器物破損で逮捕された人物が、その半年後に本人の同意のないままロボトミー(正確にはその一種であるチングレトミー)手術を受け、出所後、スポーツライターの職が続けられなくなり、また頻繁に癲癇発作が生じることになった。そのため医師の家族を殺害した事件。逮捕後服役した。刑務所で自殺を主張し、「自死権」とそれを認めない精神的苦痛により一六〇〇万円を国に求める裁判を起こしたが棄却された。参考:http://www.arsvi.com/d/m01h1979s.htm [二〇一八年八月六日閲覧]。

09 現在、橳島に従えば、精神外科は以下のように定義されることになった。
「「行動に影響を与える目的での、神経経路の選択的な外科的除去または破壊」(世界保健機構、一九七六年)、「主として人の思考、情動または行動を変える目的で、人の脳に損傷を創る外科手技」(オーストラリア・ヴィクトリア州精神保健法、一九八六年)、「脳組織または脳組織の機能を破壊する外科手術」(英国精神保健法、一九八三年)」。前掲書、八 - 九頁。

10 この点については山本貴光・吉川浩満『脳がわかれば心がわかるか』(太田出版、二〇一六)でよく検討されている。

11 たとえば精神科に要する職員数は低く見積もられていた。一九五八年(昭和三十三年)の厚生省事務次官通知では、一般診療に比較して医師数は約三分の一、看護師数は約三分の二を基準とする特例基準が認められ、その条件は同年にさらに緩和された。また措置入院の国庫負担も五割から八割に引き上げられ、精神科病院の経営は極めて有利な条件となった。これらの「バックアップ」は入院制度を療養の中心としてきた日本の精神医療が、当時の日本の精神障害者への偏見や差別に基づいた患者隔離収容政策によるものであったことを反映している。

12 その決議では、従来の同学会の慣行になっていた製薬資本、関連病院の寄付を禁止し、会員による自前での運営を確認した。

13 名称は立岩真也『造反有理　精神医療現代史へ』（青土社、二〇一三）の表現に倣った。また精神医療における当時の「異議申立て」の一連の活動は同書によるところが大きい。同活動は通称、赤レンガ闘争といわれた。一九六八年に発生した東大医学部内のストライキをへて、翌一九六九年一月の安田講堂封鎖の解除後の、一九六九年九月からはじまった。

14 たとえば、一九八三年に発覚した、精神科病院報徳会宇都宮病院（栃木県）で、看護職員らの暴行によって、患者二名が死亡した事件（宇都宮事件）の詳細を参照されたい。wikipedia によれば「宇都宮病院は、他の精神科病院で対応に苦慮する粗暴な患者を受け入れてきた病院であったが、事件以前から私刑として「看護師に診療を行わせる」「患者の虐待」「作業療法と称して石川院長一族の企業で働かせる」「病院裏の畑で農作業に従事させ収穫物を職員に転売する」「ベッド数を上回る患者を入院させる」「死亡した患者を違法に解剖する」などの違法行為が行われていた」［日本語版、二〇一六年一〇月三日閲覧］という。

15 たとえばガタリは次のように言う。ガタリにおいては、このような主張は散見される。「精神分析がその概念を再編し直して、それを言語学的、論理学的、人類学的なふるいにかけても無駄なのであって、精神分析は家族主義、資本主義という出自に規定された領分から絶対に出られないのです」（フェリックス・ガタリ「フェティシズムの終焉」『分子革命』杉村昌昭訳、法政大学出版局、一九八八、九頁）。また資本主義的に規定された家族については本書、第五章「近代家族」を参照。

16 全体を関係づけ、そこを横断しようという動きの困難性については、アレグザンダーがすでに「100の明滅する電灯によって構成されるシステム」によって証明している（前掲『形の合成に関するノート』「良い適合の源」を参照のこと）。仮に百の明滅する電灯によって構成されるシステムがあるとする。この電灯は点灯している場合、どれもが次の瞬間には消える可能性が半々であるように作られている。また消

17

灯している場合は、それと結ばれている他の電灯のどれか一つでも点灯しているなら、次の瞬間に再び点く可能性が半々であるように作られているとする。電灯が全部同時に消えた場合は、全部が完全に消えたままになる。つまり完全な調和の状態にいたる。

この場合二つの極端な例を考えてみる。まず電灯の間になんらの接続関係がないと仮定する場合、全部の電灯が消えるのに要する平均時間は、一つの電灯が消えるのに要する平均時間よりやや大きい2の1乗、すなわち2秒である。次に、電灯の間に一つの電灯の点灯が他のすべての消えている電灯を刺激して再び点くようにするほどの緊密な接続関係がある場合を考えると、それらが同時に消滅する平均時間は2の100乗、10の22乗年となる。その実現は不可能である。それゆえ私たちに実現できる方法は、その中間である。たとえば一つが10の電灯を含む、10の主なサブセットによってシステムが構成されているとする。その場合すべてが同時に消灯するのに要する時間は、2の10乗、1/4時間程度である。ここにおいて私たちははじめて事物を実現することができる。つまりかたちとコンテクストをデザインするということは、その実現にあっては、ガタリらのいう切断する機械を作ることなのである。

ガタリは一九五〇年代末より実際の精神科医として、ラ・ボルド病院に勤務していた。そこでの理論の支柱となったのがフランソワ・トスケルの「制度論的精神療法」である。これは病院の運営や活動だけでなく、医師・看護師・患者間の人間関係や視線をも病院環境を形成する「制度」と捉え、その分析と組み直しを重視する精神療法である。その形成は第二次世界大戦中のフランスにおいて、サンタルバンという地域の精神病院が同時にレジスタンスの基地にもなっており、そこに生き延びるために集まっていた元来の患者、医師以外の様々な職種を含んだ人々が飢えに対する戦いに従事し、病院から外に出て、労働奉仕と引き換えに、バターや野菜を手に入れるという真空地帯に化していたことから発生したという。杉村昌昭は、制度論的精神療法の「制度」について「われわれが普通「制度」と聞いて思い浮かべるような何か社会生活の「前提」をなすようなシステムではなくて、あくまでも生活条件を変えていくなかから生まれる絶えざる「結果」としてのシステムであり、しかも社会的な生活条件は人間の創意工夫によって絶えず「生成変化」するものであるかぎり、そのシステムはいわば「永続的な過程」として現出するものである」とまとめている。

18 フェリックス・ガタリ『精神病院と社会のはざまで——分析的実践と社会的実践の交差路』水声社、二〇一二、杉村昌昭による「訳者あとがき」一五五―一五六頁を参照。

19 「このとき私はR・D・レインやデーヴィッド・クーパーと知り合いになり、彼らもお互いに刺激を与えあう親しい友人となりますが、しかし、私は彼らの言う「反精神医学」を標榜したことは一度もありません。「反精神医学」はいくつかのデマゴギー的な誇張（たとえば「狂気は存在しない」とか「すべての精神科医は警察官だ」など）が生まれるきっかけを与えましたが、そのことを除いたら、反精神医学運動は社会が病者に指定した運命について世論を一変させるという、いい役割を果たしました。ヨーロッパの精神医学の刷新的運動でこのことに成功した運動はほかにはありません」（『精神の基地としてのラ・ボルド』ガタリ、前掲書、一〇六―一〇七頁）。

20 「ところで「家族」は家族の成員間の関係に関していうならどのような機能をもつのでしょうか。／「家族」、つまり幻想的構造としての「家族」は、成員間に或るタイプの関係を課します。それは互いの内部にその「家族」を分有し合わない人々のもつ諸関係とは異ったオーダーの関係です。／「家族」とは摂り入れられた客体ではなく、摂り入れられた関係セットなのです」。（R・D・レイン『家族の政治学』阪本良男、笠原嘉訳、一一頁）。なおこのような家族の扱い方は、先に示したアレグザンダーによる「１００の明滅する電灯によって構成されるシステム」を解決可能な人間的時間に短縮するためのサブセットの方法に酷似していることを指摘しておきたい。レインとアレグザンダーの思考には、当時の論理学、集合論等の共通する下敷きが存在している。

21 ガタリ『分子革命』参照。

22 門眞一郎「キングズレイ・ホール異聞」（『精神医療』13巻3号、一九八四、三九―四五頁）。

23 ピーター・ロビンソン監督のドキュメンタリー"Asylum", 1972では、キングスレイ・ホールを失った以降の、

24　彼らのコミュニティ・ホームが記録されている。
25　ジョゼフ・バーク、メアリー・バーンズ『狂気をくぐりぬける』弘末明良、宮野富美子訳、一三二–一三三頁。
26　付近住民を除いた。
27　クライントン・トマゾースによる。Dominic Harris, *The Residents*, p. 63.
28　ポール・ジールによる。*Ibid.*, p. 63.
29　ドロシー・フォン・グリーフによる。*Ibid.*, p. 66.
30　門の聞き取りによる。前掲論文。
31　フランシス・ジレットによる。*The Residents*, p. 71.
32　キングズレイ・ホール以降の活動の様子は、前掲したドキュメンタリー "Asylum" に収録されている。もはやレインは不在で華やかさの微塵もないが、居住者たちによる継続への作業は示唆されるところが多い。レインもインタビューに応じているが当時の面影は消え去っているようだ。
33　ジョイ・ペイシャンスによる。*The Residents*, p. 78.
34　6章註06、アーレントによる定義を参照。
　　クリストファー・アレグザンダー、前掲書、一五頁参照。

エピローグ——庭へとつづく小径

01　べてるの家ならびにその活動については、社会福祉法人浦河べてるの家ホームページ http://www.urakawa-bethel.or.jp/?page_id=21 と https://ja.wikipedia.org/wiki/ べてるの家を参考にした［二〇一八年八月六日閲覧］
02　パタン・ランゲージを応用した詩人の家ワークショップ、二〇〇五年八月三一日–九月四日、会場 GALLERY OBJECTIVE CORRELATIVE（四谷アート・ステュディウム 1F）。https://rhenin.wordpress.com/2014/11/18/

参照文献

プロローグ——家の口

柳田国男「民間些事」『定本柳田國男集』十四巻、筑摩書房、一九六九
今和次郎『日本の民家』岩波文庫、一九八九（初版一九二二）
白茅會編『民家圖集』洪洋社、一九一八（古川修文・永瀬克己・津山正幹・朴賛弼編『写真集よみがえる古民家——緑草会編『民家図集』』柏書房、二〇〇三）
内田隆三『柳田国男と事件の記録』講談社選書メチエ、一九九五
柳田国男『山の人生』一九二六『定本柳田國男集』四巻、筑摩書房、一九六八
柳田国男『故郷七十年』一九五九『定本柳田國男集』別巻第三、筑摩書房、一九七一
柳田国男『遠野物語』一九一〇『定本柳田國男集』四巻、筑摩書房、一九六八

1章　化モノの家

Roxana Waterson, *The Living House—An Anthropology of Architecture in South-East Asia*, Tuttle Publishing, 2009［邦訳：ロクサーナ・ウォータソン、布野修司監訳『生きている住まい——東南アジア建築人類学』学芸出版社、一九九七］
佐藤浩司「建築をとおしてみた日本」『海から見た日本文化』〈海と列島文化〉10巻、小学館、一九九二

井上充夫『日本建築の空間』ＳＤ選書37、鹿島出版会、一九六九
大河直躬『住まいの人類学——日本庶民住居再考』平凡社、一九八六
R. H. Barnes, *Kédang: A Study of the Collective Thought of an Eastern Indonesian People*, Clarendon Press, Oxford University Press, 1974
宮本常一『日本人の住まい——生きる場のかたちとその変遷』農山漁村文化協会、二〇〇七
鈴木棠三『佐渡昔話集』民間伝承の会、一九三九　柳田國男編『佐渡昔話集』〈全国昔話記録〉第一編、三省堂、一九四二
関敬吾編『日本昔話大成』四巻「本格昔話三」角川書店、一九七八
太田邦夫「空間の虚構」『新建築』一九六七年七月号

2章　レンガを積む者——神の子の家

English Fairy Tales, Collected by Joseph Jacobs, Illustrated by John D. Batten, London, David Nutt, 1890
新宮輝夫「「三匹の子ぶた」について」『三匹の子ぶた』講談社、一九九九
谷本誠剛「『三匹の子ぶた』のお話——昔話と児童文学」日本イギリス児童文学会編『英米児童文学ガイド——作品と理論』研究社出版、二〇〇一
Domenico Giuseppe Bernoni, "Le tre ochete," Tradizioni Popolari Veneziane, 1873.［英語訳：Thomas Frederick Crane, 'The Three Goslings,' *Italian Popular Tales*, 1875］
大竹佳世「近代における《家を建てる》根源的意味に関する研究——三匹のコブタ・バベル・コルビュジエ」平成一七年度大阪市立大学建築学科中谷研究室修士論文

3章　パイピング建築論——家を貫く聖と俗について

Anthony Quiney, *House and Home—A History of the Small English House*, British Broadcasting Corporation, 1986［邦訳：アン

ソニー・クワイニー、花里俊廣訳『ハウスの歴史・ホームの物語（上）――イギリス住宅の原形とスタイル』〈住まい学体系067〉、住まいの図書館出版局、一九九五年」
ロジェ＝アンリ・ゲラン、大矢タカヤス訳『トイレの文化史』筑摩書房、一九八七年
白井晟一「住宅思言」『新建築』一九五三年一一月号
白井晟一「無窓無塵」『無窓』筑摩書房、一九七九年。初出『婦人之友』一九七七年五月号
白井晟一「虚白庵随聞」「白井晟一研究」企画編集室編『白井晟一研究Ⅰ』南洋堂出版、一九七八
岡崎乾二郎「建築が思想を持つ条件」『建築と日常』No.1、二〇一〇

4章　装飾と原罪――イチジクの葉っぱ建築論

アドルフ・ロース、鈴木了二、中谷礼仁監修、加藤淳訳「装飾と犯罪」『にもかかわらず』みすず書房、二〇一五
アドルフ・ロース、鈴木了二、中谷礼仁監修、加藤淳訳「女たちのモード」『虚空へ向けて』編集出版組織体アセテート、二〇一二
アドルフ・ロース、鈴木了二、中谷礼仁監修、加藤淳訳『ポチョムキン都市』みすず書房、二〇一七
ゲオルク・トラークル、中村朝子訳『トラークル全集』青土社、一九八七
エルヴィン・マールホルト、田中豊訳「人間と詩人ゲオルク・トラークル」http://appleorange.cafe.coocan.jp/
オットー・バージル、田中豊訳「自己証言と写真記録の中のゲオルク・トラークル」http://appleorange.cafe.coocan.jp/
ハンス・ペーター・デュル、藤代幸一、三谷尚子訳『裸体とはじらいの文化史』法政大学出版局、一九九〇
バーナード・ルドフスキー、加藤秀俊、多田道太郎訳『みっともない人体』鹿島出版会、一九七九

5――近代家族

上野千鶴子『家族を容れるハコ　家族を超えるハコ』平凡社、二〇〇二

ミシェル・フーコー、渡辺守章訳『性の歴史I　知への意志』新潮社、一九八六
フリードリヒ・エンゲルス、武田隆夫訳『イギリスにおける労働階級の状態』〈マルクス・エンゲルス選集〉二巻、新潮社、一九六〇
フリードリヒ・エンゲルス、戸原四郎訳『家族・私有財産・国家の起源』岩波文庫、一九六五
青木孝平『コミュニタリアニズムへ──家族・私的所有・国家の社会哲学』社会評論社、二〇〇二
ルイス・モルガン、荒畑寒村訳『古代社会』彰考書院、一九四七
エベネザー・ハワード、長素連訳『明日の田園都市』鹿島出版会、一九六八
上野千鶴子『家父長制と資本制──マルクス主義フェミニズムの地平』岩波現代文庫、二〇〇九
オルダス・ハクスリー、松村達雄訳『すばらしい新世界』講談社文庫、一九七四
伊藤杏奈、中谷礼仁「SF小説『すばらしい新世界』(一九三二)とイギリス近代都市計画の近親性──エベネザー・ハワードとパトリック・ゲデスを対照として」二〇一二年度日本建築学会大会梗概
オルダス・ハクスリー、中村保男訳『永遠の哲学』平河出版社、一九八八
オルダス・ハクスリー、河村錠一郎訳『知覚の扉』平凡社、一九九五
パトリック・ゲデス、西村一朗訳『進化する都市』鹿島出版会、二〇一五
今和次郎「都市改造の根本義」日本建築学会編『建築雑誌』一九一七年一月号

6章　大地をふり払うこと

村田充八『コミューンと宗教──一灯園・生駒・講』行路社、一九九九
カント、小倉志祥訳「人間歴史の臆測的起源」『カント全集』一三巻、理想社、一九八八
Howard Mumford Jones, *O Strange New World: American Culture—The Formative Years*, Viking Compass, 1964
ロバート・N・ベラー、松本滋、中川徹子訳『破られた契約──アメリカ宗教思想の伝統と試練』新装版、未來社、一九九八

ハンナ・アレント、志水速雄訳『人間の条件』筑摩書房、一九九四
マックス・ウェーバー、大塚久雄訳『プロテスタンティズムの倫理と資本主義の精神』岩波書店、一九八九
荒井直「「労働」観――キリスト教文化と古代ギリシア」『山梨英和短期大学紀要』30, 17-35, 1996-12-10
藤門弘『シェーカーへの旅――祈りが生んだ生活とデザイン』住まいの図書館出版局、一九九二
穂積文雄『ユートピア 西と東』法律文化社、一九八〇
Everett Weber, *Escape to Utopia*, Hastings House, 1959
岡崎乾二郎、中谷礼仁「発明の射程」『10＋1』No.15、INAX出版、一九九八、http://db.10plus1.jp/backnumber/article/articleid/902/
倉塚平『ユートピアと性――オナイダ・コミュニティの複合婚実験』中央公論社、一九九〇
バートン・H・ウルフ、飯田隆昭訳『ザ・ヒッピー――フラワー・チルドレンの反抗と挫折』国書刊行会、二〇一二
エド・サンダース、小鷹信光訳『ファミリー――シャロン・テート殺人事件』草思社、一九七四
Janice Holt Giles, *The Believers*, Houghton Mifflin Company, Boston, 1957

7章　家――コンテクストを動かすかたち

クリストファー・アレグザンダー、稲葉武司訳『形の合成に関するノート』鹿島出版会、一九七八
橳島次郎『精神を切る手術――脳に分け入る科学の歴史』岩波書店、二〇一二
山本貴光、吉川浩満『脳がわかれば心がわかるか』太田出版、二〇一六
立岩真也『造反有理――精神医療現代史へ』青土社、二〇一三
ジル・ドゥルーズ、フェリックス・ガタリ、宇野邦一訳『アンチ・オイディプス――資本主義と分裂症』（上下）河出書房新社、二〇〇六
フェリックス・ガタリ、杉村昌昭訳『分子革命――欲望社会のミクロ分析』法政大学出版局、一九八八

フェリックス・ガタリ、杉村昌昭訳『精神病院と社会のはざまで――分析的実践と社会的実践の交差路』水声社、二〇一二
R・D・レイン、阪本良男、笠原嘉訳『家族の政治学』みすず書房、一九九八
R・D・レイン、A・エスターソン、笠原嘉、辻和子訳『狂気と家族』みすず書房、一九九八
R・D・レイン、村上光彦訳『結ぼれ』みすず書房、一九七三
Dominic Harris, *The Residents*, published by author, England, 2012
門眞一郎「キングズレイ・ホール異聞」『精神医療』一三巻三号、一九八四
ジョゼフ・バーク、メアリー・バーンズ、弘末明良、宮野富美子訳『狂気をくぐりぬける』平凡社、一九七七

エピローグ――庭へとつづく小径
クリストファー・アレグザンダー他、平田翰那訳『パタン・ランゲージ――環境設計の手引』鹿島出版会、一九八四

図版出典

プロローグ——家の口

1 白茅会編『民家圖集　第1輯』表紙、洪洋社、一九一八年。今美佐子氏の許諾を得て掲載。以下、今和次郎の図版掲載については同氏の許諾を得た。

2 今和次郎『日本の民家』岩波文庫、一九八九年、二九九頁。

1章　化モノの家

1 村井久美氏より提供された。

3 Roxana Waterson, *The Living House*, Tuttle Publishing, 2010, p. 37.

4 *Ibid.*, p. 10.

7、11 *Ibid.*, p. 2.

8 *Ibid.*, p. 19. Domenig, G. (1980), *Tektonik im primitiven Dachbau*, Zurich, ETH, Institute gta, 1980, p. 33 より転載。

9 https://commons.wikimedia.org/wiki/File:COLLECTIE_TROPENMUSEUM_Het_skelet_van_het_huis_in_aanbouw_voor_het_Kajan_Dajak_dorpshoofd_Kwing_Irang_in_Long_Bloeoe_Boven-Mahakam_TMnr_60005465.jpg

10 Roxana Waterson, *op. cit.*, p. 201.

12 *Ibid.*, p. 225.

13 今和次郎、前掲書、七六頁。

14 同書、七七頁。

17 同書、一五二頁。

2章 レンガを積む者——神の子の家

1 *English Fairy Tales*, Collected by Joseph Jacobs, Illustrated by John D. Batten, London, David Nutt, 1890, p. 68.

3章 パイピング建築論——家を貫く聖と俗について

1 Anthony Quiney, *House and Home*, British Broadcasting Co., 1986, p. 61. 一部修整。

2 *Ibid.*, p. 48.

3 ロジェ＝アンリ・ゲラン『トイレの文化史』大矢タカヤス訳、筑摩書房、一九八七年、口絵。

4 後藤武氏より提供。

5 後藤武氏より元図提供。

6 出典不明。

7 山崎剛氏より提供。

8 白井晟一研究所『白井晟一の建築III　虚白庵と雲伴居』めるくまーる、二〇一四、四四頁。

9 白井昱磨氏より提供。

4章 装飾と原罪——イチジクの葉っぱ建築論

1 https://commons.wikimedia.org/wiki/File:Adolf_Loos_Ornament_und_Verbrechen_Plakat.jpg

2 https://commons.wikimedia.org/wiki/File:Adolfloos.2.jpg

3 https://commons.wikimedia.org/wiki/File:Baker_Banana.jpg

4 Burkhardt Rukschcio, Roland Schachel. *Adolf Loos: Leben und Werk*, Residenz Verlag, 1982, p. 342.

5 *Ibid*., p. 342.

5章 近代家族

1 https://commons.wikimedia.org/wiki/Category:London_by_Gustave_Dor%C3%A9#/media/File:Harrow_alley,_Houndsditch_Wellcome_L0000879.jpg

2 https://commons.wikimedia.org/wiki/Category:London_by_Gustave_Dor%C3%A9#/media/File:London_slums_Wellcome_L0000877.jpg

3、4 伊藤杏奈・中谷礼仁「SF小説『すばらしい新世界』（1932）とイギリス近代都市計画の近親性――エベネザー・ハワードとパトリック・ゲデスを対照として――」日本建築学会建築歴史・意匠、二〇一二年度大会（東海）学術講演会紀要より。

6章 大地をふり払うこと

2 ジョン・カセイ『シェーカー家具――デザインとディテール』藤門弘訳、理工学社、一九九六、九一頁。

4 “Group on East Lawn,” Oneida Community Collection, the Special Collections Research Center, Syracuse University Libraries.

5 Los Angels Public Library より提供。

7章 家――コンテクストを動かすかたち

1 R・D・レイン『結ぼれ』村上光彦訳、みすず書房、一九七三、六〇頁をもとに作成。

2 同書、六二頁をもとに作成

3 Dominic Harris 氏より提供。

あとがき

生きることとデザインをすることはつながっている。

より正確にいうと、生きることを続けようとすることと、身の回りのかたちを調整し、そこに適当な役割や意味を与えようとすることは、必ずつながっている。その最もみじかな人類の成果が、人間を守る器としての家であった。

本書では家に不可避的に生じてしまう様々な事象を具体的にあげた。そしてそれらを生み出す家の構成を露わにするために、その生物的、社会的、歴史的意義を私の経験的回路からまず再検討しようとした。

まず、このような家の構成に気づいたのは、第一章・化モノの家で論じたように日本の伝統的民家における暗い部屋——ナンド——の特殊な役割を知った時であった。それは家屋形式が全く違うインドネシアの高床住居にも通底する構成であった。ここで大事なことは、初源的な家の構成は、もとより普遍的であるため、将来においても必ずそれは様々な事象を出現させることである。本書はそのような気づきからはじめられたが、完成には予想以上に長い月日がかかった。というのも、書くことによって出現する新たな意味の進展に私自身が戸惑い、その咀嚼に時間がかかったからである。

第二章・神の子の家は、説話「三匹の子ブタ」たちが選択した家を建てる素材の順列（藁、枝、煉瓦）に対する素朴な疑問から始まった。そして同話の複数の歴史的ヴァージョンを渉猟する中で、この話にはある時期に、前近代と近代以降それぞれの家が意味を違えるところの決定的な徴が刻まれていた。これは決して予想しえなかった結論であり、さらにその結末で次章三章における近代住宅成立の最も具体的な条件の導出という課題が現れた。このように、家の構成に検討を加えることで、さらに新しい構成的問題が出現するという継続的なプロセスで本書は書き進められた。

これら作業と並行して、私の運営する研究室ではウィーンの建築家アドルフ・ロースによる全論考の翻訳プロジェクトが進んでいた。その過程で彼のテクストに、生活空間に対する同様の構成的意図を見出したことは幸いであった。二〇世紀初頭に「装飾と犯罪」を発表、装飾を弾劾し近代建築の立役者になったはずの彼の論考は、むしろ生活一般の律し方としてのデザイン全体を論じていた。そのなかで、時にはその背景となるヨーロッパ文明の根幹が鋭く語られていた。ロースの論考の射程を論じた第四章によって、近代以降の住宅に過去から変わらずに内在している課題群が筆者の前に湧き上がってきた。

これら検討領域の広がりは、近代における家を構成する要素についての、その外延をさし示すこととなった。家の追求が、ロースというヒンジで一転し、家の外部に向かっていくことになった。この経緯が、最終的な書名を「未來のコミューン」とした理由である。家と「未來のコミューン」との関係の定義は二五六頁を参照していただきたい。

それ以降の第五章からエピローグまでの四編は、その重要な課題群に向かいあった結果である。第五章は空間論である。フリードリッヒ・エンゲルスによる一九世紀労働者住宅街レポート、二〇世紀初頭に実現した田園都市、オルダス・ハクスレーの近未来小説までを援用し、それらの知られざる接線を発見しつつ、予測された近未来の社会像とその時空間の構造を描いた。それはいまだに到達可能なディストピアとして現前している。第六章は共同体論である。成員の維持方法を共同体成立に関わる根源的問題として見出した、近代アメリカの宗教的コミューンを扱った。その活動をハンナ・アーレントの言う人間の「はたらき」――labour, work, action――の三階梯の視点から見直すことによって、彼らの特異と思えたふるまいから逆に人間活動の普遍的構造を導き出した。第七章、エピローグは住み方のデザイン論であり、家の範疇の再組織化を検討している。家は人々の生を守るべきものである。その極点を精神医学者R・D・レインらが組織した「反治療施設」であるキングズレイ・ホール前後の活動に見出し、その射程を論じた。レインらは、人間特有の「病」発生の場所を社会と個人の境界に位置する「家族」に見出したのだが、その意味を初期のクリストファー・アレグザンダーが論じたかたち－コンテクスト論から検討し直している。そしてエピローグは治癒の場所の批判的回復を、べてぶくろという具体的な場所での経験を通じて試みたのである。結局それらが本書で提出することになった、未来のコミューンにむけての基本プロットになっている。

ひとつひとつ謎を解くように書き進めてきた各章は、ふりかえってみれば断片的なデモテープの集積になってしまっていた。当初の目的もみるみる変化し、それらは自分にとって制御の難しいデモーニッシュな存在となっていた。これらを公にするにあたっては第三者の的確な批評が必要になっていた。私はその役割を、インスクリプトの丸山哲郎氏に求めた。

氏の承諾を受け、書籍化のための作業が開始された。断片的なテキストに対する氏の批評は容赦なく、その独善や欠落や飛躍を指摘してくれた。その結果として当初のテキストは真に大幅に書き直され、さらに有意で決定的な加筆で縫合された。『未来のコミューン』という本書のタイトルもまた加筆作業中の賜物である。彼の協力がなければ、おのれの活動の身の丈を明らかに超えている本書を公開する勇気は生まれなかった。

また、シェーカー教を中心とした近代コミューンの研究については、研究室の若い世代に引き継ぐことができそうである。なお本書の資料整理・作図において学生の重本大地にお世話になった。

さらにカバー絵は大鹿智子による未発表の大作である。細部にまで横溢する兆候的なその風景は、本書をさらに別の方向へ進めてくれると思う。

二〇一八年九月二一日
ケンタッキー州シェーカー・コミューン跡の一室から

中谷礼仁

謝辞

本書の執筆、調査に際して、多くの方々からのご協力を得ました。とりわけ次の方々からは多大なご示唆をいただきました。記して感謝いたします。

瀝青会、佐藤浩司、西川祐子、大竹佳世、神羽登、白井昱磨、岡崎乾二郎、鈴木了二、加藤淳、伊藤杏奈、黒田瑞仁、コミュニティホーム　べてぶくろ、大村麻衣子、ウィリアム・R・ブラック（ウエスタン・ケンタッキー大学）、アーロン・ゲントン（シェーカー・プリーザント・ヒル）、早稲田大学中谷研究室 *The Believers* ゼミ、医療法人社団六樹会　聖台病院

新興キリスト教シェーカー教コミューンのアメリカ現地調査にあたっては、公益財団法人ユニオン造形文化財団平成30年度研究助成を得ました。

初出一覧

プロローグ――家の口　『現代思想　柳田国男特集』（二〇一二年九月）所収「常の民家の際にて」を改題

1　化モノの家　『10＋1』No.50（二〇〇八）所収「化モノ論」を改題

2　レンガを積む者――神の子の家　『d/sign』No.18（二〇一〇）所収「三匹の子ブタの家」を改題

3　パイピング建築論――家を貫く聖と俗について　『d/sign』No.18（二〇一〇）「家の食道」を改題

4　装飾と原罪――イチジクの葉っぱ建築論　『d/sign』No.17（二〇〇九）「装飾という原罪」を改題

5　近代家族　Nakatani Norihiro's Biography にてヴァージョン1を公開。二〇一二年一〇月二六日

6　大地をふり払うこと　Nakatani Norihiro's Biography にてヴァージョン1を公開。二〇一五年四月五日

7　家――コンテクストを動かすかたち　書き下ろし

エピローグ――庭へとつづく小径　書き下ろし

各章とも大幅に加筆、追記を行なった。

［な行］

［は行］

［た行］

[**か行**]

索引

【著者】
中谷礼仁（Nakatani, Norihito）
1965年，東京生れ．建築史．早稲田大学創造理工学部建築学科教授．1987年早稲田大学理学部建築学科卒業，大阪市立大学建築学科を経て2007年より早稲田大学創造理工学部建築学科准教授．2012年より現職．2010－2011年日本建築学会発行『建築雑誌』編集長．近世大工書研究，数寄屋・茶室研究の後，都市の先行形態の研究，今和次郎が訪れた民家を再訪しその変容を記録する活動を経て，現在長期持続集落研究・千年村プロジェクトを展開・継続中．2013年にはユーラシアプレートの境界上の居住・文明調査でアジア，地中海，アフリカ各地を巡歴．建築設計も手がける．
［著訳書］
『動く大地，住まいのかたち――プレート境界を旅する』（岩波書店，2017．2018年日本建築学会著作賞受賞）
『実況 近代建築史講義』（LIXIL出版，2017年）
『今和次郎「日本の民家」再訪』（瀝青会名義．平凡社，2012年．2013年日本生活学会今和次郎賞，同年第一回日本建築学会著作賞受賞）
『セヴェラルネス+――事物連鎖と都市・建築・人間』（鹿島出版会，2011年）
『近世建築論集』（アセテート，2004年）
『幕末・明治期規矩術の展開過程の研究』（早稲田大学博士論文，私家版，1998年）
『国学・明治・建築家』（蘭亭社，1993年）
ジョージ・クブラー『時のかたち――事物の歴史をめぐって』（共訳，SD選書，鹿島出版会，2018）他．

未来のコミューン
——家、家族、共存のかたち

中谷礼仁

2019年1月25日 初版第1刷発行

発行者 丸山哲郎
装 幀 間村俊一
装 画 大鹿智子

発行所 株式会社インスクリプト
〒101-0051 東京都千代田区神田神保町1-14
tel: 03-5217-4686 fax: 03-5217-4715
info@inscript.co.jp
http://www.inscript.co.jp

印刷・製本 中央精版印刷株式会社
ISBN978-4-900997-73-8
Printed in Japan